卞尺丹几乙し丹卞と
Translated Language Learning

Οι περιπέτειες του Πινόκιο

The Adventures of Pinocchio

Κάρλο Κολόντι

Carlo Collodi

ελληνικά / English

Copyright © 2024 Tranzlaty
All rights reserved
Published by Tranzlaty
ISBN: 978-1-83566-712-5
Le Avventure di Pinocchio. Storia di un Burattino
Original text by Carlo Callodi
First published in Italianin 1883
Illustrated By Alice Carsey
www.tranzlaty.com

Το κομμάτι ξύλο που γελούσε και έκλαιγε σαν παιδί
The Piece of Wood that Laughed and Cried like a Child

Αιώνες πριν έζησε...
Centuries ago there lived...

«Ένας βασιλιάς!» θα πουν αμέσως οι μικροί μου αναγνώστες
"A king!" my little readers will say immediately

Όχι, παιδιά, κάνετε λάθος
No, children, you are mistaken

Μια φορά κι έναν καιρό υπήρχε ένα κομμάτι ξύλο
Once upon a time there was a piece of wood

Το ξύλο ήταν στο μαγαζί ενός παλιού ξυλουργού
the wood was in the shop of an old carpenter

αυτός ο παλιός ξυλουργός ονομάστηκε Δάσκαλος Αντώνιος
this old carpenter was named Master Antonio

Όλοι, όμως, τον αποκαλούσαν Κύριο. Κεράσι
Everybody, however, called him Master. Cherry

Τον αποκαλούσαν Κύριο. Κεράσι λόγω της μύτης του
they called him Master. Cherry on account of his nose

Η μύτη του ήταν πάντα κόκκινη και γυαλισμένη σαν ώριμο κεράσι
his nose was always as red and polished as a ripe cherry

Ο Κύριος Κεράσι κοίταξε το κομμάτι ξύλου
Master Cherry set eyes upon the piece of wood

Το πρόσωπό του έλαμπε από χαρά όταν είδε το κούτσουρο
his face beamed with delight when he saw the log

Έτριβε τα χέρια του μαζί με ικανοποίηση
he rubbed his hands together with satisfaction

Και ο καλός δάσκαλος μίλησε απαλά στον εαυτό του
and the kind master softly spoke to himself

"Αυτό το ξύλο ήρθε σε μένα την κατάλληλη στιγμή"
"This wood has come to me at the right moment"

"Σχεδίαζα να φτιάξω ένα νέο τραπέζι"
"I have been planning to make a new table".

"Είναι ιδανικό για το πόδι ενός μικρού τραπεζιού"
"it is perfect for the leg of a little table"
Αμέσως βγήκε έξω για να βρει ένα κοφτερό τσεκούρι
He immediately went out to find a sharp axe
Θα αφαιρούσε πρώτα το φλοιό του ξύλου
he was going to remove the bark of the wood first
Και τότε επρόκειτο να αφαιρέσει οποιαδήποτε τραχιά επιφάνεια
and then he was going to remove any rough surface
Και ήταν έτοιμος να χτυπήσει το ξύλο με το τσεκούρι του
and he was just about to strike the wood with his axe
Αλλά λίγο πριν χτυπήσει το ξύλο άκουσε κάτι
but just before he struck the wood he heard something
«Μη με χτυπάς τόσο δυνατά!» παρακάλεσε μια μικρή φωνή
"Do not strike me so hard!" a small voice implored
Γύρισε τα τρομοκρατημένα μάτια του σε όλο το δωμάτιο
He turned his terrified eyes all around the room
Από πού θα μπορούσε να προέρχεται η μικρή φωνή;
where could the little voice possibly have come from?
Κοίταξε παντού, αλλά δεν είδε κανέναν!
he looked everywhere, but he saw nobody!
Κοίταξε κάτω από τον πάγκο, αλλά δεν υπήρχε κανείς
He looked under the bench, but there was nobody
Κοίταξε σε ένα ντουλάπι που ήταν πάντα κλειστό
he looked into a cupboard that was always shut
Αλλά δεν υπήρχε κανείς μέσα στο ντουλάπι
but there was nobody inside the cupboard either
Κοίταξε σε ένα καλάθι όπου φύλαγε πριονίδι
he looked into a basket where he kept sawdust
Δεν υπήρχε κανείς ούτε στο καλάθι με πριονίδι
there was nobody in the basket of sawdust either
Επιτέλους άνοιξε ακόμη και την πόρτα του μαγαζιού
at last he even opened the door of the shop
Και κοίταξε πάνω-κάτω στον άδειο δρόμο

and he glanced up and down the empty street
Αλλά δεν υπήρχε κανείς να δει στο δρόμο
But there was no one to be seen in the street either
«Ποιος, λοιπόν, θα μπορούσε να είναι;» αναρωτήθηκε
"Who, then, could it be?" he asked himself
Επιτέλους γέλασε και έξυσε την περούκα του
at last he laughed and scratched his wig
«Βλέπω πώς είναι», είπε στον εαυτό του, διασκεδάζοντας
"I see how it is," he said to himself, amused
«Προφανώς η μικρή φωνή ήταν όλη μου η φαντασία»
"evidently the little voice was all my imagination"
«Ας αρχίσουμε να δουλεύουμε ξανά», κατέληξε
"Let us set to work again," he concluded
Σήκωσε ξανά το τσεκούρι του και έπιασε δουλειά
he picked up his axe again and set to work
Χτύπησε ένα τεράστιο χτύπημα στο κομμάτι του ξύλου
he struck a tremendous blow to the piece of wood
«Ω! ω! Με πλήγωσες!» φώναξε η μικρή φωνή
"Oh! oh! you have hurt me!" cried the little voice
Ήταν ακριβώς η ίδια φωνή όπως ήταν πριν
it was exactly the same voice as it was before
Αυτή τη φορά Δάσκαλε. Το κεράσι ήταν απολιθωμένο
This time Master. Cherry was petrified
Τα μάτια του βγήκαν από το κεφάλι του με τρόμο
His eyes popped out of his head with fright
Το στόμα του παρέμεινε ανοιχτό και η γλώσσα του κρεμάστηκε
his mouth remained open and his tongue hung out
Η γλώσσα του σχεδόν έφτασε στο τέλος του πηγουνιού του
his tongue almost came to the end of his chin
Και έμοιαζε σαν πρόσωπο πάνω σε σιντριβάνι
and he looked just like a face on a fountain
Αφέντης. Ο Κεράσι έπρεπε πρώτα να συνέλθει από τον τρόμο του
Master. Cherry first had to recover from his fright

Η χρήση της ομιλίας του επέστρεψε σε αυτόν
the use of his speech returned to him
Και άρχισε να μιλάει τραυλίζοντας.
and he began to talk in a stutter;
"Από πού στο καλό θα μπορούσε να προέρχεται αυτή η μικρή φωνή;"
"where on earth could that little voice have come from?"
«Μήπως αυτό το κομμάτι ξύλο έχει μάθει να κλαίει;»
"could it be that this piece of wood has learned to cry?"
«Δεν μπορώ να το πιστέψω», είπε στον εαυτό του
"I cannot believe it," he said to himself
"Αυτό το κομμάτι ξύλου δεν είναι παρά ένα κούτσουρο για καύσιμα"
"This piece of wood is nothing but a log for fuel"
"είναι ακριβώς όπως όλα τα κούτσουρα ξύλου που έχω"
"it is just like all the logs of wood I have"
"Θα αρκούσε μόνο να βράσει μια κατσαρόλα φασόλια"
"it would only just suffice to boil a saucepan of beans"
«Μπορεί κανείς να κρυφτεί μέσα σε αυτό το κομμάτι ξύλο;»
"Can anyone be hidden inside this piece of wood?"
"Αν κάποιος είναι μέσα, τόσο το χειρότερο γι 'αυτόν"
"If anyone is inside, so much the worse for him"
«Θα τον αποτελειώσω αμέσως», απείλησε το ξύλο
"I will finish him at once," he threatened the wood
Άρπαξε το φτωχό κομμάτι ξύλου και το χτύπησε
he seized the poor piece of wood and beat it
Το χτύπησε ανελέητα στους τοίχους του δωματίου
he mercilessly hit it against the walls of the room
Τότε σταμάτησε για να δει αν μπορούσε να ακούσει τη μικρή φωνή
Then he stopped to see if he could hear the little voice
Περίμενε δύο λεπτά, τίποτα. Πέντε λεπτά, τίποτα
He waited two minutes, nothing. Five minutes, nothing
Περίμενε άλλα δέκα λεπτά, ακόμα τίποτα!
he waited another ten minutes, still nothing!
«Βλέπω πώς είναι», είπε τότε στον εαυτό του

"I see how it is," he then said to himself
Ανάγκασε τον εαυτό του να γελάσει και έσπρωξε την περούκα του
he forced himself to laugh and pushed up his wig
«Προφανώς η μικρή φωνή ήταν όλη μου η φαντασία!»
"evidently the little voice was all my imagination!"
«Ας αρχίσουμε να δουλεύουμε ξανά», αποφάσισε νευρικά
"Let us set to work again," he decided, nervously
Στη συνέχεια άρχισε να γυαλίζει το κομμάτι του ξύλου
next he started to polish the bit of wood
Αλλά ενώ γυάλιζε άκουσε την ίδια μικρή φωνή
but while polishing he heard the same little voice
Αυτή τη φορά η μικρή φωνή γελούσε ανεξέλεγκτα
this time the little voice was laughing uncontrollably
«Σταμάτα! Με γαργαλάς παντού!» έλεγε
"Stop! you are tickling me all over!" it said
καημένε Δάσκαλε. Το κεράσι έπεσε κάτω σαν να χτυπήθηκε από κεραυνό
poor Master. Cherry fell down as if struck by lightning
Λίγο αργότερα άνοιξε ξανά τα μάτια του
sometime later he opened his eyes again
Βρέθηκε καθισμένος στο πάτωμα του εργαστηρίου του
he found himself seated on the floor of his workshop
Το πρόσωπό του ήταν πολύ αλλαγμένο από πριν
His face was very changed from before
Και ακόμη και η άκρη της μύτης του είχε αλλάξει
and even the end of his nose had changed
Η μύτη του δεν είχε το συνηθισμένο φωτεινό πορφυρό χρώμα της.
his nose was not its usual bright crimson colour
Η μύτη του είχε γίνει παγωμένη μπλε από τον τρόμο
his nose had become icy blue from the fright

Αφέντης. Το κεράσι δίνει το ξύλο μακριά
Master. Cherry Gives the Wood Away

Εκείνη τη στιγμή κάποιος χτύπησε την πόρτα
At that moment someone knocked at the door
«Έλα μέσα», είπε ο ξυλουργός στον επισκέπτη
"Come in," said the carpenter to the visitor
Δεν είχε τη δύναμη να σηκωθεί στα πόδια του
he didn't have the strength to rise to his feet
Ένας ζωηρός μικρός γέρος μπήκε στο μαγαζί
A lively little old man walked into the shop
αυτό το ζωηρό ανθρωπάκι ονομαζόταν Τζεπέτο
this lively little man was called Geppetto
αν και υπήρχε ένα άλλο όνομα με το οποίο ήταν
γνωστός
although there was another name he was known by
Υπήρχε μια ομάδα άτακτων αγοριών της γειτονιάς
there was a group of naughty neighbourhood boys
Όταν ήθελαν να τον θυμώσουν, τον αποκαλούσαν
πουτίγκα
when they wished to anger him they called him pudding
υπάρχει μια διάσημη κίτρινη πουτίγκα από ινδικό
καλαμπόκι
there is a famous yellow pudding made from Indian corn
και η περούκα του Τζεπέτο μοιάζει ακριβώς με αυτή τη
διάσημη πουτίγκα
and Geppetto's wig looks just like this famous pudding
Ο Τζεπέτο ήταν ένας πολύ φλογερός μικρός γέρος
Geppetto was a very fiery little old man
Αλίμονο σε αυτόν που τον αποκάλεσε πουτίγκα!
Woe to him who called him pudding!
Όταν ήταν έξαλλος, δεν υπήρχε τίποτα να τον κρατήσει
πίσω
when furious there was no holding him back
«Καλημέρα, Δάσκαλε. Αντόνιο», είπε ο Τζεπέτο
"Good-day, Master. Antonio," said Geppetto
«Τι κάνεις εκεί στο πάτωμα;»

"what are you doing there on the floor?"
"Διδάσκω το αλφάβητο στα μυρμήγκια"
"I am teaching the alphabet to the ants"
«Δεν μπορώ να φανταστώ τι καλό σου κάνει»
"I can't imagine what good it does to you"
«Τι σε έφερε σε μένα, γείτονα Τζεπέτο;»
"What has brought you to me, neighbour Geppetto?"
«Τα πόδια μου με έφεραν εδώ σε σένα»
"My legs have brought me here to you"
"Αλλά άσε με να σου πω την αλήθεια, Δάσκαλε. Αντόνιο"
"But let me tell you the truth, Master. Antonio"
«Ο πραγματικός λόγος που ήρθα είναι για να σου ζητήσω μια χάρη»
"the real reason I came is to ask a favour of you"
«Εδώ είμαι, έτοιμος να σε υπηρετήσω», απάντησε ο ξυλουργός
"Here I am, ready to serve you," replied the carpenter
Και σηκώθηκε από το πάτωμα και γονάτισε
and he got off the floor and onto his knees
«Σήμερα το πρωί μια ιδέα ήρθε στο μυαλό μου»
"This morning an idea came into my head"
"Αφήστε μας να ακούσουμε την ιδέα που είχατε"
"Let us hear the idea that you had"
«Νόμιζα ότι θα φτιάξω μια όμορφη ξύλινη μαριονέτα»
"I thought I would make a beautiful wooden puppet"
"μια μαριονέτα που θα μπορούσε να χορέψει και να φράξει"
"a puppet that could dance and fence"
"Μια μαριονέτα που μπορεί να πηδήξει σαν ακροβάτης"
"a puppet that can leap like an acrobat"
«Με αυτή τη μαριονέτα θα μπορούσα να ταξιδέψω στον κόσμο!»
"With this puppet I could travel about the world!"
«Η μαριονέτα θα με άφηνε να κερδίσω ένα κομμάτι ψωμί»
"the puppet would let me earn a piece of bread"

«Και η μαριονέτα θα με άφηνε να κερδίσω ένα ποτήρι κρασί»
"and the puppet would let me earn a glass of wine"
«Ποια είναι η γνώμη σου για την ιδέα μου, Αντόνιο;»
"What do you think of my idea, Antonio?"
«Μπράβο, πουτίγκα!» αναφώνησε η μικρή φωνή
"Bravo, pudding!" exclaimed the little voice
Ήταν αδύνατο να γνωρίζουμε από πού είχε έρθει η φωνή
it was impossible to know where the voice had came from
Στον Τζεπέτο δεν άρεσε να ακούει τον εαυτό του να αποκαλείται πουτίγκα
Geppetto didn't like hearing himself called pudding
Μπορείτε να φανταστείτε ότι έγινε τόσο κόκκινος όσο μια γαλοπούλα
you can imagine he became as red as a turkey
«Γιατί με προσβάλλεις;» ρώτησε τον φίλο του
"Why do you insult me?" he asked his friend
«Ποιος σε προσβάλλει;» απάντησε ο φίλος του
"Who insults you?" his friend replied
«Με αποκάλεσες πουτίγκα!» Ο Τζεπέτο τον κατηγόρησε
"You called me pudding!" Geppetto accused him
«Δεν ήμουν εγώ!» Αντώνιος ειλικρινά είπε
"It was not I!" Antonio honestly said
«Νομίζεις ότι αποκαλούσα τον εαυτό μου πουτίγκα;»
"Do you think I called myself pudding?"
«Ήσουν εσύ, λέω!», «Όχι!», «Ναι!», «Όχι!»
"It was you, I say!", "No!", "Yes!", "No!"
Θυμωμένοι όλο και περισσότερο, ήρθαν στα χτυπήματα
becoming more and more angry, they came to blows
Πέταξαν ο ένας στον άλλο και δάγκωσαν και πάλεψαν και γρατζουνίστηκαν
they flew at each other and bit and fought and scratched
Μόλις άρχισε, ο αγώνας τελείωσε ξανά
as quickly as it had started the fight was over again
Ο Τζεπέτο είχε την γκρίζα περούκα του ξυλουργού ανάμεσα στα δόντια του

Geppetto had the carpenter's grey wig between his teeth
και Δάσκαλος. Ο Αντώνιος είχε την κίτρινη περούκα
του Τζεπέτο
and Master. Antonio had Geppetto's yellow wig
«Δώσε μου πίσω την περούκα μου» φώναξε ο Δάσκαλος.
Αντόνιο
"Give me back my wig" screamed Master. Antonio
«Και μου δίνεις πίσω την περούκα μου», φώναξε ο
Δάσκαλος. Κεράσι
"and you give me back my wig" screamed Master. Cherry
«Ας γίνουμε ξανά φίλοι», συμφώνησαν.
"let us be friends again" they agreed
Οι δύο γέροι έδωσαν ο ένας στον άλλο τις περούκες τους
πίσω
The two old men gave each other their wigs back
Και οι γέροι έσφιξαν ο ένας το χέρι του άλλου
and the old men shook each other's hands
Ορκίστηκαν ότι όλα είχαν συγχωρεθεί
they swore that all had been forgiven
Θα παρέμεναν φίλοι μέχρι το τέλος της ζωής τους
they would remain friends to the end of their lives
«Λοιπόν, γειτόνισσα Τζεπέτο», είπε ο ξυλουργός
"Well, then, neighbour Geppetto" said the carpenter
Ρώτησε, 'Ποια είναι η χάρη που επιθυμείς από μένα;"
he asked "what is the favour that you wish of me?"
Αυτό θα αποδείκνυε ότι έγινε ειρήνη
this would prove that peace was made
«Θέλω λίγο ξύλο για να φτιάξω την μαριονέτα μου»
"I want a little wood to make my puppet"
«Θα μου δώσεις ξύλα;»
"will you give me some wood?"
Αφέντης. Ο Αντόνιο ήταν ευτυχής να απαλλαγεί από το
ξύλο
Master. Antonio was delighted to get rid of the wood
Αμέσως πήγε στον πάγκο εργασίας του
he immediately went to his work bench
Και έφερε πίσω το κομμάτι ξύλο

and he brought back the piece of wood
Το κομμάτι ξύλο που του είχε προκαλέσει τόσο φόβο
the piece of wood that had caused him so much fear
Έφερνε το κομμάτι ξύλο στον φίλο του
he was bringing the piece of wood to his friend
Αλλά τότε το κομμάτι ξύλου άρχισε να τρέμει!
but then the piece of wood started to shake!
Το κομμάτι ξύλο έφυγε βίαια από τα χέρια του
the piece of wood wriggled violently out of his hands
Αυτό το κομμάτι ξύλο ήξερε πώς να κάνει φασαρία!
this piece of wood knew how to make trouble!
με όλη του τη δύναμη χτύπησε τον καημένο τον Τζεπέτο
with all its might it struck against poor Geppetto
Και τον χτύπησε ακριβώς πάνω στις φτωχές αποξηραμένες κνήμες του
and it hit him right on his poor dried-up shins
μπορείτε να φανταστείτε την κραυγή που έδωσε ο Τζεπέτο
you can imagine the cry that Geppetto gave
«Αυτός είναι ο ευγενικός τρόπος που φτιάχνεις τα δώρα σου;»
"is that the courteous way you make your presents?"
«Σχεδόν με χτύπησες, Δάσκαλε. Αντόνιο!»
"You have almost lamed me, Master. Antonio!"
«Σου ορκίζομαι ότι δεν ήμουν εγώ!»
"I swear to you that it was not I!"
«Νομίζεις ότι το έκανα αυτό στον εαυτό μου;»
"Do you think I did this to myself?"
«Φταίει αποκλειστικά το ξύλο!»
"The wood is entirely to blame!"
«Ξέρω ότι ήταν το ξύλο»
"I know that it was the wood"
«Μα εσύ ήσουν που χτύπησες τα πόδια μου με αυτό!»
"but it was you that hit my legs with it!"
«Δεν σε χτύπησα με αυτό!»
"I did not hit you with it!"

«Ψεύτη!» αναφώνησε ο Τζεπέτο
"Liar!" exclaimed Geppetto

«Τζεπέτο, μη με προσβάλλεις αλλιώς θα σε φωνάξω πουτίγκα!»
"Geppetto, don't insult me or I will call you Pudding!"

"Απατεώνας!", "Πουτίγκα!", "Γάιδαρος!"
"Knave!", "Pudding!", "Donkey!"

"Πουτίγκα!", "Μπαμπουίνος!", "Πουτίγκα!"
"Pudding!", "Baboon!", "Pudding!"

Ο Τζεπέτο τρελάθηκε ξανά από οργή
Geppetto was mad with rage all over again

Τον είχαν αποκαλέσει πουτίγκα τρεις φορές!
he had been called been called pudding three times!

Έπεσε πάνω στον ξυλουργό και πάλεψαν απεγνωσμένα
he fell upon the carpenter and they fought desperately

Αυτή η μάχη κράτησε όσο και η πρώτη
this battle lasted just as long as the first

Αφέντης. Ο Αντόνιο είχε άλλες δύο γρατζουνιές στη μύτη του
Master. Antonio had two more scratches on his nose

Ο αντίπαλός του είχε χάσει δύο κουμπιά από το γιλέκο του
his adversary had lost two buttons off his waistcoat

Οι λογαριασμοί τους ήταν έτσι τετραγωνισμένοι, αντάλλαξαν χειραψία
Their accounts being thus squared, they shook hands

Και ορκίστηκαν να παραμείνουν καλοί φίλοι για το υπόλοιπο της ζωής τους
and they swore to remain good friends for the rest of their lives

Ο Τζεπέτο έβγαλε το λεπτό κομμάτι ξύλου του
Geppetto carried off his fine piece of wood

ευχαρίστησε τον Δάσκαλο. Ο Αντόνιο και επέστρεψε κουτσαίνοντας στο σπίτι του
he thanked Master. Antonio and limped back to his house

Ο Τζεπέτο ονομάζει τη μαριονέτα του Πινόκιο
Geppetto Names his Puppet Pinocchio

Ο Τζεπέτο ζούσε σε ένα μικρό ισόγειο δωμάτιο
Geppetto lived in a small ground-floor room
Το δωμάτιό του φωτιζόταν μόνο από τη σκάλα
his room was only lighted from the staircase
Τα έπιπλα δεν θα μπορούσαν να είναι απλούστερα
The furniture could not have been simpler
Μια ξεχαρβαλωμένη καρέκλα, ένα φτωχό κρεβάτι και ένα σπασμένο τραπέζι
a rickety chair, a poor bed, and a broken table
Στο τέλος του δωματίου υπήρχε τζάκι
At the end of the room there was a fireplace
Αλλά η φωτιά ήταν ζωγραφισμένη και δεν έδωσε φωτιά
but the fire was painted, and gave no fire
Και δίπλα στη ζωγραφισμένη φωτιά ήταν μια ζωγραφισμένη κατσαρόλα
and by the painted fire was a painted saucepan

και η ζωγραφισμένη κατσαρόλα έβραζε χαρούμενα
and the painted saucepan was boiling cheerfully
Ένα σύννεφο καπνού ανέβηκε ακριβώς όπως ο πραγματικός καπνός
a cloud of smoke rose exactly like real smoke
Ο Τζεπέτο έφτασε στο σπίτι και έβγαλε τα εργαλεία του
Geppetto reached home and took out his tools
Και αμέσως άρχισε να δουλεύει πάνω στο κομμάτι ξύλο
and he immediately set to work on the piece of wood
Επρόκειτο να κόψει και να μοντελοποιήσει την μαριονέτα του
he was going to cut out and model his puppet
«Τι όνομα να του δώσω;» είπε στον εαυτό του
"What name shall I give him?" he said to himself
«Νομίζω ότι θα τον ονομάσω Πινόκιο»
"I think I will call him Pinocchio"
«Είναι ένα όνομα που θα του φέρει τύχη»
"It is a name that will bring him luck"
«Κάποτε γνώριζα μια ολόκληρη οικογένεια που ονομαζόταν Πινόκιο»
"I once knew a whole family called Pinocchio"
«Ήταν ο Πινόκιο ο πατέρας και ο Πινόκιο η μητέρα»
"There was Pinocchio the father and Pinocchio the mother"
«και ήταν ο Πινόκιο τα παιδιά»
"and there were Pinocchio the children"
«Και όλοι τους τα πήγαν καλά στη ζωή»
"and all of them did well in life"
«Ο πλουσιότερος από αυτούς ήταν ζητιάνος»
"The richest of them was a beggar"
Είχε βρει ένα καλό όνομα για την μαριονέτα του
he had found a good name for his puppet
Έτσι άρχισε να εργάζεται με καλή σοβαρότητα
so he began to work in good earnest
Πρώτα έφτιαξε τα μαλλιά του και μετά το μέτωπό του
he first made his hair, and then his forehead
Και μετά δούλεψε προσεκτικά στα μάτια του
and then he worked carefully on his eyes

Ο Τζεπέτο νόμιζε ότι παρατήρησε το πιο παράξενο πράγμα
Geppetto thought he noticed the strangest thing
Ήταν σίγουρος ότι είδε τα μάτια να κινούνται!
he was sure he saw the eyes move!
Τα μάτια έμοιαζαν να τον κοιτάζουν σταθερά
the eyes seemed to look fixedly at him
Ο Τζεπέτο θύμωσε από το βλέμμα
Geppetto got angry from being stared at
Τα ξύλινα μάτια δεν τον άφηναν να φύγει από τα μάτια τους
the wooden eyes wouldn't let him out of their sight
«Πονηρά ξύλινα μάτια, γιατί με κοιτάς;»
"Wicked wooden eyes, why do you look at me?"
Αλλά το κομμάτι ξύλο δεν έδωσε καμία απάντηση
but the piece of wood made no answer
Στη συνέχεια προχώρησε να χαράξει τη μύτη
He then proceeded to carve the nose
Αλλά μόλις έφτιαξε τη μύτη, άρχισε να μεγαλώνει
but as soon as he had made the nose it began to grow
Και η μύτη μεγάλωσε, και μεγάλωσε, και μεγάλωσε
And the nose grew, and grew, and grew
Μέσα σε λίγα λεπτά είχε γίνει μια απέραντη μύτη
in a few minutes it had become an immense nose
Φαινόταν σαν να μην σταματούσε ποτέ να μεγαλώνει
it seemed as if it would never stop growing
Ο καημένος ο Τζεπέτο κουράστηκε να το κόβει
Poor Geppetto tired himself out with cutting it off
Αλλά όσο περισσότερο έκοβε, τόσο περισσότερο μεγάλωνε η μύτη!
but the more he cut, the longer the nose grew!
Το στόμα δεν είχε καν ολοκληρωθεί ακόμα
The mouth was not even completed yet
Αλλά άρχισε ήδη να γελάει και να τον χλευάζει
but it already began to laugh and deride him
«Σταμάτα να γελάς!» είπε ο Τζεπέτο, προκαλώντας
"Stop laughing!" said Geppetto, provoked

Αλλά θα μπορούσε κάλλιστα να είχε μιλήσει στον τοίχο
but he might as well have spoken to the wall
«Σταμάτα να γελάς, λέω!» βρυχήθηκε με απειλητικό τόνο
"Stop laughing, I say!" he roared in a threatening tone
Το στόμα τότε έπαψε να γελάει
The mouth then ceased laughing
Αλλά το πρόσωπο έβγαλε τη γλώσσα του όσο πιο μακριά μπορούσε
but the face put out its tongue as far as it would go
Ο Τζεπέτο δεν ήθελε να χαλάσει το εργόχειρό του
Geppetto did not want to spoil his handiwork
Έτσι προσποιήθηκε ότι δεν έβλεπε και συνέχισε τους άθλους του
so he pretended not to see, and continued his labours
Μετά το στόμα διαμόρφωσε το πηγούνι
After the mouth he fashioned the chin

μετά ο λαιμός και μετά οι ώμοι
then the throat and then the shoulders
Στη συνέχεια χάραξε το στομάχι και έκανε τα χέρια των χεριών
then he carved the stomach and made the arms hands
τώρα ο Τζεπέτο εργάστηκε για να φτιάξει χέρια για την μαριονέτα του
now Geppetto worked on making hands for his puppet
Και σε μια στιγμή ένιωσε την περούκα του να αρπάζεται από το κεφάλι του
and in a moment he felt his wig snatched from his head
Γύρισε και τι είδε;
He turned round, and what did he see?
Είδε την κίτρινη περούκα του στο χέρι της μαριονέτας
He saw his yellow wig in the puppet's hand
«Πινόκιο! Δώσε μου πίσω την περούκα μου αμέσως!»
"Pinocchio! Give me back my wig instantly!"
Αλλά ο Πινόκιο έκανε οτιδήποτε άλλο από το να του επιστρέψει την περούκα του
But Pinocchio did anything but return him his wig
Ο Πινόκιο έβαλε την περούκα στο κεφάλι του!
Pinocchio put the wig on his own head instead!
Στον Τζεπέτο δεν άρεσε αυτή η θρασύτατη και χλευαστική συμπεριφορά
Geppetto didn't like this insolent and derisive behaviour
Ένιωθε πιο λυπημένος και πιο μελαγχολικός από ό, τι είχε αισθανθεί ποτέ
he felt sadder and more melancholy than he had ever felt
Γυρνώντας στον Πινόκιο, είπε: «Εσύ νεαρέ παλιόπαιδο!»
turning to Pinocchio, he said "You young rascal!"
«Δεν σε έχω ολοκληρώσει ακόμα»
"I have not even completed you yet"
«Και ήδη δεν σέβεσαι τον πατέρα σου!»
"and you are already failing to respect to your father!"
«Αυτό είναι κακό, αγόρι μου, πολύ κακό!»
"That is bad, my boy, very bad!"
Και στέγνωσε ένα δάκρυ από το μάγουλό του

And he dried a tear from his cheek
Τα πόδια και τα πόδια έμειναν να γίνουν
The legs and the feet remained to be done
αλλά σύντομα μετάνιωσε που έδωσε στον Πινόκιο πόδια
but he soon regretted giving Pinocchio feet
Ως ευχαριστώ έλαβε μια κλωτσιά στο σημείο της μύτης του
as thanks he received a kick on the point of his nose
«Το αξίζω!» είπε στον εαυτό του
"I deserve it!" he said to himself
«Θα έπρεπε να το είχα σκεφτεί νωρίτερα!»
"I should have thought of it sooner!"
«Τώρα είναι πολύ αργά για να κάνουμε κάτι γι' αυτό!»
"Now it is too late to do anything about it!"
Στη συνέχεια πήρε την μαριονέτα κάτω από τα χέρια
He then took the puppet under the arms
Και τον έβαλε στο πάτωμα για να τον διδάξει να περπατάει
and he placed him on the floor to teach him to walk
Τα πόδια του Πινόκιο ήταν δύσκαμπτα και δεν μπορούσε να κινηθεί
Pinocchio's legs were stiff and he could not move
αλλά ο Τζεπέτο τον οδήγησε από το χέρι
but Geppetto led him by the hand
Και του έδειξε πώς να βάζει το ένα πόδι πάνω από το άλλο
and he showed him how to put one foot before the other
τελικά τα πόδια του Πινόκιο έγιναν μετέωρα
eventually Pinocchio's legs became limber
Και σύντομα άρχισε να περπατά μόνος του
and soon he began to walk by himself
Και άρχισε να τρέχει γύρω από το δωμάτιο
and he began to run about the room
Μετά βγήκε από την πόρτα του σπιτιού
then he got out of the house door
Και πήδηξε στο δρόμο και δραπέτευσε

and he jumped into the street and escaped
Ο καημένος ο Τζεπέτο όρμησε πίσω του
poor Geppetto rushed after him
Φυσικά δεν μπόρεσε να τον προσπεράσει
of course he was not able to overtake him
γιατί ο Πινόκιο πήδηξε μπροστά του σαν λαγός
because Pinocchio leaped in front of him like a hare
και χτύπησε τα ξύλινα πόδια του στο πεζοδρόμιο
and he knocked his wooden feet against the pavement
Έκανε τόσο θόρυβο όσο είκοσι ζεύγη τσόκαρα αγροτών
it made as much clatter as twenty pairs of peasants' clogs
«Σταμάτα τον! Σταματήστε τον!» φώναξε ο Τζεπέτο
"Stop him! stop him!" shouted Geppetto
Αλλά οι άνθρωποι στο δρόμο στέκονταν ακίνητοι έκπληκτοι
but the people in the street stood still in astonishment
Δεν είχαν δει ποτέ μια ξύλινη μαριονέτα να τρέχει σαν άλογο
they had never seen a wooden puppet running like a horse
και γέλασαν και γέλασαν με την ατυχία του Τζεπέτο
and they laughed and laughed at Geppetto's misfortune
Επιτέλους, για καλή τύχη, έφτασε ένας στρατιώτης
At last, as good luck would have it, a soldier arrived
Ο στρατιώτης είχε ακούσει την αναστάτωση
the soldier had heard the uproar
Φαντάστηκε ότι ένα πουλάρι είχε δραπετεύσει από τον κύριό του
he imagined that a colt had escaped from his master
Φυτεύτηκε στη μέση του δρόμου
he planted himself in the middle of the road
Περίμενε με αποφασισμένο σκοπό να τον σταματήσει
he waited with the determined purpose of stopping him
Έτσι θα απέτρεπε την πιθανότητα χειρότερων καταστροφών
thus he would prevent the chance of worse disasters
Ο Πινόκιο είδε τον στρατιώτη να οχυρώνεται σε όλο το δρόμο

Pinocchio saw the soldier barricading the whole street
Προσπάθησε λοιπόν να τον αιφνιδιάσει
so he endeavoured to take him by surprise
Σχεδίαζε να τρέξει ανάμεσα στα πόδια του
he planned to run between his legs
αλλά ο στρατιώτης ήταν πολύ έξυπνος για τον Πινόκιο
but the soldier was too clever for Pinocchio
Ο στρατιώτης τον έπιασε έξυπνα από τη μύτη
The soldier caught him cleverly by the nose
και έδωσε τον Πινόκιο πίσω στον Τζεπέτο
and he gave Pinocchio back to Geppetto
Θέλοντας να τον τιμωρήσει, ο Τζεπέτο σκόπευε να του τραβήξει τα αυτιά
Wishing to punish him, Geppetto intended to pull his ears
Αλλά δεν μπορούσε να βρει τα αυτιά του Πινόκιο!
But he could not find Pinocchio's ears!
Και ξέρετε τον λόγο;
And do you know the reason why?
Είχε ξεχάσει να του κάνει αυτιά
he had forgotten to make him any ears
Έτσι, τον πήρε από το κολάρο
so then he took him by the collar
«Θα πάμε σπίτι αμέσως», τον απείλησε
"We will go home at once," he threatened him
«Μόλις φτάσουμε θα τακτοποιήσουμε τους λογαριασμούς μας»
"as soon as we arrive we will settle our accounts"
Σε αυτές τις πληροφορίες ο Πινόκιο έπεσε στο έδαφος
At this information Pinocchio threw himself on the ground
Αρνήθηκε να κάνει άλλο ένα βήμα
he refused to go another step
Ένα πλήθος περίεργων ανθρώπων άρχισε να συγκεντρώνεται
a crowd of inquisitive people began to assemble
Έκαναν ένα δαχτυλίδι γύρω τους
they made a ring around them
Κάποιοι από αυτούς είπαν ένα πράγμα, κάποιοι άλλο

Some of them said one thing, some another
«Καημένη μαριονέτα!» είπαν αρκετοί από τους θεατές
"Poor puppet!" said several of the onlookers
«Έχει δίκιο που δεν επιθυμεί να επιστρέψει στην πατρίδα του!»
"he is right not to wish to return home!"
«Ποιος ξέρει πώς θα τον νικήσει ο Τζεπέτο!»
"Who knows how Geppetto will beat him!"
"Ο Τζεπέτο φαίνεται καλός άνθρωπος!"
"Geppetto seems a good man!"
«Αλλά με τα αγόρια είναι ένας κανονικός τύραννος!»
"but with boys he is a regular tyrant!"
«Μην αφήνεις αυτή τη φτωχή μαριονέτα στα χέρια του»
"don't leave that poor puppet in his hands"
«Είναι αρκετά ικανός να τον κάνει κομμάτια!»
"he is quite capable of tearing him to pieces!"
Από ό,τι ειπώθηκε ο στρατιώτης έπρεπε να επέμβει ξανά
from what was said the soldier had to step in again
ο στρατιώτης έδωσε στον Πινόκιο την ελευθερία του
the soldier gave Pinocchio his freedom
και ο στρατιώτης οδήγησε τον Τζεπέτο στη φυλακή
and the soldier led Geppetto to prison
Ο φτωχός δεν ήταν έτοιμος να υπερασπιστεί τον εαυτό του με λόγια
The poor man was not ready to defend himself with words
φώναξε σαν μοσχάρι: «Άθλιο αγόρι!»
he cried like a calf "Wretched boy!"
«να σκεφτώ πόσο κοπίασα για να τον κάνω καλή μαριονέτα!»
"to think how I laboured to make him a good puppet!"
«Αλλά όλα όσα έχω κάνει με εξυπηρετούν σωστά!»
"But all I have done serves me right!"
«Θα έπρεπε να το είχα σκεφτεί νωρίτερα!»
"I should have thought of it sooner!"

Το μιλώντας μικρός γρύλος επιπλήττει τον Πινόκιο
The Talking Little Cricket Scolds Pinocchio

Ο καημένος ο Τζεπέτο οδηγούνταν στη φυλακή
poor Geppetto was being taken to prison
Όλα αυτά δεν ήταν δικό του λάθος, φυσικά
all of this was not his fault, of course
Δεν είχε κάνει τίποτα κακό
he had not done anything wrong at all
και αυτός ο μικρός imp Πινόκιο βρήκε τον εαυτό του ελεύθερο
and that little imp Pinocchio found himself free
Είχε δραπετεύσει από τα νύχια του στρατιώτη
he had escaped from the clutches of the soldier
Και έφυγε τρέχοντας όσο πιο γρήγορα μπορούσαν να τον μεταφέρουν τα πόδια του
and he ran off as fast as his legs could carry him
Ήθελε να φτάσει στο σπίτι όσο το δυνατόν γρηγορότερα
he wanted to reach home as quickly as possible
Ως εκ τούτου, έσπευσε στα χωράφια
therefore he rushed across the fields
Στην τρελή βιασύνη του πήδηξε πάνω από ακανθώδεις φράχτες
in his mad hurry he jumped over thorny hedges
και πήδηξε σε χαντάκια γεμάτα νερό
and he jumped across ditches full of water
Φτάνοντας στο σπίτι, βρήκε την πόρτα ανοιχτή
Arriving at the house, he found the door ajar
Το έσπρωξε να ανοίξει, μπήκε μέσα και έδεσε το μάνδαλο
He pushed it open, went in, and fastened the latch
Έπεσε στο πάτωμα του σπιτιού του
he threw himself on the floor of his house
Και έβγαλε μεγάλο στεναγμό ικανοποίησης
and he gave a great sigh of satisfaction
Αλλά σύντομα άκουσε κάποιον στο δωμάτιο

But soon he heard someone in the room
κάτι έκανε έναν ήχο σαν "Cri-cri-cri!"
something was making a sound like "Cri-cri-cri!"
«Ποιος με καλεί;» είπε τρομαγμένος ο Πινόκιο
"Who calls me?" said Pinocchio in a fright
«Εγώ είμαι!» απάντησε μια φωνή
"It is I!" answered a voice
Ο Πινόκιο γύρισε και είδε ένα μικρό γρύλο
Pinocchio turned round and saw a little cricket
Το κρίκετ σέρνεται αργά στον τοίχο
the cricket was crawling slowly up the wall
«Πες μου, μικρό γρύλο, ποιος μπορεί να είσαι;»
"Tell me, little cricket, who may you be?"
"ποιος είμαι είναι ο κρίκετ που μιλάει"
"who I am is the talking cricket"
"και έχω ζήσει σε αυτό το δωμάτιο εκατό χρόνια ή περισσότερο"
"and I have lived in this room a hundred years or more"
«Τώρα, όμως, αυτό το δωμάτιο είναι δικό μου», είπε η μαριονέτα
"Now, however, this room is mine," said the puppet
"Αν μου κάνεις την ευχαρίστηση, φύγε αμέσως"
"if you would do me the pleasure, go away at once"
«Και όταν φύγεις, σε παρακαλώ μην επιστρέψεις ποτέ»
"and when you're gone, please never come back"
«Δεν θα πάω μέχρι να σου πω μια μεγάλη αλήθεια»
"I will not go until I have told you a great truth"
"Πες μου, λοιπόν, και να είσαι γρήγορος γι 'αυτό"
"Tell it me, then, and be quick about it"
«Αλίμονο σε εκείνα τα αγόρια που επαναστατούν εναντίον των γονιών τους»
"Woe to those boys who rebel against their parents"
«Και αλίμονο στα αγόρια που φεύγουν από το σπίτι»
"and woe to boys who run away from home"
«Δεν θα έρθουν ποτέ σε κανένα καλό στον κόσμο»
"They will never come to any good in the world"
«Και αργά ή γρήγορα θα μετανοήσουν πικρά»

"and sooner or later they will repent bitterly"
"Τραγούδησε ό, τι θέλεις μικρό κρίκετ"
"Sing all you want you little cricket"
"και μη διστάσετε να τραγουδήσετε όσο θέλετε"
"and feel free to sing as long as you please"
«Για μένα, έχω αποφασίσει να το σκάσω»
"For me, I have made up my mind to run away"
«Αύριο το ξημέρωμα θα το σκάσω οριστικά»
"tomorrow at daybreak I will run away for good"
«Αν παραμείνω δεν θα ξεφύγω από τη μοίρα μου»
"if I remain I shall not escape my fate"
«Είναι η ίδια μοίρα με όλα τα άλλα αγόρια»
"it is the same fate as all other boys"
«Αν μείνω θα με στείλουν στο σχολείο»
"if I stay I shall be sent to school"
«Και θα αναγκαστώ να μελετήσω με αγάπη ή με βία»
"and I shall be made to study by love or by force"
«Σας λέω εμπιστευτικά, δεν έχω καμία επιθυμία να μάθω»
"I tell you in confidence, I have no wish to learn"
"Είναι πολύ πιο διασκεδαστικό να τρέχεις πίσω από πεταλούδες"
"it is much more amusing to run after butterflies"
"Προτιμώ να σκαρφαλώνω σε δέντρα με το χρόνο μου"
"I prefer climbing trees with my time"
"και μου αρέσει να βγάζω νεαρά πουλιά από τις φωλιές τους"
"and I like taking young birds out of their nests"
"Καημένη μικρή χήνα" παρενέβη ο ομιλών κρίκετ
"Poor little goose" interjected the talking cricket
«Δεν ξέρεις ότι θα γίνεις ένα τέλειο γαϊδούρι;»
"don't you know you will grow up a perfect donkey?"
«Και όλοι θα σε κοροϊδέψουν»
"and every one will make fun of you"
Ο Πινόκιο δεν ήταν ευχαριστημένος με αυτά που άκουσε
Pinocchio was not pleased with what he heard

«Κράτα τη γλώσσα σου, πονηρέ, κακολογημένο κροατή!»
"Hold your tongue, you wicked, ill-omened croaker!"
Αλλά το μικρό κρίκετ ήταν υπομονετικό και φιλοσοφικό
But the little cricket was patient and philosophical
Δεν θύμωσε με αυτή την αναίδεια
he didn't become angry at this impertinence
Συνέχισε με τον ίδιο τόνο που είχε πριν
he continued in the same tone as he had before
"Ίσως πραγματικά δεν θέλετε να πάτε στο σχολείο"
"perhaps you really do not wish to go to school"
"Γιατί λοιπόν να μην μάθετε τουλάχιστον ένα εμπόριο;"
"so why not at least learn a trade?"
"Μια δουλειά θα σας επιτρέψει να κερδίσετε ένα κομμάτι ψωμί!"
"a job will enable you to earn a piece of bread!"
«Τι θέλεις να σου πω;» απάντησε ο Πινόκιο
"What do you want me to tell you?" replied Pinocchio
Είχε αρχίσει να χάνει την υπομονή του με το μικρό κρίκετ
he was beginning to lose patience with the little cricket
"υπάρχουν πολλά επαγγέλματα στον κόσμο που θα μπορούσα να κάνω"
"there are many trades in the world I could do"
"Αλλά μόνο ένα κάλεσμα παίρνει πραγματικά τη φαντασία μου"
"but only one calling really takes my fancy"
"Και ποιο κάλεσμα είναι αυτό που σας αρέσει;"
"And what calling is it that takes your fancy?"
«να τρώω, και να πίνω, και να κοιμάμαι»
"to eat, and to drink, and to sleep"
«Καλούμαι να διασκεδάζω όλη μέρα»
"I am called to amuse myself all day"
"να οδηγήσει μια περιπλανώμενη ζωή από το πρωί μέχρι το βράδυ"
"to lead a vagabond life from morning to night"

Το μιλώντας μικρός γρύλος είχε μια απάντηση για αυτό
the talking little cricket had a reply for this
«Οι περισσότεροι που ακολουθούν αυτό το επάγγελμα καταλήγουν στο νοσοκομείο ή στη φυλακή»
"most who follow that trade end in hospital or prison"
«Πρόσεχε, πονηρέ, κακόμοιρο κροατή»
"Take care, you wicked, ill-omened croaker"
«Αλίμονο σε σένα αν πετάξω σε ένα πάθος!»
"Woe to you if I fly into a passion!"
«Καημένε Πινόκιο, σε λυπάμαι πραγματικά!»
"Poor Pinocchio I really pity you!"
«Γιατί με λυπάσαι;»
"Why do you pity me?"
«Σε λυπάμαι γιατί είσαι μαριονέτα»
"I pity you because you are a puppet"
"και σε λυπάμαι γιατί έχεις ξύλινο κεφάλι"
"and I pity you because you have a wooden head"
Σε αυτά τα τελευταία λόγια ο Πινόκιο πήδηξε πάνω σε οργή
At these last words Pinocchio jumped up in a rage
Άρπαξε ένα ξύλινο σφυρί από τον πάγκο
he snatched a wooden hammer from the bench

Και έριξε το σφυρί στο κρίκετ που μιλούσε
and he threw the hammer at the talking cricket
Ίσως ποτέ δεν είχε σκοπό να τον χτυπήσει
Perhaps he never meant to hit him
Αλλά δυστυχώς τον χτύπησε ακριβώς στο κεφάλι
but unfortunately it struck him exactly on the head
ο καημένος ο Κρίκετ μόλις που είχε ανάσα για να φωνάξει "Cri-cri-cri!"
the poor Cricket had scarcely breath to cry "Cri-cri-cri!"
Παρέμεινε στεγνός και πεπλατυσμένος στον τοίχο
he remained dried up and flattened against the wall

Το ιπτάμενο αυγό
The Flying Egg

Η νύχτα πλησίαζε γρήγορα τον Πινόκιο
The night was quickly catching up with Pinocchio
Θυμήθηκε ότι δεν είχε φάει τίποτα όλη μέρα
he remembered that he had eaten nothing all day
Άρχισε να αισθάνεται ένα ροκάνισμα στο στομάχι του
he began to feel a gnawing in his stomach
Το σκασίματα έμοιαζε πολύ με όρεξη
the gnawing very much resembled appetite
Μετά από λίγα λεπτά η όρεξή του είχε γίνει πείνα
After a few minutes his appetite had become hunger
Και σε λίγο καιρό η πείνα του έγινε αδηφάγος
and in little time his hunger became ravenous
Ο καημένος ο Πινόκιο έτρεξε γρήγορα στο τζάκι
Poor Pinocchio ran quickly to the fireplace
το τζάκι όπου έβραζε μια κατσαρόλα
the fireplace where a saucepan was boiling
Θα έβγαζε το καπάκι
he was going to take off the lid
Τότε μπορούσε να δει τι περιείχε
then he could see what was in it
Αλλά η κατσαρόλα ήταν ζωγραφισμένη μόνο στον

τοίχο
but the saucepan was only painted on the wall
Μπορείτε να φανταστείτε τα συναισθήματά του όταν το ανακάλυψε αυτό
You can imagine his feelings when he discovered this
Η μύτη του, η οποία ήταν ήδη μεγάλη, έγινε ακόμα μεγαλύτερη
His nose, which was already long, became even longer
πρέπει να έχει αυξηθεί κατά τουλάχιστον τρεις ίντσες
it must have grown by at least three inches
Στη συνέχεια άρχισε να τρέχει γύρω από το δωμάτιο
He then began to run about the room
Έψαξε στα συρτάρια και σε κάθε μέρος που μπορούσε να φανταστεί κανείς
he searched in the drawers and every imaginable place
Ήλπιζε να βρει λίγο ψωμί ή κρούστα
he hoped to find a bit of bread or crust
Ίσως θα μπορούσε να βρει ένα κόκαλο που άφησε ένας σκύλος
perhaps he could find a bone left by a dog
λίγο μουχλιασμένη πουτίγκα ινδικού καλαμποκιού
a little moldy pudding of Indian corn
κάπου κάποιος μπορεί να έχει αφήσει ένα ψαροκόκαλο
somewhere someone might have left a fish bone
Ακόμη και μια πέτρα κερασιάς θα ήταν αρκετή
even a cherry stone would be enough
Μακάρι να υπήρχε κάτι που θα μπορούσε να καρφώσει
if only there was something that he could gnaw
Αλλά δεν μπορούσε να βρει τίποτα για να βάλει τα δόντια του
But he could find nothing to get his teeth into
Και εν τω μεταξύ η πείνα του μεγάλωνε και μεγάλωνε
And in the meanwhile his hunger grew and grew
Ο καημένος ο Πινόκιο δεν είχε άλλη ανακούφιση από το χασμουρητό
Poor Pinocchio had no other relief than yawning
Τα χασμουρητά του ήταν τόσο μεγάλα που το στόμα

του σχεδόν έφτανε στα αυτιά του
his yawns were so big his mouth almost reached his ears
και ένιωθε σαν να επρόκειτο να λιποθυμήσει
and felt as if he were going to faint
Τότε άρχισε να κλαίει απεγνωσμένα
Then he began to cry desperately
"Το μικρό κρίκετ που μιλούσε είχε δίκιο"
"The talking little cricket was right"
«Έκανα λάθος που επαναστάτησα εναντίον του μπαμπά μου»
"I did wrong to rebel against my papa"
«Δεν έπρεπε να το είχα σκάσει από το σπίτι»
"I should not have ran away from home"
«Αν ο μπαμπάς μου ήταν εδώ, δεν θα πέθαινα από χασμουρητό!»
"If my papa were here I wouldn't be dying of yawning!"
«Ω! Τι φοβερή αρρώστια είναι η πείνα!»
"Oh! what a dreadful illness hunger is!"
Ακριβώς τότε σκέφτηκε ότι είδε κάτι στο σωρό σκόνης
Just then he thought he saw something in the dust-heap
κάτι στρογγυλό και άσπρο που έμοιαζε με αυγό κότας
something round and white that looked like a hen's egg
Σηκώθηκε στα πόδια του και άρπαξε το αυγό
he sprung up to his feet and seized hold of the egg
Ήταν πράγματι αυγό κότας, όπως νόμιζε
It was indeed a hen's egg, as he thought
Η χαρά του Πινόκιο ήταν απερίγραπτη
Pinocchio's joy was beyond description
Έπρεπε να βεβαιωθεί ότι δεν ονειρευόταν απλώς
he had to make sure that he wasn't just dreaming
Έτσι συνέχισε να γυρίζει το αυγό στα χέρια του
so he kept turning the egg over in his hands
Ένιωσε και φίλησε το αυγό
he felt and kissed the egg
"Και τώρα, πώς θα το μαγειρέψω;"
"And now, how shall I cook it?"
«Να φτιάξω ομελέτα;»

"Shall I make an omelet?"
"Θα ήταν καλύτερα να το μαγειρέψετε σε ένα πιατάκι!"
"it would be better to cook it in a saucer!"
"Ή δεν θα ήταν πιο αλμυρό να το τηγανίσουμε;"
"Or would it not be more savory to fry it?"
"Ή θα βράσω απλά το αυγό;"
"Or shall I simply boil the egg?"
"Όχι, ο πιο γρήγορος τρόπος είναι να το μαγειρέψετε σε πιατάκι"
"No, the quickest way is to cook it in a saucer"
"Βιάζομαι τόσο πολύ να το φάω!"
"I am in such a hurry to eat it!"
Χωρίς απώλεια χρόνου πήρε ένα πήλινο πιατάκι
Without loss of time he got an earthenware saucer
Τοποθέτησε το πιατάκι σε ένα μπρασελέ γεμάτο κόκκινα καυτά κάρβουνα
he placed the saucer on a brazier full of red-hot embers
Δεν είχε λάδι ή βούτυρο να χρησιμοποιήσει
he didn't have any oil or butter to use
Έτσι έριξε λίγο νερό στο πιατάκι
so he poured a little water into the saucer
Και όταν το νερό άρχισε να καπνίζει, σπάστε!
and when the water began to smoke, crack!
Έσπασε το κέλυφος του αυγού πάνω από το πιατάκι
he broke the egg-shell over the saucer
και άφησε το περιεχόμενο του αυγού να πέσει στο πιατάκι
and he let the contents of the egg drop into the saucer
αλλά το αυγό δεν ήταν γεμάτο λευκό και κρόκο
but the egg was not full of white and yolk
Αντ 'αυτού, ένα μικρό κοτόπουλο έσκασε έξω το αυγό
instead, a little chicken popped out the egg

Ήταν ένα πολύ γκέι και ευγενικό μικρό κοτόπουλο
it was a very gay and polite little chicken
Το μικρό κοτόπουλο έκανε μια όμορφη ευγένεια
the little chicken made a beautiful courtesy
«Χίλια ευχαριστώ, Δάσκαλε. Πινόκιο"
"A thousand thanks, Master. Pinocchio"
«Με γλίτωσες από τον κόπο να σπάσω το κέλυφος»
"you have saved me the trouble of breaking the shell"
«Αντίο, μέχρι να συναντηθούμε ξανά», είπε το κοτόπουλο
"Adieu, until we meet again" the chicken said
"Να είστε καλά, και τα καλύτερα κομπλιμέντα μου σε όλους στο σπίτι!"
"Keep well, and my best compliments to all at home!"
Το μικρό κοτόπουλο άπλωσε τα φτερά του
the little chicken spread its little wings
Και το μικρό κοτόπουλο πέταξε μέσα από το ανοιχτό παράθυρο
and the little chicken darted through the open window

Και τότε το μικρό κοτόπουλο πέταξε μακριά από το οπτικό πεδίο
and then the little chicken flew out of sight
Η καημένη η μαριονέτα στεκόταν σαν να είχε μαγευτεί
The poor puppet stood as if he had been bewitched
Τα μάτια του ήταν σταθερά και το στόμα του ήταν ανοιχτό
his eyes were fixed, and his mouth was open
Και είχε ακόμα το τσόφλι του αυγού στο χέρι του
and he still had the egg-shell in his hand
σιγά-σιγά συνήλθε από την κατάπληξή του
slowly he Recovered from his stupefaction
Και τότε άρχισε να κλαίει και να ουρλιάζει
and then he began to cry and scream
Πάτησε τα πόδια του στο πάτωμα απελπισμένος
he stamped his feet on the floor in desperation
Ανάμεσα στους λυγμούς του συγκέντρωσε τις σκέψεις του
amidst his sobs he gathered his thoughts
"Α, πράγματι, το μικρό κρίκετ που μιλούσε είχε δίκιο"
"Ah, indeed, the talking little cricket was right"
«Δεν έπρεπε να το σκάσω από το σπίτι»
"I should not have run away from home"
«Τότε δεν θα πέθαινα τώρα από την πείνα!»
"then I would not now be dying of hunger!"
«Και αν ο μπαμπάς μου ήταν εδώ, θα με τάιζε»
"and if my papa were here he would feed me"
«Ω! Τι φοβερή αρρώστια είναι η πείνα!»
"Oh! what a dreadful illness hunger is!"
Το στομάχι του φώναξε περισσότερο από ποτέ
his stomach cried out more than ever
Και δεν ήξερε πώς να ηρεμήσει την πείνα του
and he did not know how to quiet his hunger
Σκέφτηκε να φύγει από το σπίτι
he thought about leaving the house
Ίσως θα μπορούσε να κάνει μια εκδρομή στη γειτονιά
perhaps he could make an excursion in the neighborhood

Ήλπιζε να βρει κάποιο φιλανθρωπικό πρόσωπο
he hoped to find some charitable person
Ίσως θα του έδιναν ένα κομμάτι ψωμί
maybe they would give him a piece of bread

Τα πόδια του Πινόκιο καίγονται σε Τέφρα
Pinocchio's Feet Burn to Cinders

Ήταν μια ιδιαίτερα άγρια και θυελλώδης νύχτα
It was an especially wild and stormy night
Η βροντή ήταν τρομερά δυνατή και τρομακτική
The thunder was tremendously loud and fearful
Η αστραπή ήταν τόσο ζωντανή που ο ουρανός φαινόταν να φλέγεται
the lightning was so vivid that the sky seemed on fire
Ο Πινόκιο φοβόταν πολύ τον κεραυνό
Pinocchio had a great fear of thunder
Αλλά η πείνα μπορεί να είναι ισχυρότερη από το φόβο
but hunger can be stronger than fear
Έτσι έκλεισε την πόρτα του σπιτιού
so he closed the door of the house
Και έκανε μια απελπισμένη βιασύνη για το χωριό
and he made a desperate rush for the village
Έφτασε στο χωριό σε εκατό όρια
he reached the village in a hundred bounds
Η γλώσσα του κρεμόταν από το στόμα του
his tongue was hanging out of his mouth
Και λαχάνιαζε να αναπνεύσει σαν σκύλος
and he was panting for breath like a dog
Βρήκε όμως το χωριό σκοτεινό και έρημο
But he found the village all dark and deserted
Τα καταστήματα ήταν κλειστά και τα παράθυρα ήταν κλειστά
The shops were closed and the windows were shut
Και δεν υπήρχε τόσο πολύ όσο ένα σκυλί στο δρόμο
and there was not so much as a dog in the street

Φαινόταν σαν να είχε φτάσει στη χώρα των νεκρών
It seemed like he had arrived in the land of the dead
Ο Πινόκιο ωθήθηκε από την απελπισία και την πείνα
Pinocchio was urged on by desperation and hunger
Έπιασε το κουδούνι ενός σπιτιού
he took hold of the bell of a house
Και άρχισε να χτυπάει το κουδούνι με όλη του τη δύναμη
and he began to ring the bell with all his might
«Αυτό θα φέρει κάποιον», είπε στον εαυτό του
"That will bring somebody," he said to himself
Και έφερε κάποιον!
And it did bring somebody!
Ένας μικρός γέρος εμφανίστηκε σε ένα παράθυρο
A little old man appeared at a window
Ο μικρός γέρος είχε ακόμα ένα νυχτικό σκούφο στο κεφάλι του
the little old man still had a night-cap on his head
Του φώναξε θυμωμένα
he called to him angrily
«Τι θέλεις τέτοια ώρα;»
"What do you want at such an hour?"
«Θα είχες την καλοσύνη να μου δώσεις λίγο ψωμί;»
"Would you be kind enough to give me a little bread?"
Ο μικρός γέρος ήταν πολύ υποχρεωμένος
the little old man was very obliging
"Περίμενε εκεί, θα επιστρέψω απευθείας"
"Wait there, I will be back directly"
Νόμιζε ότι ήταν ένας από τους ντόπιους κακοποιούς
he thought it was one of the local rascals
Διασκεδάζουν χτυπώντας τις καμπάνες του σπιτιού τη νύχτα
they amuse themselves by ringing the house-bells at night
Μετά από μισό λεπτό το παράθυρο άνοιξε ξανά
After half a minute the window opened again
η φωνή του ίδιου μικρού γέρου φώναξε στον Πινόκιο
the voice of the same little old man shouted to Pinocchio

«Έλα από κάτω και κράτα το καπέλο σου»
"Come underneath and hold out your cap"
Ο Πινόκιο έβγαλε το καπέλο του και το κράτησε
Pinocchio pulled off his cap and held it out
αλλά το καπάκι του Πινόκιο δεν ήταν γεμάτο με ψωμί ή φαγητό
but Pinocchio's cap was not filled with bread or food
Μια τεράστια λεκάνη νερού χύθηκε πάνω του
an enormous basin of water was poured down on him
Το νερό τον μούσκεψε από το κεφάλι μέχρι τα πόδια
the water soaked him from head to foot
σαν να ήταν μια κατσαρόλα με αποξηραμένα γεράνια
as if he had been a pot of dried-up geraniums
Επέστρεψε σπίτι σαν βρεγμένο κοτόπουλο
He returned home like a wet chicken
Ήταν αρκετά εξαντλημένος από την κούραση και την πείνα
he was quite exhausted with fatigue and hunger
Δεν είχε πια τη δύναμη να σταθεί όρθιος
he no longer had the strength to stand
Έτσι κάθισε και ξεκούρασε τα υγρά και λασπωμένα πόδια του
so he sat down and rested his damp and muddy feet
Έβαλε τα πόδια του σε ένα μπρασελέ γεμάτο αναμμένη χόβολη
he put his feet on a brazier full of burning embers
Και τότε αποκοιμήθηκε, εξαντλημένος από την ημέρα
and then he fell asleep, exhausted from the day
όλοι γνωρίζουμε ότι ο Πινόκιο έχει ξύλινα πόδια
we all know that Pinocchio has wooden feet
Και ξέρουμε τι συμβαίνει με το ξύλο πάνω στην καύση της χόβολης
and we know what happens to wood on burning embers
Σιγά-σιγά τα πόδια του κάηκαν και έγιναν στάχτη
little by little his feet burnt away and became cinders
Ο Πινόκιο συνέχισε να κοιμάται και να ροχαλίζει
Pinocchio continued to sleep and snore

Τα πόδια του θα μπορούσαν κάλλιστα να ανήκαν σε κάποιον άλλο
his feet might as well have belonged to someone else
Επιτέλους ξύπνησε γιατί κάποιος χτυπούσε την πόρτα
At last he awoke because someone was knocking at the door
«Ποιος είναι εκεί;» ρώτησε, χασμουρώντας και τρίβοντας τα μάτια του
"Who is there?" he asked, yawning and rubbing his eyes
«Εγώ είμαι!» απάντησε μια φωνή
"It is I!" answered a voice
Και ο Πινόκιο αναγνώρισε τη φωνή του Τζεπέτο
And Pinocchio recognized Geppetto's voice

Ο Τζεπέτο δίνει το δικό του πρωινό στον Πινόκιο
Geppetto Gives his own Breakfast to Pinocchio

Τα μάτια του καημένου Πινόκιο ήταν ακόμα μισόκλειστα από τον ύπνο
Poor Pinocchio's eyes were still half shut from sleep
Δεν είχε ανακαλύψει ακόμα τι είχε συμβεί
he had not yet discovered what had happened
Τα πόδια του είχαν καεί ολοσχερώς
his feet had were completely burnt off
Άκουσε τη φωνή του πατέρα του στην πόρτα
he heard the voice of his father at the door
και πήδηξε από την καρέκλα στην οποία είχε κοιμηθεί
and he jumped off the chair he had slept on
Ήθελε να τρέξει στην πόρτα και να την ανοίξει
he wanted to run to the door and open it
Αλλά σκόνταψε και έπεσε στο πάτωμα
but he stumbled around and fell on the floor
Φανταστείτε να έχετε ένα σακί ξύλινες κουτάλες
imagine having a sack of wooden ladles
Φανταστείτε να πετάτε τον σάκο από το μπαλκόνι
imagine throwing the sack off the balcony
δηλαδή ήταν ο ήχος του Πινόκιο που έπεφτε στο

πάτωμα
that is was the sound of Pinocchio falling to the floor
«Άνοιξε την πόρτα!» φώναξε ο Τζεπέτο από το δρόμο
"Open the door!" shouted Geppetto from the street
«Αγαπητέ μπαμπά, δεν μπορώ», απάντησε η μαριονέτα
"Dear papa, I cannot," answered the puppet
Και έκλαιγε και κυλούσε στο έδαφος
and he cried and rolled about on the ground
«Γιατί δεν μπορείς να ανοίξεις την πόρτα;»
"Why can't you open the door?"
«Επειδή τα πόδια μου έχουν φαγωθεί»
"Because my feet have been eaten"
«Και ποιος έφαγε τα πόδια σου;»
"And who has eaten your feet?"
Ο Πινόκιο κοίταξε γύρω του για κάτι να κατηγορήσει
Pinocchio looked around for something to blame
Τελικά απάντησε: «Η γάτα έφαγε τα πόδια μου»
eventually he answered "the cat ate my feet"
«Άνοιξε την πόρτα, σου λέω!» επανέλαβε ο Τζεπέτο
"Open the door, I tell you!" repeated Geppetto
«Αν δεν το ανοίξεις, θα πάρεις τη γάτα από μένα!»
"If you don't open it, you shall have the cat from me!"
«Δεν μπορώ να σηκωθώ, πιστέψτε με»
"I cannot stand up, believe me"
«Ω, καημένε μου!» θρήνησε ο Πινόκιο
"Oh, poor me!" lamented Pinocchio
«Θα πρέπει να περπατάω γονατιστός για το υπόλοιπο της ζωής μου!»
"I shall have to walk on my knees for the rest of my life!"
Ο Τζεπέτο σκέφτηκε ότι αυτό ήταν άλλο ένα από τα κόλπα της μαριονέτας
Geppetto thought this was another one of the puppet's tricks
Σκέφτηκε ένα μέσο για να βάλει τέλος στα κόλπα του
he thought of a means of putting an end to his tricks
Ανέβηκε στον τοίχο και μπήκε μέσα από το παράθυρο
he climbed up the wall and got in through the window
Θύμωσε πολύ όταν είδε για πρώτη φορά τον Πινόκιο

He was very angry when he first saw Pinocchio
Και δεν έκανε τίποτα άλλο παρά να επιπλήξει τη φτωχή μαριονέτα
and he did nothing but scold the poor puppet

αλλά τότε είδε ότι ο Πινόκιο ήταν πραγματικά χωρίς πόδια
but then he saw Pinocchio really was without feet
Και ήταν αρκετά καταβεβλημένος με συμπάθεια και πάλι
and he was quite overcome with sympathy again
Ο Τζεπέτο πήρε την μαριονέτα του στην αγκαλιά του
Geppetto took his puppet in his arms
και άρχισε να τον φιλάει και να τον χαϊδεύει
and he began to kiss and caress him
Του είπε χίλια προσφιλή πράγματα
he said a thousand endearing things to him
Μεγάλα δάκρυα έτρεχαν στα ρόδινα μάγουλά του
big tears ran down his rosy cheeks
«Μικρό μου Πινόκιο!» τον παρηγόρησε

"My little Pinocchio!" he comforted him
«Πώς κατάφερες να κάψεις τα πόδια σου;»
"how did you manage to burn your feet?"
«Δεν ξέρω πώς το έκανα, μπαμπά»
"I don't know how I did it, papa"
«Αλλά ήταν μια τόσο φοβερή νύχτα»
"but it has been such a dreadful night"
«Θα το θυμάμαι όσο ζω»
"I shall remember it as long as I live"
«Υπήρχαν βροντές και αστραπές όλη τη νύχτα»
"there was thunder and lightning all night"
"και ήμουν πολύ πεινασμένος όλη τη νύχτα"
"and I was very hungry all night"
"Και τότε ο κρίκετ που μιλούσε με επέπληξε"
"and then the talking cricket scolded me"
«Το κρίκετ που μιλούσε έλεγε 'σε εξυπηρετεί σωστά'»
"the talking cricket said 'it serves you right'"
«Είπε· Υπήρξες πονηρός και το αξίζεις"»
"he said; 'you have been wicked and deserve it'"
«Και του είπα: "Πρόσεχε, μικρό Κρίκετ!"»
"and I said to him: 'Take care, little Cricket!'"
»Και είπε· Είσαι μαριονέτα"»
"and he said; 'You are a puppet'"
»Και είπε· Έχεις ξύλινο κεφάλι"»
"and he said; 'you have a wooden head'"
«και του έριξα τη λαβή ενός σφυριού»
"and I threw the handle of a hammer at him"
"Και τότε το μικρό κρίκετ που μιλούσε πέθανε"
"and then the talking little cricket died"
«Αλλά ήταν δικό του λάθος που πέθανε»
"but it was his fault that he died"
«γιατί δεν ήθελα να τον σκοτώσω»
"because I didn't wish to kill him"
«και έχω αποδείξεις ότι δεν ήθελα να το κάνω»
"and I have proof that I didn't mean to"
«Είχα βάλει ένα πήλινο πιατάκι πάνω σε αναμμένη χόβολη»

"I had put an earthenware saucer on burning embers"
"Αλλά μια κότα πέταξε έξω από το αυγό"
"but a chicken flew out of the egg"
«Η κότα είπε· Αντίο, μέχρι να συναντηθούμε ξανά"»
"the chicken said; 'Adieu, until we meet again'"
«Στείλτε τα συγχαρητήριά μου σε όλους στο σπίτι»
'send my compliments to all at home'
«και μετά πείνασα ακόμα περισσότερο»
"and then I got even more hungry"
"Τότε ήταν αυτός ο μικρός γέρος με ένα νυχτερινό καπέλο"
"then there was that little old man in a night-cap"
«Άνοιξε το παράθυρο από πάνω μου»
"he opened the window up above me"
«Και μου είπε να κρατήσω το καπέλο μου»
"and he told me to hold out my hat"
«Και έριξε πάνω μου μια λεκάνη με νερό»
"and he poured a basinful of water on me"
«Το να ζητάς λίγο ψωμί δεν είναι ντροπή, έτσι δεν είναι;»
"asking for a little bread isn't a disgrace, is it?"
"και μετά επέστρεψα σπίτι αμέσως"
"and then I returned home at once"
«Ήμουν πεινασμένος και κρύος και κουρασμένος»
"I was hungry and cold and tired"
"και έβαλα τα πόδια μου στο μπρασελέ για να τα στεγνώσω"
"and I put my feet on the brazier to dry them"
«Και μετά επέστρεψες το πρωί»
"and then you returned in the morning"
«και βρήκα τα πόδια μου καμένα»
"and I found my feet were burnt off"
«και είμαι ακόμα πεινασμένος»
"and I am still hungry"
«μα δεν έχω πια πόδια!»
"but I no longer have any feet!"
Και ο καημένος ο Πινόκιο άρχισε να κλαίει και να

βρυχάται
And poor Pinocchio began to cry and roar
Φώναξε τόσο δυνατά που ακούστηκε πέντε μίλια μακριά
he cried so loudly that he was heard five miles off
Τζεπέτο, κατάλαβε μόνο ένα πράγμα από όλα αυτά
Geppetto, only understood one thing from all this
Κατάλαβε ότι η μαριονέτα πέθαινε από την πείνα
he understood that the puppet was dying of hunger
Έτσι έβγαλε από την τσέπη του τρία αχλάδια
so he drew from his pocket three pears
και έδωσε τα αχλάδια στον Πινόκιο
and he gave the pears to Pinocchio
"Αυτά τα τρία αχλάδια προορίζονταν για το πρωινό μου"
"These three pears were intended for my breakfast"
«μα θα σου δώσω πρόθυμα τα αχλάδια μου»
"but I will give you my pears willingly"
"Φάτε τα, και ελπίζω ότι θα σας κάνουν καλό"
"Eat them, and I hope they will do you good"
Ο Πινόκιο κοίταξε τα αχλάδια με δυσπιστία
Pinocchio looked at the pears distrustfully
"Αλλά δεν μπορείτε να περιμένετε να τα φάω έτσι"
"but you can't expect me to eat them like that"
"Να είστε αρκετά ευγενικοί για να τα ξεφλουδίσετε για μένα"
"be kind enough to peel them for me"
«Ξεφλουδίστε τα;» είπε έκπληκτος ο Τζεπέτο
"Peel them?" said Geppetto, astonished
«Δεν ήξερα ότι ήσουν τόσο κομψός και σχολαστικός»
"I didn't know you were so dainty and fastidious"
«Αυτές είναι κακές συνήθειες, αγόρι μου!»
"These are bad habits to have, my boy!"
"Πρέπει να συνηθίσουμε να μας αρέσουν και να τρώμε τα πάντα"
"we must accustom ourselves to like and to eat everything"
«Δεν γνωρίζουμε σε τι μπορεί να μας φέρουν»

"there is no knowing to what we may be brought"
«Υπάρχουν τόσες πολλές πιθανότητες!»
"There are so many chances!"
«Αναμφίβολα έχεις δίκιο», διέκοψε ο Πινόκιο
"You are no doubt right," interrupted Pinocchio
"αλλά ποτέ δεν θα φάω φρούτα που δεν έχουν ξεφλουδιστεί"
"but I will never eat fruit that has not been peeled"
"Δεν μπορώ να αντέξω τη γεύση της φλούδας"
"I cannot bear the taste of rind"
Τόσο καλός Τζεπέτο ξεφλούδισε τα τρία αχλάδια
So good Geppetto peeled the three pears
Και έβαλε τις φλούδες του αχλαδιού σε μια γωνία του τραπεζιού
and he put the pear's rinds on a corner of the table
Ο Πινόκιο είχε φάει το πρώτο αχλάδι
Pinocchio had eaten the first pear
Ήταν έτοιμος να πετάξει τον πυρήνα του αχλαδιού
he was about to throw away the pear's core
αλλά ο Τζεπέτο έπιασε το χέρι του
but Geppetto caught hold of his arm
"Μην πετάτε τον πυρήνα του αχλαδιού"
"Do not throw the core of the pear away"
"Σε αυτόν τον κόσμο όλα μπορεί να είναι χρήσιμα"
"in this world everything may be of use"
Αλλά ο Πινόκιο αρνήθηκε να δει το νόημα σε αυτό
But Pinocchio refused to see the sense in it
"Είμαι αποφασισμένος ότι δεν θα φάω τον πυρήνα του αχλαδιού"
"I am determined I will not eat the core of the pear"
και ο Πινόκιο στράφηκε εναντίον του σαν οχιά
and Pinocchio turned upon him like a viper
«Ποιος ξέρει!» επανέλαβε ο Τζεπέτο
"Who knows!" repeated Geppetto
«Υπάρχουν τόσες πολλές πιθανότητες», είπε
"there are so many chances," he said
και ο Τζεπέτο δεν έχασε ποτέ την ψυχραιμία του ούτε

μία φορά
and Geppetto never lost his temper even once
Και έτσι οι τρεις πυρήνες αχλαδιών δεν πετάχτηκαν έξω
And so the three pear cores were not thrown out
Τοποθετήθηκαν στη γωνία του τραπεζιού με τις φλούδες
they were placed on the corner of the table with the rinds
Μετά τη μικρή γιορτή του, ο Πινόκιο χασμουρήθηκε τρομερά
after his small feast Pinocchio yawned tremendously
Και μίλησε πάλι με ανήσυχο τόνο
and he spoke again in a fretful tone
«Είμαι τόσο πεινασμένος όσο ποτέ!»
"I am as hungry as ever!"
«Αλλά, αγόρι μου, δεν έχω τίποτα άλλο να σου δώσω!»
"But, my boy, I have nothing more to give you!"
«Δεν έχεις τίποτα; Αλήθεια? Τίποτα;»
"You have nothing? Really? Nothing?"
"Έχω μόνο τη φλούδα και τους πυρήνες των αχλαδιών"
"I have only the rind and the cores of the pears"
«Πρέπει κανείς να έχει υπομονή!» είπε ο Πινόκιο
"One must have patience!" said Pinocchio
"αν δεν υπάρχει τίποτα άλλο θα φάω τη φλούδα του αχλαδιού"
"if there is nothing else I will eat the pear's rind"
Και άρχισε να μασάει το δέρμα του αχλαδιού
And he began to chew the rind of the pear
Στην αρχή έκανε ένα σκυθρωπό πρόσωπο
At first he made a wry face
Αλλά στη συνέχεια, το ένα μετά το άλλο, τα έφαγε γρήγορα
but then, one after the other, he quickly ate them
Και μετά τις φλούδες του αχλαδιού έφαγε ακόμη και τους πυρήνες
and after the pear's rinds he even ate the cores
Όταν είχε φάει τα πάντα, έτριψε την κοιλιά του
when he had eaten everything he rubbed his belly

«Αχ! τώρα νιώθω και πάλι άνετα"
"Ah! now I feel comfortable again"
«Τώρα βλέπεις ότι είχα δίκιο», χαμογέλασε ο Τζεπέτο
"Now you see I was right," smiled Gepetto
"Δεν είναι καλό να συνηθίζουμε τα γούστα μας"
"it's not good to accustom ourselves to our tastes"
«Δεν μπορούμε ποτέ να ξέρουμε, αγαπητό μου αγόρι, τι μπορεί να μας συμβεί»
"We can never know, my dear boy, what may happen to us"
«Υπάρχουν τόσες πολλές πιθανότητες!»
"There are so many chances!"

Ο Τζεπέτο κάνει τον Πινόκιο νέα πόδια
Geppetto Makes Pinocchio New Feet

Η μαριονέτα είχε ικανοποιήσει την πείνα του
the puppet had satisfied his hunger
Αλλά άρχισε να κλαίει και να γκρινιάζει ξανά
but he began to cry and grumble again
Θυμήθηκε ότι ήθελε ένα ζευγάρι νέα πόδια
he remembered he wanted a pair of new feet
Αλλά ο Τζεπέτο τον τιμώρησε για την αταξία του
But Geppetto punished him for his naughtiness
Τον άφησε να κλάψει και να απελπιστεί λίγο
he allowed him to cry and to despair a little
Ο Πινόκιο έπρεπε να αποδεχτεί τη μοίρα του για μισή μέρα
Pinocchio had to accept his fate for half the day
Στο τέλος της ημέρας του είπε:
at the end of the day he said to him:
«Γιατί να σε κάνω να πατήσεις καινούργια;»
"Why should I make you new feet?"
«Για να μπορέσεις να δραπετεύσεις ξανά από το σπίτι;»
"To enable you to escape again from home?"
Ο Πινόκιο ξέσπασε σε λυγμούς για την κατάστασή του
Pinocchio sobbed at his situation

«Σας υπόσχομαι ότι για το μέλλον θα είμαι καλός»
"I promise you that for the future I will be good"
αλλά ο Τζεπέτο ήξερε τα κόλπα του Πινόκιο μέχρι τώρα
but Geppetto knew Pinocchio's tricks by now
«Όλα τα αγόρια που θέλουν κάτι λένε το ίδιο πράγμα»
"All boys who want something say the same thing"
«Σου υπόσχομαι ότι θα πάω σχολείο»
"I promise you that I will go to school"
"και θα μελετήσω και θα φέρω στο σπίτι μια καλή έκθεση"
"and I will study and bring home a good report"
«Όλα τα αγόρια που θέλουν κάτι επαναλαμβάνουν την ίδια ιστορία»
"All boys who want something repeat the same story"
«Αλλά δεν είμαι σαν τα άλλα αγόρια!» Ο Πινόκιο αντιτάχθηκε
"But I am not like other boys!" Pinocchio objected
«Είμαι καλύτερος από όλους», πρόσθεσε
"I am better than all of them," he added
«Και πάντα λέω την αλήθεια», είπε ψέματα
"and I always speak the truth," he lied
«Σου υπόσχομαι, μπαμπά, ότι θα μάθω ένα επάγγελμα»
"I promise you, papa, that I will learn a trade"
«Υπόσχομαι ότι θα είμαι η παρηγοριά των γηρατειών σου»
"I promise that I will be the consolation of your old age"
Τα μάτια του Τζεπέτο γέμισαν δάκρυα ακούγοντας αυτό
Geppetto's eyes filled with tears on hearing this
Η καρδιά του ήταν λυπημένη που είδε τον γιο του έτσι
his heart was sad at seeing his son like this
Ο Πινόκιο ήταν σε τόσο αξιοθρήνητη κατάσταση
Pinocchio was in such a pitiable state
Δεν είπε άλλη λέξη στον Πινόκιο
He did not say another word to Pinocchio
Πήρε τα εργαλεία του και δύο μικρά κομμάτια καρυκευμένου ξύλου

he got his tools and two small pieces of seasoned wood
Άρχισε να εργάζεται με μεγάλη επιμέλεια
he set to work with great diligence
Σε λιγότερο από μία ώρα τα πόδια είχαν τελειώσει
In less than an hour the feet were finished
Θα μπορούσαν να έχουν διαμορφωθεί από έναν ιδιοφυή καλλιτέχνη
They might have been modelled by an artist of genius
Στη συνέχεια, ο Τζεπέτο μίλησε στην μαριονέτα
Geppetto then spoke to the puppet
«Κλείσε τα μάτια σου και πήγαινε για ύπνο!»
"Shut your eyes and go to sleep!"
Και ο Πινόκιο έκλεισε τα μάτια του και προσποιήθηκε ότι κοιμόταν
And Pinocchio shut his eyes and pretended to sleep
Ο Τζεπέτο πήρε ένα κέλυφος αυγού και έλιωσε κάποια κόλλα σε αυτό
Geppetto got an egg-shell and melted some glue in it
και έδεσε τα πόδια του Πινόκιο στη θέση τους
and he fastened Pinocchio's feet in their place
έγινε αριστοτεχνικά από τον Τζεπέτο
it was masterfully done by Geppetto
Δεν μπορούσε να δει κανείς ίχνος από πού ήταν ενωμένα τα πόδια
not a trace could be seen of where the feet were joined
Ο Πινόκιο σύντομα συνειδητοποίησε ότι είχε ξανά πόδια
Pinocchio soon realized that he had feet again
Και μετά πήδηξε κάτω από το τραπέζι
and then he jumped down from the table
Πήδηξε γύρω από το δωμάτιο με ενέργεια και χαρά
he jumped around the room with energy and joy
Χόρεψε σαν να είχε τρελαθεί από την ευχαρίστησή του
he danced as if he had gone mad with his delight
"Σας ευχαριστώ για όλα όσα έχετε κάνει για μένα"
"thank you for all you have done for me"
«Θα πάω αμέσως σχολείο», υποσχέθηκε ο Πινόκιο

"I will go to school at once," Pinocchio promised
«αλλά για να πάω σχολείο θα χρειαστώ κάποια ρούχα»
"but to go to school I shall need some clothes"
μέχρι τώρα ξέρετε ότι ο Τζεπέτο ήταν ένας φτωχός άνθρωπος
by now you know that Geppetto was a poor man
Δεν είχε ούτε μια δεκάρα στην τσέπη του
he had not so much as a penny in his pocket
Έτσι του έφτιαξε ένα μικρό φόρεμα από ανθισμένο χαρτί
so he made him a little dress of flowered paper
Ένα ζευγάρι παπούτσια από το φλοιό ενός δέντρου
a pair of shoes from the bark of a tree
Και έφτιαξε ένα καπέλο από το ψωμί
and he made a hat out of the bread

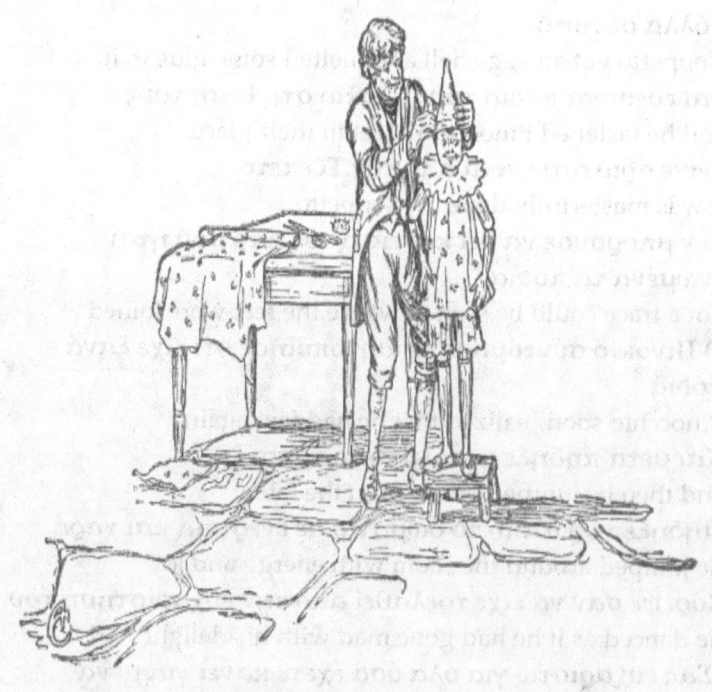

Ο Πινόκιο έτρεξε να κοιτάξει τον εαυτό του μέσα σε ένα βράχο νερό
Pinocchio ran to look at himself in a crock of water
Ήταν πάντα τόσο ευχαριστημένος με την εμφάνισή του
he was ever so pleased with his appearance
Και περπατούσε γύρω από το δωμάτιο σαν παγώνι
and he strutted about the room like a peacock
«Μοιάζω αρκετά με τζέντλεμαν!»
"I look quite like a gentleman!"
«Ναι, πράγματι», απάντησε ο Τζεπέτο
"Yes, indeed," answered Geppetto
"Δεν είναι τα ωραία ρούχα που κάνουν τον κύριο"
"it is not fine clothes that make the gentleman"
"Αντίθετα, είναι τα καθαρά ρούχα που κάνουν έναν κύριο"
"rather, it is clean clothes that make a gentleman"
«Παρεμπιπτόντως», πρόσθεσε η μαριονέτα
"By the way," added the puppet
«Για να πάω στο σχολείο υπάρχει ακόμα κάτι που χρειάζομαι»
"to go to school there's still something I need"
"Είμαι ακόμα χωρίς το καλύτερο πράγμα"
"I am still without the best thing"
"Είναι το πιο σημαντικό πράγμα για ένα μαθητή"
"it is the most important thing for a school boy"
«Και τι είναι αυτό;» ρώτησε ο Τζεπέτο
"And what is it?" asked Geppetto
"Δεν έχω βιβλίο ορθογραφίας"
"I have no spelling-book"
«Έχεις δίκιο», συνειδητοποίησε ο Τζεπέτο
"You are right" realized Geppetto
"Αλλά τι πρέπει να κάνουμε για να αποκτήσουμε ένα;"
"but what shall we do to get one?"
Ο Πινόκιο παρηγόρησε τον Τζεπέτο: «Είναι αρκετά εύκολο»
Pinocchio comforted Geppetto, "It is quite easy"
«Το μόνο που έχουμε να κάνουμε είναι να πάμε στο

βιβλιοπωλείο»
"all we have to do is go to the bookseller's"
"το μόνο που έχω να κάνω είναι να αγοράσω από αυτούς"
"all I have to do is buy from them"
"Αλλά πώς μπορούμε να το αγοράσουμε χωρίς χρήματα;"
"but how do we buy it without money?"
«Δεν έχω χρήματα», είπε ο Πινόκιο
"I have got no money," said Pinocchio
«Ούτε εγώ», πρόσθεσε ο καλός γέρος, πολύ λυπημένος
"Neither have I," added the good old man, very sadly
αν και ήταν ένα πολύ χαρούμενο αγόρι, ο Πινόκιο έγινε λυπημένος
although he was a very merry boy, Pinocchio became sad
Η φτώχεια, όταν είναι πραγματική, γίνεται κατανοητή από όλους
poverty, when it is real, is understood by everybody
«Λοιπόν, υπομονή!» αναφώνησε ο Τζεπέτο, σηκώνοντας τα πόδια του
"Well, patience!" exclaimed Geppetto, rising to his feet
και φόρεσε το παλιό κοτλέ σακάκι του
and he put on his old corduroy jacket
Και έτρεξε έξω από το σπίτι στο χιόνι
and he ran out of the house into the snow
Επέστρεψε στο σπίτι λίγο αργότερα
He returned back to the house soon after
στο χέρι του κρατούσε ένα βιβλίο ορθογραφίας για τον Πινόκιο
in his hand he held a spelling-book for Pinocchio
Αλλά το παλιό σακάκι με το οποίο είχε φύγει είχε φύγει
but the old jacket he had left with was gone
Ο καημένος φορούσε τα μανίκια του πουκαμίσου του
The poor man was in his shirt-sleeves
και έξω ήταν κρύο και χιόνιζε
and outdoors it was cold and snowing
«Και το σακάκι σου, μπαμπά;» ρώτησε ο Πινόκιο

"And your jacket, papa?" asked Pinocchio
«Το πούλησα», επιβεβαίωσε ο γερο-Τζεπέτο
"I have sold it," confirmed old Geppetto
«Γιατί το πούλησες;» ρώτησε ο Πινόκιο
"Why did you sell it?" asked Pinocchio
«Επειδή βρήκα ότι το σακάκι μου ήταν πολύ ζεστό»
"Because I found my jacket was too hot"
Ο Πινόκιο κατάλαβε αυτή την απάντηση σε μια στιγμή
Pinocchio understood this answer in an instant
Ο Πινόκιο δεν μπόρεσε να συγκρατήσει την παρόρμηση της καρδιάς του
Pinocchio was unable to restrain the impulse of his heart
Επειδή ο Πινόκιο είχε καλή καρδιά τελικά
Because Pinocchio did have a good heart after all
Σηκώθηκε και έριξε τα χέρια του γύρω από το λαιμό του Τζεπέτο
he sprang up and threw his arms around Geppetto's neck
Και τον φίλησε ξανά και ξανά χίλιες φορές
and he kissed him again and again a thousand times

Ο Πινόκιο πηγαίνει να δει ένα κουκλοθέατρο
Pinocchio Goes to See a Puppet Show

Τελικά σταμάτησε να χιονίζει έξω
eventually it stopped snowing outside
και ο Πινόκιο ξεκίνησε να πάει σχολείο
and Pinocchio set out to go to school
Και είχε το ωραίο ορθογραφικό βιβλίο του κάτω από το χέρι του
and he had his fine spelling-book under his arm
Περπάτησε μαζί με χίλιες ιδέες στο κεφάλι του
he walked along with a thousand ideas in his head
Ο μικρός εγκέφαλός του σκέφτηκε όλες τις πιθανότητες
his little brain thought of all the possibilities
Και έχτισε χίλια κάστρα στον αέρα
and he built a thousand castles in the air

Κάθε κάστρο ήταν πιο όμορφο από το άλλο
each castle was more beautiful than the other
Και, μιλώντας στον εαυτό του, είπε·
And, talking to himself, he said;
"Σήμερα στο σχολείο θα μάθω να διαβάζω αμέσως"
"Today at school I will learn to read at once"
"τότε αύριο θα αρχίσω να γράφω"
"then tomorrow I will begin to write"
«και μεθαύριο θα μάθω τους αριθμούς»
"and the day after tomorrow I will learn the numbers"
«Όλα αυτά τα πράγματα θα αποδειχθούν πολύ χρήσιμα»
"all of these things will prove very useful"
"και τότε θα κερδίσω πολλά χρήματα"
"and then I will earn a great deal of money"
"Ξέρω ήδη τι θα κάνω με τα πρώτα χρήματα"
"I already know what I will do with the first money"
"Θα αγοράσω αμέσως ένα όμορφο νέο πανωφόρι"
"I will immediately buy a beautiful new cloth coat"
«Ο μπαμπάς μου δεν θα κρυώσει πια»
"my papa will not have to be cold anymore"
«Μα τι λέω;» συνειδητοποίησε
"But what am I saying?" he realized
«Θα είναι όλα φτιαγμένα από χρυσό και ασήμι»
"It shall be all made of gold and silver"
"και θα έχει διαμαντένια κουμπιά"
"and it shall have diamond buttons"
«Αυτός ο φτωχός άνθρωπος το αξίζει πραγματικά»
"That poor man really deserves it"
«Μου αγόρασε βιβλία και με διδάσκει»
"he bought me books and is having me taught"
«Και για να το κάνει αυτό έχει παραμείνει με ένα πουκάμισο»
"and to do so he has remained in a shirt"
«Τα έχει κάνει όλα αυτά για μένα σε τόσο κρύο καιρό»
"he has done all this for me in such cold weather"
«Μόνο οι παπάδες είναι ικανοί για τέτοιες θυσίες!»

"only papas are capable of such sacrifices!"
Τα είπε όλα αυτά στον εαυτό του με μεγάλη συγκίνηση
he said all this to himself with great emotion
Αλλά στο βάθος νόμιζε ότι άκουγε μουσική
but in the distance he thought he heard music
Ακουγόταν σαν σωλήνες και το χτύπημα ενός μεγάλου τυμπάνου
it sounded like pipes and the beating of a big drum
Σταμάτησε και άκουσε να ακούσει τι θα μπορούσε να είναι
He stopped and listened to hear what it could be
Οι ήχοι προέρχονταν από το τέλος ενός δρόμου
The sounds came from the end of a street
και ο δρόμος οδηγούσε σε ένα μικρό χωριό στην παραλία
and the street led to a little village on the seashore
«Τι μπορεί να είναι αυτή η μουσική;» αναρωτήθηκε
"What can that music be?" he wondered
"Τι κρίμα που πρέπει να πάω στο σχολείο"
"What a pity that I have to go to school"
«Μακάρι να μην χρειαζόταν να πάω σχολείο...»
"if only I didn't have to go to school..."
Και παρέμεινε αναποφάσιστος
And he remained irresolute
Ωστόσο, ήταν απαραίτητο να καταλήξουμε σε μια απόφαση
It was, however, necessary to come to a decision
«Πρέπει να πάω σχολείο;» αναρωτήθηκε
"Should I go to school?" he asked himself
"ή πρέπει να κυνηγήσω τη μουσική;"
"or should I go after the music?"
«Σήμερα θα πάω να ακούσω τη μουσική», αποφάσισε
"Today I will go and hear the music" he decided
«και αύριο θα πάω σχολείο»
"and tomorrow I will go to school"
Ο νεαρός αποδιοπομπαίος χάρης ενός αγοριού είχε αποφασίσει

the young scapegrace of a boy had decided
Και σήκωσε τους ώμους του κατά την επιλογή του
and he shrugged his shoulders at his choice
Όσο περισσότερο έτρεχε, τόσο πιο κοντά έρχονταν οι ήχοι της μουσικής
The more he ran the nearer came the sounds of the music
Και ο χτύπος του μεγάλου τυμπάνου γινόταν όλο και πιο δυνατός
and the beating of the big drum became louder and louder
Επιτέλους βρέθηκε στη μέση μιας πλατείας της πόλης
At last he found himself in the middle of a town square
Η πλατεία ήταν αρκετά γεμάτη κόσμο
the square was quite full of people
Όλοι οι άνθρωποι ήταν συνωστισμένοι γύρω από ένα κτίριο
all the people were all crowded round a building
και το κτίριο ήταν κατασκευασμένο από ξύλο και καμβά
and the building was made of wood and canvas
και το κτίριο βάφτηκε με χίλια χρώματα
and the building was painted a thousand colours
«Τι είναι αυτό το κτίριο;» ρώτησε ο Πινόκιο
"What is that building?" asked Pinocchio
Και γύρισε σε ένα μικρό αγόρι
and he turned to a little boy
«Διάβασε το πλακάτ», του είπε το αγόρι
"Read the placard," the boy told him
«Είναι όλα γραμμένα εκεί», πρόσθεσε
"it is all written there," he added
"Διαβάστε το και τότε θα ξέρετε"
"read it and and then you will know"
«Θα το διάβαζα πρόθυμα», είπε ο Πινόκιο
"I would read it willingly," said Pinocchio
"αλλά συμβαίνει ότι σήμερα δεν ξέρω πώς να διαβάσω"
"but it so happens that today I don't know how to read"
«Μπράβο, τούβλο! Τότε θα σου το διαβάσω»
"Bravo, blockhead! Then I will read it to you"

«Βλέπεις αυτές τις λέξεις κόκκινες σαν φωτιά;»
"you see those words as red as fire?"
«Το Μεγάλο Κουκλοθέατρο», του διάβασε
"The Great Puppet Theatre," he read to him
«Έχει ήδη ξεκινήσει το έργο;»
"Has the play already begun?"
«Αρχίζει τώρα», επιβεβαίωσε το αγόρι
"It is beginning now," confirmed the boy
"Πόσο κοστίζει να μπεις μέσα;"
"How much does it cost to go in?"
"Μια δεκάρα είναι αυτό που σου κοστίζει"
"A dime is what it costs you"
Ο Πινόκιο ήταν σε πυρετό περιέργειας
Pinocchio was in a fever of curiosity
Γεμάτος ενθουσιασμό έχασε κάθε έλεγχο του εαυτού του
full of excitement he lost all control of himself
και ο Πινόκιο έχασε κάθε αίσθηση ντροπής
and Pinocchio lost all sense of shame
«Θα μου δανείζατε δεκάρα μέχρι αύριο;»
"Would you lend me a dime until tomorrow?"
«Θα σου το δάνειζα πρόθυμα», είπε το αγόρι
"I would lend it to you willingly," said the boy
"αλλά δυστυχώς σήμερα δεν μπορώ να σας το δώσω"
"but unfortunately today I cannot give it to you"
Ο Πινόκιο είχε μια άλλη ιδέα για να πάρει τα χρήματα
Pinocchio had another idea to get the money
«Θα σου πουλήσω το σακάκι μου για μια δεκάρα»
"I will sell you my jacket for a dime"
"Αλλά το σακάκι σου είναι φτιαγμένο από ανθισμένο χαρτί"
"but your jacket is made of flowered paper"
"τι χρήση θα μπορούσα να έχω για ένα τέτοιο σακάκι;"
"what use could I have for such a jacket?"
«Φανταστείτε ότι έβρεχε και το σακάκι βρέχτηκε»
"imagine it rained and the jacket got wet"
«Θα ήταν αδύνατο να το βγάλω από την πλάτη μου»

"it would be impossible to get it off my back"
«Θα αγοράσεις τα παπούτσια μου;» δοκίμασε ο Πινόκιο
"Will you buy my shoes?" tried Pinocchio
«Θα ήταν χρήσιμα μόνο για να ανάψουν τη φωτιά»
"They would only be of use to light the fire"
«Πόσα θα μου δώσεις για το καπέλο μου;»
"How much will you give me for my cap?"
"Αυτό θα ήταν πράγματι μια θαυμάσια απόκτηση!"
"That would be a wonderful acquisition indeed!"
«Ένα καπάκι από ψίχουλα ψωμιού!» αστειεύτηκε το αγόρι
"A cap made of bread crumb!" joked the boy
«Θα υπήρχε κίνδυνος τα ποντίκια να έρθουν να το φάνε»
"There would be a risk of the mice coming to eat it"
«Μπορεί να το φάνε ενώ ήταν ακόμα στο κεφάλι μου!»
"they might eat it whilst it was still on my head!"
Ο Πινόκιο ήταν αγκαθωτός για τη δύσκολη θέση του
Pinocchio was on thorns about his predicament
Ήταν έτοιμος να κάνει άλλη μια προσφορά
He was on the point of making another offer
Αλλά δεν είχε το θάρρος να τον ρωτήσει
but he had not the courage to ask him
Δίσταζε, ένιωθε αναποφάσιστος και μετανιωμένος
He hesitated, felt irresolute and remorseful
Επιτέλους σήκωσε το θάρρος να ρωτήσει
At last he raised the courage to ask
"Θα μου δώσετε μια δεκάρα για αυτό το νέο βιβλίο ορθογραφίας;"
"Will you give me a dime for this new spelling-book?"
Αλλά και το αγόρι αρνήθηκε αυτή την προσφορά
but the boy declined this offer too
«Είμαι αγόρι και δεν αγοράζω από αγόρια»
"I am a boy and I don't buy from boys"
Ένας πωλητής παλιών ρούχων τους είχε ακούσει
a hawker of old clothes had overheard them
"Θα αγοράσω το βιβλίο ορθογραφίας για μια δεκάρα"

"I will buy the spelling-book for a dime"
Και το βιβλίο πουλήθηκε εκεί και τότε
And the book was sold there and then
Ο καημένος ο Τζεπέτο είχε μείνει στο σπίτι τρέμοντας από το κρύο
poor Geppetto had remained at home trembling with cold
για να μπορέσει ο γιος του να έχει ένα βιβλίο ορθογραφίας
in order that his son could have a spelling-book

Οι μαριονέτες αναγνωρίζουν τον αδελφό τους Πινόκιο
The Puppets Recognize their Brother Pinocchio

Ο Πινόκιο ήταν στο μικρό κουκλοθέατρο
Pinocchio was in the little puppet theatre
Συνέβη ένα περιστατικό που παραλίγο να προκαλέσει επανάσταση
an incident occurred that almost produced a revolution
Η αυλαία είχε σηκωθεί και το έργο είχε ήδη αρχίσει
The curtain had gone up and the play had already begun
Ο Αρλεκίνος και ο Παντς μάλωναν μεταξύ τους
Harlequin and Punch were quarrelling with each other
Κάθε στιγμή απειλούσαν να έρθουν σε χτυπήματα
every moment they were threatening to come to blows
Αμέσως ο Αρλεκίνος σταμάτησε και στράφηκε προς το κοινό
All at once Harlequin stopped and turned to the public
Έδειξε με το χέρι του κάποιον πολύ κάτω στο λάκκο
he pointed with his hand to someone far down in the pit
και αναφώνησε με δραματικό τόνο
and he exclaimed in a dramatic tone
«Θεοί του στερεώματος!»
"Gods of the firmament!"
«Ονειρεύομαι ή είμαι ξύπνιος;»
"Do I dream or am I awake?"
«Αλλά, σίγουρα αυτός είναι ο Πινόκιο!»

"But, surely that is Pinocchio!"
«Είναι πράγματι ο Πινόκιο!» φώναξε ο **Punch**
"It is indeed Pinocchio!" cried Punch
Και η Ρόουζ κρυφοκοίταξε από τα παρασκήνια
And Rose peeped out from behind the scenes
«Είναι πράγματι ο εαυτός του!» φώναξε η Ρόουζ
"It is indeed himself!" screamed Rose
και όλες οι μαριονέτες φώναζαν εν χορώ
and all the puppets shouted in chorus
«Είναι ο Πινόκιο! είναι ο Πινόκιο!»
"It is Pinocchio! it is Pinocchio!"
και πήδηξαν από όλες τις πλευρές πάνω στη σκηνή
and they leapt from all sides onto the stage
«Είναι ο Πινόκιο!» αναφώνησαν όλες οι μαριονέτες
"It is Pinocchio!" all the puppets exclaimed
«Είναι ο αδελφός μας ο Πινόκιο!»
"It is our brother Pinocchio!"
«Ζήτω ο Πινόκιο!» ζητωκραύγαζαν μαζί
"Long live Pinocchio!" they cheered together
«Πινόκιο, έλα εδώ πάνω μου», φώναξε ο Αρλεκίνος
"Pinocchio, come up here to me," cried Harlequin
«Ρίξε τον εαυτό σου στην αγκαλιά των ξύλινων αδελφών σου!»
"throw yourself into the arms of your wooden brothers!"
Ο Πινόκιο δεν μπορούσε να αρνηθεί αυτή τη στοργική πρόσκληση
Pinocchio couldn't decline this affectionate invitation
Πήδηξε από το τέλος του λάκκου στις δεσμευμένες θέσεις
he leaped from the end of the pit into the reserved seats
Ένα άλλο άλμα τον προσγείωσε στο κεφάλι του ντράμερ
another leap landed him on the head of the drummer
Και μετά ξεπήδησε πάνω στη σκηνή
and he then sprang upon the stage
Οι αγκαλιές και τα φιλικά τσιμπήματα
The embraces and the friendly pinches

και τις εκδηλώσεις θερμής αδελφικής στοργής
and the demonstrations of warm brotherly affection
Η υποδοχή του Πινόκιο από τις μαριονέτες ήταν πέρα από κάθε περιγραφή
Pinocchio reception from the puppets was beyond description
Το θέαμα ήταν αναμφίβολα συγκινητικό
The sight was doubtless a moving one
Αλλά το κοινό στο λάκκο είχε γίνει ανυπόμονο
but the public in the pit had become impatient
Άρχισαν να φωνάζουν: «Ήρθαμε να δούμε ένα έργο»
they began to shout, "we came to watch a play"
«Συνεχίστε το έργο!» απαίτησαν
"go on with the play!" they demanded
Αλλά οι μαριονέτες δεν συνέχισαν το ρεσιτάλ
but the puppets didn't continue the recital
Οι μαριονέτες διπλασίασαν το θόρυβο και τις κραυγές τους
the puppets doubled their noise and outcries
έβαλαν τον Πινόκιο στους ώμους τους
they put Pinocchio on their shoulders
Και τον έφεραν θριαμβευτικά μπροστά στους προβολείς
and they carried him in triumph before the footlights
Εκείνη τη στιγμή βγήκε ο μαέστρος του τσίρκου
At that moment the ringmaster came out
Ήταν ένας μεγάλος και άσχημος άνθρωπος
He was a big and ugly man
Η θέα του ήταν αρκετή για να τρομάξει κανέναν
the sight of him was enough to frighten anyone
Η γενειάδα του ήταν μαύρη σαν μελάνι και μακριά
His beard was as black as ink and long
και η γενειάδα του έφτανε από το πηγούνι του στο έδαφος
and his beard reached from his chin to the ground
Και πάτησε πάνω στα γένια του όταν περπατούσε
and he trod upon his beard when he walked
Το στόμα του ήταν μεγάλο σαν φούρνος
His mouth was as big as an oven

Και τα μάτια του ήταν σαν δύο φανάρια από αναμμένο κόκκινο γυαλί
and his eyes were like two lanterns of burning red glass
Κουβαλούσε ένα μεγάλο μαστίγιο από στριμμένα φίδια και ουρές αλεπούδων
He carried a large whip of twisted snakes and foxes' tails
και έσπαγε συνεχώς το μαστίγιο του
and he cracked his whip constantly
Στην απροσδόκητη εμφάνισή του επικράτησε μια βαθιά σιωπή
At his unexpected appearance there was a profound silence
Κανείς δεν τολμούσε καν να αναπνεύσει
no one dared to even breathe
Μια μύγα θα μπορούσε να ακουστεί στην ακινησία
A fly could have been heard in the stillness
Οι φτωχές μαριονέτες και των δύο φύλων έτρεμαν σαν φύλλα
The poor puppets of both sexes trembled like leaves
«Ήρθες να προκαλέσεις αναστάτωση στο θέατρό μου;»
"have you come to raise a disturbance in my theatre?"
Είχε την τραχιά φωνή ενός καλικάντζαρου
he had the gruff voice of a goblin
Ένας καλικάντζαρος που υποφέρει από ένα σοβαρό κρυολόγημα
a goblin suffering from a severe cold
«Πιστέψτε με, αξιότιμε κύριε, δεν φταίω εγώ!»
"Believe me, honoured sir, it it not my fault!"
«Αρκετά από σένα!» φώναξε
"That is enough from you!" he blared
«Απόψε θα τακτοποιήσουμε τους λογαριασμούς μας»
"Tonight we will settle our accounts"
Σύντομα το έργο τελείωσε και οι καλεσμένοι έφυγαν
soon the play was over and the guests left
Ο αρχηγός πήγε στην κουζίνα
the ringmaster went into the kitchen
Ένα καλό πρόβατο ετοιμαζόταν για το δείπνο του
a fine sheep was being prepared for his supper

Άναβε αργά τη φωτιά
it was turning slowly on the fire
Δεν υπήρχε αρκετό ξύλο για να τελειώσει το ψήσιμο του αρνιού
there was not enough wood to finish roasting the lamb
έτσι κάλεσε τον Αρλεκίνο και τον Παντς
so he called for Harlequin and Punch
«Φέρτε αυτή τη μαριονέτα εδώ», τους διέταξε
"Bring that puppet here," he ordered them
«Θα τον βρεις κρεμασμένο σε ένα καρφί»
"you will find him hanging on a nail"
"Μου φαίνεται ότι είναι φτιαγμένος από πολύ ξηρό ξύλο"
"It seems to me that he is made of very dry wood"
«Είμαι σίγουρος ότι θα έκανε μια όμορφη φλόγα»
"I am sure he would make a beautiful blaze"
Στην αρχή ο Αρλεκίνος και ο Παντς δίστασαν
At first Harlequin and Punch hesitated
Αλλά τρόμαξαν από ένα αυστηρό βλέμμα από τον κύριό τους
but they were appalled by a severe glance from their master
Και δεν είχαν άλλη επιλογή παρά να υπακούσουν στις επιθυμίες του
and they had no choice but to obey his wishes
Σε σύντομο χρονικό διάστημα επέστρεψαν στην κουζίνα
In a short time they returned to the kitchen
αυτή τη φορά κουβαλούσαν τον καημένο τον Πινόκιο
this time they were carrying poor Pinocchio
Στριφογύριζε σαν χέλι έξω από το νερό
he was wriggling like an eel out of water
Και ούρλιαζε απεγνωσμένα
and he was screaming desperately
«Μπαμπά! μπαμπάς! Σώσε με! Δεν θα πεθάνω!»
"Papa! papa! save me! I will not die!"

Ο Πυροφάγος φτερνίζεται και συγχωρεί τον Πινόκιο
The Fire-Eater Sneezes and Pardons Pinocchio

Ο αρχηγός του δακτυλίου έμοιαζε με κακό άνθρωπο
The ringmaster looked like a wicked man
και ήταν γνωστός σε όλους ως Πυροφάγος
and he was known by all as Fire-eater
Η μαύρη γενειάδα του κάλυπτε το στήθος και τα πόδια του
his black beard covered his chest and legs
Ήταν σαν να φορούσε ποδιά
it was like he was wearing an apron
Και αυτό τον έκανε να φαίνεται ιδιαίτερα κακός
and this made him look especially wicked
Σε γενικές γραμμές, ωστόσο, δεν είχε κακή καρδιά
On the whole, however, he did not have a bad heart
είδε τον καημένο τον Πινόκιο να τον φέρνουν μπροστά του
he saw poor Pinocchio brought before him
Είδε την μαριονέτα να παλεύει και να ουρλιάζει
he saw the puppet struggling and screaming
«Δεν θα πεθάνω, δεν θα πεθάνω!»
"I will not die, I will not die!"
Και ήταν αρκετά συγκινημένος από αυτό που είδε
and he was quite moved by what he saw
Λυπήθηκε πολύ για την αβοήθητη μαριονέτα
he felt very sorry for the helpless puppet
Προσπάθησε να κρατήσει τις συμπάθειές του μέσα του
he tried to hold his sympathies within himself
Αλλά μετά από λίγο βγήκαν όλοι
but after a little they all came out
Δεν μπορούσε πλέον να συγκρατήσει τη συμπάθειά του
he could contain his sympathy no longer
Και άφησε ένα τεράστιο βίαιο φτέρνισμα
and he let out an enormous violent sneeze
Μέχρι εκείνη τη στιγμή ο Αρλεκίνος ανησυχούσε
up until that moment Harlequin had been worried

Είχε σκύψει σαν ιτιά που κλαίει
he had been bowing down like a weeping willow
Αλλά όταν άκουσε το φτέρνισμα έγινε χαρούμενος
but when he heard the sneeze he became cheerful
έσκυψε προς τον Πινόκιο και ψιθύρισε·
he leaned towards Pinocchio and whispered;
«Καλά νέα, αδερφέ, ο αρχηγός φτερνίστηκε»
"Good news, brother, the ringmaster has sneezed"
«Αυτό είναι σημάδι ότι σε λυπάται»
"that is a sign that he pities you"
«Και αν σε λυπηθεί, τότε σώζεσαι»
"and if he pities you, then you are saved"
Οι περισσότεροι άνδρες κλαίνε όταν αισθάνονται συμπόνια
most men weep when they feel compassion
ή τουλάχιστον προσποιούνται ότι στεγνώνουν τα μάτια τους
or at least they pretend to dry their eyes
Ο Πυροφάγος, ωστόσο, είχε μια διαφορετική συνήθεια
Fire-Eater, however, had a different habit
Όταν συγκινούνταν από τη συγκίνηση, η μύτη του τον γαργαλούσε
when moved by emotion his nose would tickle him
Ο Μαέστρος του τσίρκου δεν σταμάτησε να υποδύεται τον Ruffian
the ringmaster didn't stop acting the ruffian
«Έχεις τελειώσει με όλο σου το κλάμα;»
"are you quite done with all your crying?"
«Πονάει το στομάχι μου από τους θρήνους σου»
"my stomach hurts from your lamentations"
«Νιώθω έναν σπασμό που σχεδόν...»
"I feel a spasm that almost..."
Και ο αρχηγός άφησε ένα άλλο δυνατό φτέρνισμα
and the ringmaster let out another loud sneeze
«Να σε ευλογώ!» είπε ο Πινόκιο, αρκετά χαρούμενα
"Bless you!" said Pinocchio, quite cheerfully
«Σας ευχαριστώ! Και ο μπαμπάς σου και η μαμά σου;»

"Thank you! And your papa and your mamma?"
«Είναι ακόμα ζωντανοί;» ρώτησε ο Πυροφάγος
"are they still alive?" asked Fire-Eater
«Ο μπαμπάς μου είναι ακόμα ζωντανός και καλά», είπε ο Πινόκιο
"My papa is still alive and well," said Pinocchio
«Αλλά τη μαμά μου δεν την γνώρισα ποτέ», πρόσθεσε
"but my mamma I have never known," he added
«Πάλι καλά που δεν σε έριξα στη φωτιά»
"good thing I did not have you thrown on the fire"
«Ο πατέρας σου θα είχε χάσει όλα όσα είχε ακόμα»
"your father would have lost all who he still had"
«Καημένε γέροντα! Τον λυπάμαι!»
"Poor old man! I pity him!"
"Etchoo! Etchoo! Etchoo!" Φτάρνισμα πυροφάγου
"Etchoo! etchoo! etchoo!" Fire-eater sneezed
και φτερνίστηκε ξανά τρεις φορές
and he sneezed again three times
«Να σε ευλογώ», έλεγε κάθε φορά ο Πινόκιο
"Bless you," said Pinocchio each time
«Σας ευχαριστώ! Κάποια συμπόνια οφείλεται σε μένα»
"Thank you! Some compassion is due to me"
"όπως μπορείτε να δείτε, δεν έχω άλλο ξύλο"
"as you can see I have no more wood"
"έτσι θα δυσκολευτώ να τελειώσω το ψήσιμο του προβάτου μου"
"so I will struggle to finish roasting my mutton"
«Θα μου φανταζόσουν πολύ χρήσιμος!»
"you would have been of great use to me!"
«Ωστόσο, σε λυπήθηκα»
"However, I have had pity on you"
«Πρέπει λοιπόν να έχω υπομονή μαζί σου»
"so I must have patience with you"
«Αντί για σένα θα κάψω άλλη μαριονέτα»
"Instead of you I will burn another puppet"
Σε αυτό το κάλεσμα εμφανίστηκαν αμέσως δύο ξύλινοι χωροφύλακες

At this call two wooden gendarmes immediately appeared
Ήταν πολύ μακριές και πολύ λεπτές μαριονέτες
They were very long and very thin puppets
Και είχαν παράξενα καπέλα στα κεφάλια τους
and they had wonky hats on their heads
Και κρατούσαν σπαθιά χωρίς θήκη στα χέρια τους
and they held unsheathed swords in their hands
Ο αρχηγός τους είπε με βραχνή φωνή:
The ringmaster said to them in a hoarse voice:
«Πάρε τον Αρλεκίνο και δέσε τον με ασφάλεια»
"Take Harlequin and bind him securely"
«Και μετά ρίξε τον στη φωτιά να καεί»
"and then throw him on the fire to burn"
"Είμαι αποφασισμένος ότι το πρόβειο κρέας μου θα ψηθεί καλά"
"I am determined that my mutton shall be well roasted"
φανταστείτε πόσο φτωχός πρέπει να ένιωθε ο Αρλεκίνος!
imagine how poor Harlequin must have felt!
Ο τρόμος του ήταν τόσο μεγάλος που τα πόδια του λύγισαν κάτω από αυτόν
His terror was so great that his legs bent under him
και έπεσε με το πρόσωπό του στο έδαφος
and he fell with his face on the ground
Ο Πινόκιο αγωνιούσε με αυτό που έβλεπε
Pinocchio was agonized by what he was seeing
Έπεσε στα πόδια του αρχηγού
he threw himself at the ringmaster's feet
Έλουσε τη μακριά γενειάδα του με τα δάκρυά του
he bathed his long beard with his tears
και προσπάθησε να ικετεύσει για τη ζωή του Αρλεκίνου
and he tried to beg for Harlequin's life
«Λυπηθείτε, κύριε Πυροφάγο!» Ο Πινόκιο ικέτευσε
"Have pity, Sir Fire-Eater!" Pinocchio begged
«Εδώ δεν υπάρχουν κύριοι», απάντησε αυστηρά ο αρχηγός του δακτυλίου
"Here there are no sirs," the ringmaster answered severely

«Λυπήσου, Κύριε Knight!» Ο Πινόκιο προσπάθησε
"Have pity, Sir Knight!" Pinocchio tried
«Εδώ δεν υπάρχουν ιππότες!» απάντησε ο αρχηγός
"Here there are no knights!" the ringmaster answered
«Λυπήσου, Διοικητή!» Ο Πινόκιο προσπάθησε
"Have pity, Commander!" Pinocchio tried
«Εδώ δεν υπάρχουν διοικητές!»
"Here there are no commanders!"
«Λυπήσου, Αριστεία!» Ο Πινόκιο παρακάλεσε
"Have pity, Excellence!" Pinocchio pleaded
Στον πυροφάγο άρεσε πολύ αυτό που μόλις είχε ακούσει
Fire-eater quite liked what he had just heard
Η αριστεία ήταν κάτι που φιλοδοξούσε
Excellence was something he did aspire to
Και ο αρχηγός άρχισε να χαμογελά ξανά
and the ringmaster began to smile again
Και έγινε αμέσως πιο ευγενικός και πιο ευκίνητος
and he became at once kinder and more tractable
Γυρνώντας στον Πινόκιο, ρώτησε:
Turning to Pinocchio, he asked:
"Λοιπόν, τι θέλεις από μένα;"
"Well, what do you want from me?"
«Σε ικετεύω να συγχωρήσεις τον καημένο τον Αρλεκίνο»
"I implore you to pardon poor Harlequin"
«Γι' αυτόν δεν μπορεί να υπάρξει συγχώρεση»
"For him there can be no pardon"
«Σε γλίτωσα, αν θυμάσαι»
"I have spared you, if you remember"
«Πρέπει λοιπόν να μπει στη φωτιά»
"so he must be put on the fire"
"Είμαι αποφασισμένος ότι το πρόβειο κρέας μου θα ψηθεί καλά"
"I am determined that my mutton shall be well roasted"
Ο Πινόκιο στάθηκε περήφανος στον αρχηγό
Pinocchio stood up proudly to the ringmaster
Και πέταξε το καπάκι του από ψίχουλα ψωμιού

and he threw away his cap of bread crumb
«Σε αυτή την περίπτωση γνωρίζω το καθήκον μου»
"In that case I know my duty"
«Ελάτε, χωροφύλακες!» φώναξε τους στρατιώτες
"Come on, gendarmes!" he called the soldiers
«Δέστε με και ρίξτε με ανάμεσα στις φλόγες»
"Bind me and throw me amongst the flames"
«Δεν θα ήταν μόνο για τον Αρλεκίνο να πεθάνει για μένα!»
"it would not be just for Harlequin to die for me!"
«Ήταν ένας αληθινός φίλος μου»
"he has been a true friend to me"
Ο Πινόκιο είχε μιλήσει με δυνατή, ηρωική φωνή
Pinocchio had spoken in a loud, heroic voice
Και οι ηρωικές του πράξεις έκαναν όλες τις μαριονέτες να κλαίνε
and his heroic actions made all the puppets cry
Παρόλο που οι χωροφύλακες ήταν κατασκευασμένοι από ξύλο
Even though the gendarmes were made of wood
Έκλαιγαν σαν δύο νεογέννητα αρνιά
they wept like two newly born lambs
Ο πυροφάγος στην αρχή παρέμεινε τόσο σκληρός και ασυγκίνητος όσο ο πάγος
Fire-eater at first remained as hard and unmoved as ice
Αλλά σιγά-σιγά άρχισε να λιώνει και να φτερνίζεται
but little by little he began to melt and sneeze
Φτερνίστηκε ξανά τέσσερις ή πέντε φορές
he sneezed again four or five times
Και άνοιξε στοργικά την αγκαλιά του
and he opened his arms affectionately
«Είσαι καλό και γενναίο αγόρι!» επαίνεσε τον Πινόκιο
"You are a good and brave boy!" he praised Pinocchio
«Έλα εδώ και δώσε μου ένα φιλί»
"Come here and give me a kiss"
Ο Πινόκιο έτρεξε αμέσως στον αρχηγό
Pinocchio ran to the ringmaster at once

Ανέβηκε στη γενειάδα του αρχηγού σαν σκίουρος
he climbed up the ringmaster's beard like a squirrel
Και κατέθεσε ένα εγκάρδιο φιλί στο σημείο της μύτης του
and he deposited a hearty kiss on the point of his nose
«Τότε δίνεται χάρη;» ρώτησε ο καημένος ο Αρλεκίνος
"Then the pardon is granted?" asked poor Harlequin
με μια αχνή φωνή που μόλις ακουγόταν
in a faint voice that was scarcely audible
«Η χάρη δίνεται!» απάντησε ο Πυροφάγος
"The pardon is granted!" answered Fire-Eater
Στη συνέχεια πρόσθεσε, αναστενάζοντας και κουνώντας το κεφάλι του:
he then added, sighing and shaking his head:
«Πρέπει να έχω υπομονή με τις μαριονέτες μου!»
"I must have patience with my puppets!"
"Απόψε θα πρέπει να φάω το πρόβειο κρέας μισό ωμό."
"Tonight I shall have to eat the mutton half raw;"
«Αλλά μια άλλη φορά, αλίμονο σε αυτόν που με δυσαρεστεί!»
"but another time, woe to him who displeases me!"
Με την είδηση της χάρης, όλες οι μαριονέτες έτρεξαν στη σκηνή
At the news of the pardon the puppets all ran to the stage
Άναψαν όλες τις λάμπες και τους πολυελαίους της παράστασης
they lit all the lamps and chandeliers of the show
Ήταν σαν να υπήρχε μια παράσταση πλήρους ντυσίματος
it was as if there was a full-dress performance
Άρχισαν να πηδούν και να χορεύουν χαρούμενα
they began to leap and to dance merrily
Όταν ξημέρωσε χόρευαν ακόμα
when dawn had come they were still dancing

Ο Πινόκιο λαμβάνει πέντε χρυσά κομμάτια
Pinocchio Receives Five Gold Pieces

Την επόμενη μέρα ο Πυροφάγος κάλεσε τον Πινόκιο
The following day Fire-eater called Pinocchio over
«Πώς λέγεται ο πατέρας σου;» ρώτησε τον Πινόκιο
"What is your father's name?" he asked Pinocchio
«Τον πατέρα μου τον λένε Τζεπέτο», απάντησε ο Πινόκιο
"My father is called Geppetto," Pinocchio answered
«Και τι επάγγελμα ακολουθεί;» ρώτησε ο Πυροφάγος
"And what trade does he follow?" asked Fire-eater
«Δεν έχει εμπόριο, είναι ζητιάνος»
"He has no trade, he is a beggar"
«Κερδίζει πολλά;» ρώτησε ο Πυροφάγος
"Does he earn much?" asked Fire-eater
«Όχι, δεν έχει ποτέ δεκάρα στην τσέπη του»
"No, he has never a penny in his pocket"
«Μια φορά μου αγόρασε ένα βιβλίο ορθογραφίας»
"once he bought me a spelling-book"
«Αλλά έπρεπε να πουλήσει το μόνο σακάκι που είχε»

"but he had to sell the only jacket he had"
«Καημένε διάβολε! Σχεδόν τον λυπάμαι!»
"Poor devil! I feel almost sorry for him!"
"Εδώ είναι πέντε χρυσά κομμάτια γι 'αυτόν"
"Here are five gold pieces for him"
«Πήγαινε αμέσως και πάρε του το χρυσάφι»
"Go at once and take the gold to him"
Ο Πινόκιο ήταν πανευτυχής από το παρόν
Pinocchio was overjoyed by the present
Ευχαρίστησε τον αρχηγό χίλιες φορές
he thanked the ringmaster a thousand times
Αγκάλιασε όλες τις μαριονέτες της εταιρείας
He embraced all the puppets of the company
Αγκάλιασε ακόμη και το στράτευμα των χωροφυλάκων
he even embraced the troop of gendarmes
Και μετά ξεκίνησε να επιστρέψει κατευθείαν στο σπίτι
and then he set out to return straight home
Αλλά ο Πινόκιο δεν πήγε πολύ μακριά
But Pinocchio didn't get very far
στο δρόμο συνάντησε μια αλεπού με κουτσό πόδι
on the road he met a Fox with a lame foot
και συνάντησε μια γάτα τυφλή και στα δύο μάτια
and he met a Cat blind in both eyes
Πήγαιναν μαζί βοηθώντας ο ένας τον άλλον
they were going along helping each other
Ήταν καλοί σύντροφοι στην ατυχία τους
they were good companions in their misfortune
Η αλεπού, που ήταν κουτσή, περπάτησε ακουμπώντας στη γάτα
The Fox, who was lame, walked leaning on the Cat
και η γάτα, που ήταν τυφλή, καθοδηγήθηκε από την αλεπού
and the Cat, who was blind, was guided by the Fox
η αλεπού χαιρέτησε τον Πινόκιο πολύ ευγενικά
the Fox greeted Pinocchio very politely
«Καλημέρα, Πινόκιο», είπε η αλεπού
"Good-day, Pinocchio," said the Fox

«Πώς μαθαίνεις το όνομά μου;» ρώτησε η μαριονέτα
"How do you come to know my name?" asked the puppet
«Ξέρω καλά τον πατέρα σου», είπε η αλεπού
"I know your father well," said the fox
«Πού τον είδες;» ρώτησε ο Πινόκιο
"Where did you see him?" asked Pinocchio
«Τον είδα χθες, στην πόρτα του σπιτιού του»
"I saw him yesterday, at the door of his house"
«Και τι έκανε;» ρώτησε ο Πινόκιο
"And what was he doing?" asked Pinocchio
«Φορούσε το πουκάμισό του και έτρεμε από το κρύο»
"He was in his shirt and shivering with cold"
«Καημένε μπαμπά! Αλλά τα βάσανά του τελείωσαν τώρα»
"Poor papa! But his suffering is over now"
«Στο μέλλον δεν θα τρέμει πια!»
"in the future he shall shiver no more!"
«Γιατί δεν θα τρέμει πια;» ρώτησε η αλεπού
"Why will he shiver no more?" asked the fox
«Επειδή έγινα τζέντλεμαν», απάντησε ο Πινόκιο.
"Because I have become a gentleman" replied Pinocchio
«Ένας κύριος, εσύ!» είπε η αλεπού
"A gentleman—you!" said the Fox
Και άρχισε να γελάει αγενώς και περιφρονητικά
and he began to laugh rudely and scornfully
Η γάτα άρχισε επίσης να γελάει με την αλεπού
The Cat also began to laugh with the fox
Αλλά τα κατάφερνε καλύτερα στο να κρύβει το γέλιο της
but she did better at concealing her laughter
Και χτένισε τα μουστάκια της με τα μπροστινά της πόδια
and she combed her whiskers with her forepaws
«Δεν υπάρχουν πολλά για να γελάς», φώναξε θυμωμένος ο Πινόκιο
"There is little to laugh at," cried Pinocchio angrily
"Λυπάμαι πραγματικά που κάνω το στόμα σας νερό"

"I am really sorry to make your mouth water"
«Αν ξέρεις κάτι, τότε ξέρεις ποια είναι αυτά»
"if you know anything then you know what these are"
"Μπορείτε να δείτε ότι είναι πέντε κομμάτια χρυσού"
"you can see that they are five pieces of gold"
Και έβγαλε τα χρήματα που του είχε δώσει ο Πυροφάγος
And he pulled out the money that Fire-eater had given him
Για μια στιγμή η αλεπού και η γάτα έκαναν ένα παράξενο πράγμα
for a moment the fox and the cat did a strange thing
Το κουδούνισμα των χρημάτων τράβηξε πραγματικά την προσοχή τους
the jingling of the money really got their attention
η αλεπού άπλωσε το πόδι που φαινόταν ανάπηρο
the Fox stretched out the paw that seemed crippled
και η γάτα άνοιξε διάπλατα τα δύο μάτια της
and the Cat opened wide her two eyes
Τα μάτια της έμοιαζαν με δύο πράσινα φανάρια
her eyes looked like two green lanterns

Είναι αλήθεια ότι έκλεισε ξανά τα μάτια της
it is true that she shut her eyes again
ήταν τόσο γρήγορη που ο Πινόκιο δεν το πρόσεξε
she was so quick that Pinocchio didn't notice
η αλεπού ήταν πολύ περίεργη για το τι είχε δει
the Fox was very curious about what he had seen
«Τι θα κάνεις με όλα αυτά τα χρήματα;»
"what are you going to do with all that money?"
Ο Πινόκιο ήταν πολύ περήφανος για να τους πει τα σχέδιά του
Pinocchio was all too proud to tell them his plans
"Πρώτα απ 'όλα, σκοπεύω να αγοράσω ένα νέο σακάκι για τον μπαμπά μου"
"First of all, I intend to buy a new jacket for my papa"
"Το σακάκι θα είναι φτιαγμένο από χρυσό και ασήμι"
"the jacket will be made of gold and silver"
"Και το παλτό θα έρθει με διαμαντένια κουμπιά"
"and the coat will come with diamond buttons"
"και τότε θα αγοράσω ένα βιβλίο ορθογραφίας για τον εαυτό μου"
"and then I will buy a spelling-book for myself"
"Θα αγοράσετε ένα βιβλίο ορθογραφίας για τον εαυτό σας;"
"You will buy a spelling book for yourself?"
«Ναι, πράγματι, γιατί επιθυμώ να μελετήσω σοβαρά»
"Yes indeed, for I wish to study in earnest"
«Κοίταξέ με!» είπε η αλεπού
"Look at me!" said the Fox
«Μέσα από το ανόητο πάθος μου για μελέτη έχασα ένα πόδι»
"Through my foolish passion for study I have lost a leg"
«Κοίτα με!» είπε η γάτα
"Look at me!" said the Cat
«Μέσα από το ανόητο πάθος μου για μελέτη έχασα τα μάτια μου»
"Through my foolish passion for study I have lost my eyes"
Εκείνη τη στιγμή ένας λευκός κότσυφας άρχισε το

συνηθισμένο τραγούδι του
At that moment a white Blackbird began his usual song
«Πινόκιο, μην ακούς τις συμβουλές των κακών συντρόφων»
"Pinocchio, don't listen to the advice of bad companions"
«Αν ακούσετε τη συμβουλή τους, θα μετανοήσετε!»
"if you listen to their advice you will repent it!"
Καημένος ο κότσυφας! Μακάρι να μην είχε μιλήσει!
Poor Blackbird! If only he had not spoken!
Η γάτα, με ένα μεγάλο άλμα, ξεπήδησε πάνω του
The Cat, with a great leap, sprang upon him
Δεν του έδωσε καν χρόνο να πει: «Ω!»
she didn't even give him time to say "Oh!"
Τον έφαγε σε μια μπουκιά, φτερά και όλα
she ate him in one mouthful, feathers and all
Αφού τον έφαγε, καθάρισε το στόμα της
Having eaten him, she cleaned her mouth
Και μετά έκλεισε ξανά τα μάτια της
and then she shut her eyes again
Και προσποιήθηκε τύφλωση όπως και πριν
and she feigned blindness just as before
«Καημένος ο Κότσυφας!» είπε ο Πινόκιο στη γάτα
"Poor Blackbird!" said Pinocchio to the Cat
«Γιατί του φέρθηκες τόσο άσχημα;»
"why did you treat him so badly?"
«Το έκανα για να του δώσω ένα μάθημα»
"I did it to give him a lesson"
«Θα μάθει να μην ανακατεύεται στις υποθέσεις των άλλων»
"He will learn not to meddle in other people's affairs"
Μέχρι τώρα είχαν πάει σχεδόν στα μισά του δρόμου για το σπίτι
by now they had gone almost half-way home
η αλεπού, σταμάτησε ξαφνικά και μίλησε στην μαριονέτα
the Fox, halted suddenly, and spoke to the puppet
"Θα θέλατε να διπλασιάσετε τα χρήματά σας;"

"Would you like to double your money?"
"Με ποιον τρόπο θα μπορούσα να διπλασιάσω τα χρήματά μου;"
"In what way could I double my money?"
«Θα ήθελες να πολλαπλασιάσεις τα πέντε άθλια νομίσματά σου;»
"Would you like to multiply your five miserable coins?"
«Θα το ήθελα πάρα πολύ! Αλλά πώς;»
"I would like that very much! but how?"
"Ο τρόπος για να το κάνετε είναι αρκετά εύκολος"
"The way to do it is easy enough"
«Αντί να γυρίσεις σπίτι πρέπει να πας μαζί μας»
"Instead of returning home you must go with us"
«Και πού θέλεις να με πας;»
"And where do you wish to take me?"
«Θα σε πάμε στη χώρα των κουκουβάγιων»
"We will take you to the land of the Owls"
Ο Πινόκιο αντανακλούσε μια στιγμή σκέψης
Pinocchio reflected a moment to think
και τότε είπε αποφασιστικά: «Όχι, δεν θα πάω»
and then he said resolutely "No, I will not go"
"Είμαι ήδη κοντά στο σπίτι"
"I am already close to the house"
«και θα επιστρέψω σπίτι στον μπαμπά μου»
"and I will return home to my papa"
«Με περίμενε στο κρύο»
"he has been waiting for me in the cold"
«Όλη μέρα χθες δεν επέστρεψα σε αυτόν»
"all day yesterday I did not come back to him"
«Ποιος μπορεί να πει πόσες φορές αναστέναξε!»
"Who can tell how many times he sighed!"
«Υπήρξα πράγματι κακός γιος»
"I have indeed been a bad son"
"Και ο μικρός κρίκετ που μιλούσε είχε δίκιο"
"and the talking little cricket was right"
«Τα ανυπάκουα αγόρια δεν έρχονται ποτέ σε καλό»
"Disobedient boys never come to any good"

"Αυτό που είπε ο μικρός κρίκετ που μιλάει είναι αλήθεια"
"what the talking little cricket said is true"
«Μου έχουν συμβεί πολλές ατυχίες»
"many misfortunes have happened to me"
«Ακόμα και χθες στο σπίτι του πυροφάγου πήρα ένα ρίσκο»
"Even yesterday in fire-eater's house I took a risk"
«Ω! Ανατριχιάζω όταν το σκέφτομαι!»
"Oh! it makes me shudder to think of it!"
«Λοιπόν», είπε η αλεπού, «αποφάσισες να πας σπίτι;»
"Well, then," said the Fox, "you've decided to go home?"
"Πήγαινε, λοιπόν, και τόσο το χειρότερο για σένα"
"Go, then, and so much the worse for you"
«Τόσο το χειρότερο για σένα!» επανέλαβε η γάτα
"So much the worse for you!" repeated the Cat
«Σκέψου το, Πινόκιο», τον συμβούλεψαν
"Think well of it, Pinocchio," they advised him
«Γιατί δίνεις μια κλωτσιά στην τύχη»
"because you are giving a kick to fortune"
«μια κλωτσιά στην τύχη!» επανέλαβε η γάτα
"a kick to fortune!" repeated the Cat
«Το μόνο που θα χρειαζόταν θα ήταν μια μέρα»
"all it would have taken would have been a day"
"Μέχρι αύριο τα πέντε νομίσματά σας θα μπορούσαν να έχουν πολλαπλασιαστεί"
"by tomorrow your five coins could have multiplied"
"Τα πέντε νομίσματά σας θα μπορούσαν να γίνουν δύο χιλιάδες"
"your five coins could have become two thousand"
«Δύο χιλιάδες λίρες!» επανέλαβε η γάτα
"Two thousand sovereigns!" repeated the Cat
«Μα πώς είναι δυνατόν;» ρώτησε ο Πινόκιο
"But how is it possible?" asked Pinocchio
Και έμεινε με το στόμα ανοιχτό από την έκπληξη
and he remained with his mouth open from astonishment
«Θα σου το εξηγήσω αμέσως», είπε η αλεπού

"I will explain it to you at once," said the Fox
"στη χώρα των κουκουβάγιων υπάρχει ένα ιερό πεδίο"
"in the land of the Owls there is a sacred field"
«Όλοι το αποκαλούν πεδίο των θαυμάτων»
"everybody calls it the field of miracles"
"Σε αυτό το πεδίο πρέπει να σκάψετε μια μικρή τρύπα"
"In this field you must dig a little hole"
"Και πρέπει να βάλεις ένα χρυσό νόμισμα στην τρύπα"
"and you must put a gold coin into the hole"
"Τότε καλύπτεις την τρύπα με λίγη γη"
"then you cover up the hole with a little earth"
"Πρέπει να πάρετε νερό από το σιντριβάνι κοντά"
"you must get water from the fountain nearby"
"Πρέπει να ποτίσετε την τρύπα τους με δύο κουβάδες νερό"
"you must water they hole with two pails of water"
"Στη συνέχεια, πασπαλίστε την τρύπα με δύο πρέζες αλάτι"
"then sprinkle the hole with two pinches of salt"
"Και όταν έρθει η νύχτα μπορείτε να πάτε ήσυχα στο κρεβάτι"
"and when night comes you can go quietly to bed"
«Κατά τη διάρκεια της νύχτας το θαύμα θα συμβεί»
"during the night the miracle will happen"
"Τα χρυσά κομμάτια που φυτέψατε θα μεγαλώσουν και θα ανθίσουν"
"the gold pieces you planted will grow and flower"
«Και τι νομίζεις ότι θα βρεις το πρωί;»
"and what do you think you will find in the morning?"
"Θα βρείτε ένα όμορφο δέντρο όπου το φυτέψατε"
"You will find a beautiful tree where you planted it"
«Το δέντρο θα είναι φορτωμένο με χρυσά νομίσματα»
"they tree will be laden with gold coins"
Ο Πινόκιο γινόταν όλο και πιο μπερδεμένος
Pinocchio grew more and more bewildered
«ας υποθέσουμε ότι θάβω τα πέντε νομίσματά μου σε αυτό το χωράφι»

"let's suppose I bury my five coins in that field"
"Πόσα νομίσματα μπορώ να βρω το επόμενο πρωί;"
"how many coins might I find the following morning?"
«Αυτός είναι ένας εξαιρετικά εύκολος υπολογισμός», απάντησε η αλεπού
"That is an exceedingly easy calculation," replied the Fox
"Ένας υπολογισμός που μπορείτε να κάνετε με τα χέρια σας"
"a calculation you can make with your hands"
"Κάθε νόμισμα θα σας δώσει μια αύξηση πεντακοσίων"
"Every coin will give you an increase of five-hundred"
"Πολλαπλασιάστε πεντακόσια επί πέντε και έχετε την απάντησή σας"
"multiply five hundred by five and you have your answer"
"Θα βρείτε δύο χιλιάδες πεντακόσια λαμπερά χρυσά κομμάτια"
"you will find two-thousand-five-hundred shining gold pieces"
«Ω! Τι υπέροχα!» φώναξε ο Πινόκιο, χορεύοντας από χαρά
"Oh! how delightful!" cried Pinocchio, dancing for joy
«Θα κρατήσω δύο χιλιάδες για τον εαυτό μου»
"I will keep two thousand for myself"
«και τους άλλους πεντακόσιους θα σου δώσω δύο»
"and the other five hundred I will give you two"
«Ένα δώρο για εμάς;» φώναξε η αλεπού με αγανάκτηση
"A present to us?" cried the Fox with indignation
Και σχεδόν φάνηκε προσβεβλημένος από την προσφορά
and he almost appeared offended at the offer
«Τι ονειρεύεσαι;» ρώτησε η αλεπού
"What are you dreaming of?" asked the Fox
«Τι ονειρεύεσαι;» επανέλαβε η γάτα
"What are you dreaming of?" repeated the Cat
«Δεν εργαζόμαστε για να συσσωρεύσουμε ενδιαφέρον»
"We do not work to accumulate interest"
«Εργαζόμαστε αποκλειστικά για να πλουτίσουμε τους άλλους»

"we work solely to enrich others"
«για να πλουτίσουν οι άλλοι!» επανέλαβε η γάτα
"to enrich others!" repeated the Cat
«Τι καλοί άνθρωποι!» σκέφτηκε ο Πινόκιο στον εαυτό του
"What good people!" thought Pinocchio to himself
Και ξέχασε τα πάντα για τον μπαμπά του και το νέο σακάκι
and he forgot all about his papa and the new jacket
και ξέχασε το βιβλίο ορθογραφίας
and he forgot about the spelling-book
Και ξέχασε όλες τις καλές αποφάσεις του
and he forgot all of his good resolutions
«Ας φύγουμε αμέσως», πρότεινε
"Let us be off at once" he suggested
"Θα πάω μαζί σας δύο στο πεδίο των κουκουβάγιων"
"I will go with you two to the field of Owls"

Το πανδοχείο της κόκκινης καραβίδας
The Inn of the Red Craw-Fish

Περπατούσαν, περπατούσαν και περπατούσαν
They walked, and walked, and walked
Όλοι κουρασμένοι, έφτασαν τελικά σε ένα πανδοχείο
all tired out, they finally arrived at an inn
Το πανδοχείο της κόκκινης καραβίδας
The Inn of The Red Craw-Fish
«Ας σταματήσουμε λίγο εδώ», είπε η αλεπού
"Let us stop here a little," said the Fox
«Θα πρέπει να έχουμε κάτι να φάμε», πρόσθεσε
"we should have something to eat," he added
«Πρέπει να ξεκουραστούμε για μία ή δύο ώρες»
"we need to rest ourselves for an hour or two"
«Και μετά θα ξεκινήσουμε πάλι τα μεσάνυχτα»
"and then we will start again at midnight"
«Θα φτάσουμε στο Πεδίο των Θαυμάτων το πρωί»

"we'll arrive at the Field of Miracles in the morning"
Ο Πινόκιο ήταν επίσης κουρασμένος από όλο το περπάτημα
Pinocchio was also tired from all the walking
Έτσι πείστηκε εύκολα να πάει στο πανδοχείο
so he was easily convinced to go into the inn
Και οι τρεις κάθισαν σε ένα τραπέζι
all three of them sat down at a table
Αλλά κανένας από αυτούς δεν είχε πραγματικά όρεξη
but none of them really had any appetite

Η γάτα υπέφερε από δυσπεψία
The Cat was suffering from indigestion
Και ένιωθε σοβαρά αδιάθετη
and she was feeling seriously indisposed
Μπορούσε να φάει μόνο τριάντα πέντε ψάρια με σάλτσα ντομάτας
she could only eat thirty-five fish with tomato sauce
και είχε μόνο τέσσερις μερίδες χυλοπίτες με παρμεζάνα
and she had just four portions of noodles with Parmesan

αλλά σκέφτηκε ότι τα νουντλς δεν ήταν αρκετά
καρυκευμένα
but she thought the noodles were not seasoned enough
Έτσι ζήτησε τρεις φορές το βούτυρο και το τριμμένο
τυρί!
so she asked three times for the butter and grated cheese!
Η αλεπού θα μπορούσε επίσης να είχε φύγει χωρίς
φαγητό
The Fox could also have gone without eating
Αλλά ο γιατρός του είχε διατάξει μια αυστηρή δίαιτα
but his doctor had ordered him a strict diet
Έτσι αναγκάστηκε να αρκεστεί απλά σε ένα λαγό
so he was forced to content himself simply with a hare
Ο λαγός ήταν ντυμένος με μια γλυκόξινη σάλτσα
the hare was dressed with a sweet and sour sauce
Γαρνίρεται ελαφρά με λιπαρά κοτόπουλα
it was garnished lightly with fat chickens
Στη συνέχεια διέταξε ένα πιάτο πέρδικες και κουνέλια
then he ordered a dish of partridges and rabbits
Και έφαγε επίσης μερικά βατράχια, σαύρες και άλλες
λιχουδιές
and he also ate some frogs, lizards and other delicacies
Πραγματικά δεν μπορούσε να φάει τίποτα άλλο
he really could not eat anything else
Νοιαζόταν πολύ λίγο για το φαγητό, είπε
He cared very little for food, he said
Και είπε ότι αγωνίστηκε να το βάλει στα χείλη του
and he said he struggled to put it to his lips
Αυτός που έτρωγε λιγότερο ήταν ο Πινόκιο
The one who ate the least was Pinocchio
Ζήτησε μερικά καρύδια και ένα κομμάτι ψωμί
He asked for some walnuts and a hunch of bread
Και άφησε τα πάντα στο πιάτο του
and he left everything on his plate
Οι σκέψεις του καημένου αγοριού δεν ήταν με το
φαγητό
The poor boy's thoughts were not with the food

Συνεχώς προσήλωνε τις σκέψεις του στο Πεδίο των Θαυμάτων
he continually fixed his thoughts on the Field of Miracles
Όταν είχαν υποχωρήσει, η αλεπού μίλησε στον οικοδεσπότη
When they had supped, the Fox spoke to the host
"Δώσε μας δύο καλά δωμάτια, αγαπητέ πανδοχέα"
"Give us two good rooms, dear inn-keeper"
«Παρακαλώ δώστε μας ένα δωμάτιο για τον κ. Πινόκιο»
"please provide us one room for Mr. Pinocchio"
«και θα μοιραστώ το άλλο δωμάτιο με τον σύντροφό μου»
"and I will share the other room with my companion"
«Θα αρπάξουμε λίγο ύπνο πριν φύγουμε»
"We will snatch a little sleep before we leave"
"Θυμηθείτε, ωστόσο, ότι θέλουμε να φύγουμε τα μεσάνυχτα"
"Remember, however, that we wish to leave at midnight"
«Σας παρακαλώ λοιπόν να μας καλέσετε, για να συνεχίσουμε το ταξίδι μας»
"so please call us, to continue our journey"
«Ναι, κύριοι», απάντησε ο οικοδεσπότης
"Yes, gentlemen," answered the host
και έκλεισε το μάτι στην αλεπού και τη γάτα
and he winked at the Fox and the Cat
ήταν σαν να είπε "ξέρω τι κάνεις"
it was as if he said "I know what you are up to"
Το κλείσιμο του ματιού φάνηκε να λέει:
«Καταλαβαίνουμε ο ένας τον άλλον!»
the wink seemed to say, "we understand one another!"
Ο Πινόκιο ήταν πολύ κουρασμένος από την ημέρα
Pinocchio was very tired from the day
Αποκοιμήθηκε μόλις μπήκε στο κρεβάτι του
he fell asleep as soon as he got into his bed
Και μόλις άρχισε να κοιμάται άρχισε να ονειρεύεται
and as soon as he started sleeping he started to dream
Ονειρεύτηκε ότι βρισκόταν στη μέση ενός χωραφιού

he dreamed that he was in the middle of a field
Το χωράφι ήταν γεμάτο θάμνους μέχρι εκεί που έβλεπε το μάτι
the field was full of shrubs as far as the eye could see
Οι θάμνοι ήταν καλυμμένοι με συστάδες χρυσών νομισμάτων
the shrubs were covered with clusters of gold coins
Τα χρυσά νομίσματα ταλαντεύονταν στον άνεμο και κροτάλιζαν
the gold coins swung in the wind and rattled
Και έκαναν έναν ήχο σαν, "Tzinn, Tzinn, Tzinn"
and they made a sound like, "tzinn, tzinn, tzinn"
ακουγόταν σαν να μιλούσαν στον Πινόκιο
they sounded as if they were speaking to Pinocchio
«Ας έρθει όποιος θέλει να μας πάρει»
"Let who whoever wants to come and take us"
Ο Πινόκιο ήταν έτοιμος να απλώσει το χέρι του
Pinocchio was just about to stretch out his hand
Θα μάζευε χούφτες από αυτά τα όμορφα χρυσά κομμάτια
he was going to pick handfuls of those beautiful gold pieces
Και σχεδόν μπόρεσε να τα βάλει στην τσέπη του
and he almost was able to put them in his pocket
Αλλά ξαφνικά ξύπνησε από τρία χτυπήματα στην πόρτα
but he was suddenly awakened by three knocks on the door
Ήταν ο οικοδεσπότης που είχε έρθει να τον ξυπνήσει
It was the host who had come to wake him up
«Ήρθα να σας ενημερώσω ότι είναι μεσάνυχτα»
"I have come to let you know it's midnight"
«Είναι έτοιμοι οι σύντροφοί μου;» ρώτησε η μαριονέτα
"Are my companions ready?" asked the puppet
"Έτοιμος! Γιατί, έφυγαν πριν από δύο ώρες»
"Ready! Why, they left two hours ago"
«Γιατί βιάζονταν τόσο;»
"Why were they in such a hurry?"
«Επειδή η γάτα είχε λάβει ένα μήνυμα»

"Because the Cat had received a message"
«Έμαθε ότι το μεγαλύτερο γατάκι της ήταν άρρωστο»
"she got news that her eldest kitten was ill"
«Πλήρωσαν για το δείπνο;»
"Did they pay for the supper?"
«Τι σκέφτεσαι;»
"What are you thinking of?"
«Είναι πολύ μορφωμένοι για να ονειρεύονται να σε προσβάλουν»
"They are too well educated to dream of insulting you"
"Ένας κύριος σαν εσένα δεν θα άφηνε τους φίλους του να πληρώσουν"
"a gentleman like you would not let his friends pay"
«Τι κρίμα!» σκέφτηκε ο Πινόκιο
"What a pity!" thought Pinocchio
«Μια τέτοια προσβολή θα μου έδινε μεγάλη χαρά!»
"such an insult would have given me much pleasure!"
«Και πού είπαν οι φίλοι μου ότι θα με περιμένουν;»
"And where did my friends say they would wait for me?"
«Στο πεδίο των θαυμάτων, αύριο το πρωί το ξημέρωμα»
"At the Field of Miracles, tomorrow morning at daybreak"
Ο Πινόκιο πλήρωσε ένα νόμισμα για το δείπνο των συντρόφων του
Pinocchio paid a coin for the supper of his companions
και μετά έφυγε για το πεδίο των Θαυμάτων
and then he left for the field of Miracles
Έξω από το πανδοχείο ήταν σχεδόν κατάμαυρο
Outside the inn it was almost pitch black
Ο Πινόκιο μπορούσε να σημειώσει πρόοδο μόνο ψηλαφώντας το δρόμο του
Pinocchio could only make progress by groping his way
Ήταν αδύνατο να δει το χέρι του μπροστά του
it was impossible to see his hand's in front of him
Μερικά νυχτοπούλια πέταξαν απέναντι από το δρόμο
Some night-birds flew across the road
βούρτσισαν τη μύτη του Πινόκιο με τα φτερά τους
they brushed Pinocchio's nose with their wings

Του προκάλεσε τρομερό τρόμο
it caused him a terrible fright
Γυρίζοντας πίσω, φώναξε: «Ποιος πάει εκεί;»
springing back, he shouted: "who goes there?"
και η ηχώ στους λόφους επαναλαμβάνεται στο βάθος
and the echo in the hills repeated in the distance
"Ποιος πηγαίνει εκεί;" - "Ποιος πηγαίνει εκεί;" - "Ποιος πηγαίνει εκεί;"
"Who goes there?" - "Who goes there?" - "Who goes there?"
Στον κορμό του δέντρου είδε λίγο φως
on the trunk of the tree he saw a little light
Ήταν ένα μικρό έντομο που είδε να λάμπει αμυδρά
it was a little insect he saw shining dimly
σαν ένα νυχτερινό φως σε μια λάμπα από διαφανή πορσελάνη
like a night-light in a lamp of transparent china
«Ποιος είσαι;» ρώτησε ο Πινόκιο
"Who are you?" asked Pinocchio
το έντομο απάντησε με χαμηλή φωνή.
the insect answered in a low voice;
«Είμαι το φάντασμα του μικρού γρύλου που μιλάει»
"I am the ghost of the talking little cricket"
Η φωνή ήταν πιο αχνή από ό,τι μπορεί να περιγραφεί
the voice was fainter than can be described
Η φωνή έμοιαζε να έρχεται από τον άλλο κόσμο
the voice seemed to come from the other world
«Τι θέλεις μαζί μου;» είπε η μαριονέτα
"What do you want with me?" said the puppet
"Θέλω να σας δώσω μερικές συμβουλές"
"I want to give you some advice"
"Πήγαινε πίσω και πάρε τα τέσσερα νομίσματα που σου έχουν απομείνει"
"Go back and take the four coins that you have left"
«Πάρε τα νομίσματά σου στον φτωχό σου πατέρα»
"take your coins to your poor father"
«Κλαίει και βρίσκεται σε απόγνωση στο σπίτι»
"he is weeping and in despair at home"

«Επειδή δεν επέστρεψες σ' αυτόν»
"because you have not returned to him"
αλλά ο Πινόκιο το είχε ήδη σκεφτεί αυτό
but Pinocchio had already thought of this
«Μέχρι αύριο ο μπαμπάς μου θα είναι κύριος»
"By tomorrow my papa will be a gentleman"
«Αυτά τα τέσσερα νομίσματα θα γίνουν δύο χιλιάδες»
"these four coins will become two thousand"
«Μην εμπιστεύεσαι αυτούς που υπόσχονται να σε κάνουν πλούσιους σε μια μέρα»
"Don't trust those who promise to make you rich in a day"
«Συνήθως είναι είτε τρελοί είτε απατεώνες!»
"Usually they are either mad or rogues!"
«Δώσε μου αυτί και γύρνα πίσω, αγόρι μου»
"Give ear to me, and go back, my boy"
«Αντίθετα, είμαι αποφασισμένος να συνεχίσω»
"On the contrary, I am determined to go on"
«Η ώρα είναι αργά!» είπε ο κρίκετ
"The hour is late!" said the cricket
«Είμαι αποφασισμένος να συνεχίσω»
"I am determined to go on"
«Η νύχτα είναι σκοτεινή!» είπε ο γρύλος
"The night is dark!" said the cricket
«Είμαι αποφασισμένος να συνεχίσω»
"I am determined to go on"
«Ο δρόμος είναι επικίνδυνος!» είπε ο κρίκετ
"The road is dangerous!" said the cricket
«Είμαι αποφασισμένος να συνεχίσω»
"I am determined to go on"
«Τα αγόρια είναι αποφασισμένα να ακολουθήσουν τις επιθυμίες τους»
"boys are bent on following their wishes"
"Αλλά θυμηθείτε, αργά ή γρήγορα το μετανοούν"
"but remember, sooner or later they repent it"
«Πάντα οι ίδιες ιστορίες. Καληνύχτα, μικρό κρίκετ"
"Always the same stories. Good-night, little cricket"
Το κρίκετ ευχήθηκε και στον Πινόκιο καληνύχτα

The Cricket wished Pinocchio a good night too
«Είθε ο Ουρανός να σας διαφυλάξει από κινδύνους και δολοφόνους»
"may Heaven preserve you from dangers and assassins"
Τότε το μικρό κρίκετ που μιλούσε εξαφανίστηκε ξαφνικά
then the talking little cricket vanished suddenly
σαν ένα φως που έχει σβήσει
like a light that has been blown out
Και ο δρόμος έγινε πιο σκοτεινός από ποτέ
and the road became darker than ever

Ο Πινόκιο πέφτει στα χέρια των δολοφόνων
Pinocchio Falls into the Hands of the Assassins

Ο Πινόκιο συνέχισε το ταξίδι του και μίλησε στον εαυτό του
Pinocchio resumed his journey and spoke to himself
«Πόσο άτυχοι είμαστε εμείς τα καημένα τα αγόρια»
"how unfortunate we poor boys are"
«Όλοι μας μαλώνουν και μας δίνουν καλές συμβουλές»
"Everybody scolds us and gives us good advice"
"αλλά δεν επιλέγω να ακούσω αυτό το κουραστικό μικρό γρύλο"
"but I don't choose to listen to that tiresome little cricket"
«Ποιος ξέρει πόσες δυστυχίες πρόκειται να μου συμβούν!»
"who knows how many misfortunes are to happen to me!"
«Δεν έχω καν συναντήσει κανέναν δολοφόνο ακόμα!»
"I haven't even met any assassins yet!"
«Αυτό, ωστόσο, έχει μικρή σημασία»
"That is, however, of little consequence"
«γιατί δεν πιστεύω στους δολοφόνους»
"for I don't believe in assassins"
«Ποτέ δεν πίστεψα στους δολοφόνους»
"I have never believed in assassins"

«Νομίζω ότι οι δολοφόνοι έχουν εφευρεθεί σκόπιμα»
"I think that assassins have been invented purposely"
«Οι παπάδες τα χρησιμοποιούν για να τρομάξουν τα μικρά αγόρια»
"papas use them to frighten little boys"
«Και τότε τα μικρά αγόρια φοβούνται να βγουν έξω τη νύχτα»
"and then little boys are scared of going out at night"
«Τέλος πάντων, ας υποθέσουμε ότι θα συναντούσα δολοφόνους»
"Anyway, let's suppose I was to come across assassins"
«Φαντάζεσαι ότι θα με τρόμαζαν;»
"do you imagine they would frighten me?"
«Δεν θα με τρόμαζαν στο ελάχιστο»
"they would not frighten me in the least"
«Θα πάω να τους συναντήσω και να τους καλέσω»
"I will go to meet them and call to them"
"Κύριοι δολοφόνοι, τι θέλετε μαζί μου;"
'Gentlemen assassins, what do you want with me?'
«Να θυμάσαι ότι μαζί μου δεν υπάρχει αστείο»
'Remember that with me there is no joking'
"Επομένως, πηγαίνετε για την επιχείρησή σας και κάντε ησυχία!"
'Therefore, go about your business and be quiet!'
«Σε αυτή την ομιλία θα έτρεχαν μακριά σαν τον άνεμο»
"At this speech they would run away like the wind"
«Θα μπορούσε να είναι κακώς μορφωμένοι δολοφόνοι»
"it could be that they are badly educated assassins"
«Τότε οι δολοφόνοι δεν θα μπορούσαν να το σκάσουν»
"then the assassins might not run away"
"Αλλά ακόμη και αυτό δεν είναι μεγάλο πρόβλημα"
"but even that isn't a great problem"
«τότε θα το έσκαγα μόνος μου»
"then I would just run away myself"
«Και αυτό θα ήταν το τέλος αυτού»
"and that would be the end of that"
Αλλά ο Πινόκιο δεν είχε χρόνο να τελειώσει τη

συλλογιστική του
But Pinocchio had no time to finish his reasoning
Νόμιζε ότι άκουσε ένα ελαφρύ θρόισμα φύλλων
he thought that he heard a slight rustle of leaves
Γύρισε να κοιτάξει από πού είχε έρθει ο θόρυβος
He turned to look where the noise had come from
Και είδε στο σκοτάδι δύο κακές μαύρες φιγούρες
and he saw in the gloom two evil-looking black figures
Ήταν εντελώς τυλιγμένα σε σάκους με κάρβουνο
they were completely enveloped in charcoal sacks
Έτρεχαν πίσω του στις μύτες των ποδιών τους
They were running after him on their tiptoes
Και έκαναν μεγάλα άλματα σαν δύο φαντάσματα
and they were making great leaps like two phantoms
«Εδώ είναι στην πραγματικότητα!» είπε στον εαυτό του
"Here they are in reality!" he said to himself
Δεν είχε πού να κρύψει τα χρυσά του κομμάτια
he didn't have anywhere to hide his gold pieces
Έτσι τα έβαλε στο στόμα του, κάτω από τη γλώσσα του
so he put them in his mouth, under his tongue
Στη συνέχεια έστρεψε την προσοχή του στη διαφυγή
Then he turned his attention to escaping
Αλλά δεν κατάφερε να φτάσει πολύ μακριά
But he did not manage to get very far
Ένιωσε τον εαυτό του να καταλαμβάνεται από το χέρι
he felt himself seized by the arm

Και άκουσε δύο φρικτές φωνές να τον απειλούν
and he heard two horrid voices threatening him
«Τα λεφτά σου ή η ζωή σου!» απείλησαν
"Your money or your life!" they threatened
Ο Πινόκιο δεν ήταν σε θέση να απαντήσει με λόγια
Pinocchio was not able to answer in words
επειδή είχε βάλει τα χρήματά του στο στόμα του
because he had put his money in his mouth
Έτσι έκανε χίλια χαμηλά τόξα
so he made a thousand low bows
και πρόσφερε χίλιες παντομίμες
and he offered a thousand pantomimes
Προσπάθησε να κάνει τις δύο φιγούρες να καταλάβουν
He tried to make the two figures understand
Ήταν απλά μια φτωχή μαριονέτα χωρίς χρήματα
he was just a poor puppet without any money
Δεν είχε ούτε ένα νικέλιο στην τσέπη του
he had not as much as a nickel in his pocket
Αλλά οι δύο ληστές δεν πείστηκαν
but the two robbers were not convinced
"Λιγότερες ανοησίες και έξω με τα χρήματα!"
"Less nonsense and out with the money!"
Και η μαριονέτα έκανε μια χειρονομία με τα χέρια του
And the puppet made a gesture with his hands
Προσποιήθηκε ότι γύρισε τις τσέπες του ανάποδα
he pretended to turn his pockets inside out
Φυσικά ο Πινόκιο δεν είχε τσέπες
Of course Pinocchio didn't have any pockets
αλλά προσπαθούσε να δηλώσει: «Δεν έχω χρήματα»
but he was trying to signify, "I have no money"
Σιγά-σιγά οι ληστές έχαναν την υπομονή τους
slowly the robbers were losing their patience
«Παράδωσε τα λεφτά σου αλλιώς θα πεθάνεις», είπε ο ψηλότερος
"Deliver up your money or you are dead," said the taller one
«Νεκρός!» επανέλαβε ο μικρότερος
"Dead!" repeated the smaller one

«Και τότε θα σκοτώσουμε και τον πατέρα σου!»
"And then we will also kill your father!"
«Και ο πατέρας σου!» επανέλαβε πάλι ο μικρότερος
"Also your father!" repeated the smaller one again
«Όχι, όχι, όχι, όχι ο καημένος ο μπαμπάς μου!» φώναξε ο Πινόκιο απελπισμένος
"No, no, no, not my poor papa!" cried Pinocchio in despair
Και καθώς το είπε, τα νομίσματα έτριξαν στο στόμα του
and as he said it the coins clinked in his mouth
«Αχ! Ρε παλιόπαιδο!» συνειδητοποίησαν οι ληστές
"Ah! you rascal!" realized the robbers
«Έκρυψες τα λεφτά σου κάτω από τη γλώσσα σου!»
"you have hidden your money under your tongue!"
«Φτύσε το αμέσως!» τον διέταξε
"Spit it out at once!" he ordered him
«Φτύστε το», επανέλαβε το μικρότερο
"spit it out," repeated the smaller one
Ο Πινόκιο ήταν πεισματάρης στις εντολές τους
Pinocchio was obstinate to their commands
«Αχ! Προσποιείσαι ότι είσαι κουφός, έτσι;»
"Ah! you pretend to be deaf, do you?"
«Αφήστε μας να βρούμε ένα μέσο»
"leave it to us to find a means"
"Θα βρούμε έναν τρόπο να σας κάνουμε να δώσετε τα χρήματά σας"
"we will find a way to make you give up your money"
«Θα βρούμε έναν τρόπο», επανέλαβε ο μικρότερος
"We will find a way," repeated the smaller one
Και ένας από αυτούς άρπαξε την μαριονέτα από τη μύτη του
And one of them seized the puppet by his nose
και ο άλλος τον πήρε από το πηγούνι
and the other took him by the chin
Και άρχισαν να τραβούν βάναυσα
and they began to pull brutally
Το ένα τραβήχτηκε προς τα πάνω και το άλλο τραβηγμένο προς τα κάτω

one pulled up and the other pulled down
Προσπάθησαν να τον αναγκάσουν να ανοίξει το στόμα του
they tried to force him to open his mouth
Αλλά όλα ήταν μάταια
But it was all to no purpose
Το στόμα του Πινόκιο έμοιαζε να είναι καρφωμένο
Pinocchio's mouth seemed to be nailed together
Τότε ο κοντύτερος δολοφόνος έβγαλε ένα άσχημο μαχαίρι
Then the shorter assassin drew out an ugly knife
Και προσπάθησε να το βάλει ανάμεσα στα χείλη του
and he tried to put it between his lips
Αλλά ο Πινόκιο, τόσο γρήγορος όσο η αστραπή, έπιασε το χέρι του
But Pinocchio, as quick as lightning, caught his hand
και τον δάγκωσε με τα δόντια του
and he bit him with his teeth
Και με μια μπουκιά δάγκωσε το χέρι καθαρό
and with one bite he bit the hand clean off
Αλλά δεν ήταν ένα χέρι που έφτυσε
but it wasn't a hand that he spat out
Ήταν πιο τριχωτό από ένα χέρι και είχε νύχια
it was hairier than a hand, and had claws
φανταστείτε την έκπληξη του Πινόκιο όταν είδε το πόδι μιας γάτας
imagine Pinocchio's astonishment when saw a cat's paw
Ή τουλάχιστον αυτό νόμιζε ότι είδε
or at least that's what he thought he saw
Ο Πινόκιο ενθαρρύνθηκε από αυτή την πρώτη νίκη
Pinocchio was encouraged by this first victory
Τώρα χρησιμοποίησε τα νύχια του για να απελευθερωθεί
now he used his fingernails to break free
Κατάφερε να απελευθερωθεί από τους επιτιθέμενους
he succeeded in liberating himself from his assailants
Πήδηξε πάνω από το φράχτη στην άκρη του δρόμου

he jumped over the hedge by the roadside
και άρχισε να τρέχει στα χωράφια
and began to run across the fields
Οι δολοφόνοι έτρεξαν πίσω του σαν δύο σκυλιά που κυνηγούν ένα λαγό
The assassins ran after him like two dogs chasing a hare
Και αυτός που είχε χάσει ένα πόδι έτρεξε στο ένα πόδι
and the one who had lost a paw ran on one leg
Και κανείς δεν ήξερε ποτέ πώς το κατάφερε
and no one ever knew how he managed it
Μετά από έναν αγώνα μερικών χιλιομέτρων, ο Πινόκιο δεν μπορούσε να τρέξει άλλο
After a race of some miles Pinocchio could run no more
Νόμιζε ότι η κατάστασή του είχε χαθεί
he thought his situation was lost
Σκαρφάλωσε στον κορμό ενός πολύ ψηλού πεύκου
he climbed the trunk of a very high pine tree
Και κάθισε στα κορυφαία κλαδιά
and he seated himself in the topmost branches
Οι δολοφόνοι προσπάθησαν να τον κυνηγήσουν
The assassins attempted to climb after him
Όταν έφτασαν στα μισά του δρόμου μέχρι το δέντρο, γλίστρησαν ξανά κάτω
when they reached half-way up the tree they slid down again
Και έφτασαν στο έδαφος με το δέρμα τους βοσκημένο
and they arrived on the ground with their skin grazed
Αλλά δεν τα παράτησαν τόσο εύκολα
But they didn't give up so easily
Συσσώρευσαν μερικά ξερά ξύλα κάτω από το πεύκο
they piled up some dry wood beneath the pine
Και μετά έβαλαν φωτιά στο ξύλο
and then they set fire to the wood
Πολύ γρήγορα το πεύκο άρχισε να καίγεται ψηλότερα
very quickly the pine began to burn higher
σαν κερί που φυσάει ο άνεμος
like a candle blown by the wind
Ο Πινόκιο είδε τις φλόγες να ανεβαίνουν όλο και πιο

ψηλά
Pinocchio saw the flames rising higher and higher
Δεν ήθελε να τελειώσει τη ζωή του σαν ψητό περιστέρι
he did not wish to end his life like a roasted pigeon
Έτσι έκανε ένα εκπληκτικό άλμα από την κορυφή του δέντρου
so he made a stupendous leap from the top of the tree
Και έτρεξε στα χωράφια και τους αμπελώνες
and he ran across the fields and vineyards
Οι δολοφόνοι τον ακολούθησαν ξανά
The assassins followed him again
Και έμειναν πίσω του χωρίς να το βάλουν κάτω
and they kept behind him without giving up
Η μέρα άρχισε να ξημερώνει και εξακολουθούσαν να τον καταδιώκουν
The day began to break and they were still pursuing him
Ξαφνικά ο Πινόκιο βρήκε το δρόμο του φραγμένο από ένα χαντάκι
Suddenly Pinocchio found his way barred by a ditch
Ήταν γεμάτο στάσιμο νερό, το χρώμα του καφέ
it was full of stagnant water the colour of coffee
Τι έπρεπε να κάνει τώρα ο Πινόκιο μας;
What was our Pinocchio to do now?
«Ένα! Δύο! Τρεις!» φώναξε η μαριονέτα
"One! two! three!" cried the puppet
Κάνοντας μια βιασύνη, ξεπήδησε στην άλλη πλευρά
making a rush, he sprang to the other side
Οι δολοφόνοι προσπάθησαν επίσης να πηδήξουν πάνω από το χαντάκι
The assassins also tried to jump over the ditch
Αλλά δεν είχαν μετρήσει την απόσταση
but they had not measured the distance
splish splash! Έπεσαν στη μέση της τάφρου
splish splash! they fell into the middle of the ditch

Ο Πινόκιο άκουσε τη βουτιά και το πιτσίλισμα
Pinocchio heard the plunge and the splashing
«Ένα ωραίο μπάνιο για εσάς, κύριοι δολοφόνοι»
"A fine bath to you, gentleman assassins"
Και ένιωθε πεπεισμένος ότι πνίγηκαν
And he felt convinced that they were drowned
αλλά είναι καλό που ο Πινόκιο κοίταξε πίσω του
but it's good that Pinocchio did look behind him
επειδή οι δύο δολοφόνοι του δεν είχαν πνιγεί
because his two assassins had not drowned
Οι δύο δολοφόνοι είχαν βγει ξανά από το νερό
the two assassins had got out the water again
Και έτρεχαν και οι δύο πίσω του

and they were both still running after him
Ήταν ακόμα τυλιγμένοι στους σάκους τους
they were still enveloped in their sacks
και το νερό έσταζε από αυτούς
and the water was dripping from them
σαν να ήταν δύο κούφια καλάθια
as if they had been two hollow baskets

Οι δολοφόνοι κρεμούν τον Πινόκιο στη μεγάλη βελανιδιά
The Assassins Hang Pinocchio to the Big Oak Tree

Σε αυτό το θέαμα, το θάρρος της μαριονέτας τον απέτυχε
At this sight, the puppet's courage failed him
Ήταν έτοιμος να πέσει στο έδαφος
he was on the point of throwing himself on the ground
Και ήθελε να δώσει τον εαυτό του για χαμένο
and he wanted to give himself over for lost
Έστρεψε τα μάτια του προς κάθε κατεύθυνση
he turned his eyes in every direction
Είδε ένα μικρό σπίτι λευκό σαν το χιόνι
he saw a small house as white as snow
«Μακάρι να είχα ανάσα για να φτάσω σε εκείνο το σπίτι»
"If only I had breath to reach that house"
«ίσως τότε να σωθώ»
"perhaps then I might be saved"
Χωρίς να καθυστερήσει ούτε στιγμή άρχισε ξανά να τρέχει
without delaying an instant he recommenced running
Ο καημένος ο μικρός Πινόκιο έτρεχε για τη ζωή του
poor little Pinocchio was running for his life
Έτρεξε μέσα στο δάσος με τους δολοφόνους πίσω του
he ran through the wood with the assassins after him
Υπήρξε ένας απελπισμένος αγώνας σχεδόν δύο ωρών

there was a desperate race of nearly two hours
Και τελικά έφτασε με κομμένη την ανάσα στην πόρτα
and finally he arrived quite breathless at the door
Χτύπησε απεγνωσμένα την πόρτα του σπιτιού
he desperately knocked on the door of the house
αλλά κανείς δεν απάντησε στο χτύπημα του Πινόκιο
but no one answered Pinocchio's knock
Χτύπησε ξανά την πόρτα με μεγάλη βία
He knocked at the door again with great violence
επειδή άκουσε τον ήχο των βημάτων που τον πλησίαζαν
because he heard the sound of steps approaching him
Και άκουσε το βαρύ λαχάνιασμα των διωκτών του
and he heard the the heavy panting of his persecutors
Υπήρχε η ίδια σιωπή όπως και πριν
there was the same silence as before
Είδε ότι το χτύπημα ήταν άχρηστο
he saw that knocking was useless
Έτσι άρχισε απελπισμένος να κλωτσάει και να χτυπάει την πόρτα
so he began in desperation to kick and pommel the door
Το παράθυρο δίπλα στην πόρτα άνοιξε
The window next to the door then opened
και ένα όμορφο παιδί εμφανίστηκε στο παράθυρο
and a beautiful Child appeared at the window
Το όμορφο παιδί είχε μπλε μαλλιά
the beautiful child had blue hair
Και το πρόσωπό της ήταν λευκό σαν κέρινη εικόνα
and her face was as white as a waxen image
Τα μάτια της ήταν κλειστά σαν να κοιμόταν
her eyes were closed as if she was asleep
και τα χέρια της ήταν σταυρωμένα στο στήθος της
and her hands were crossed on her breast
Χωρίς να κουνήσει ούτε στο ελάχιστο τα χείλη της, μίλησε
Without moving her lips in the least, she spoke
«Σε αυτό το σπίτι δεν υπάρχει κανείς, είναι όλοι νεκροί»

"In this house there is no one, they are all dead"
Και η φωνή της έμοιαζε να έρχεται από τον άλλο κόσμο
and her voice seemed to come from the other world
αλλά ο Πινόκιο φώναξε και έκλαψε και ικέτευσε
but Pinocchio shouted and cried and implored
"Τότε τουλάχιστον άνοιξε την πόρτα για μένα"
"Then at least open the door for me"
«Είμαι κι εγώ νεκρός», είπε η κέρινη εικόνα
"I am also dead," said the waxen image
«Τότε τι κάνεις εκεί στο παράθυρο;»
"Then what are you doing there at the window?"
«Περιμένω να με πάρουν»
"I am waiting to be taken away"
Τούτου λεχθέντος, εξαφανίστηκε αμέσως
Having said this she immediately disappeared
και το παράθυρο έκλεισε ξανά χωρίς τον παραμικρό θόρυβο
and the window was closed again without the slightest noise
«Ω! όμορφο παιδί με μπλε μαλλιά», φώναξε ο Πινόκιο.
"Oh! beautiful Child with blue hair," cried Pinocchio"
«Άνοιξε την πόρτα, για χάρη του οίκτου!»
"open the door, for pity's sake!"
«Να έχεις συμπόνια για ένα φτωχό αγόρι που καταδιώκεται...»
"Have compassion on a poor boy pursued..."
Αλλά δεν μπορούσε να τελειώσει την πρόταση
But he could not finish the sentence
επειδή ένιωθε τον εαυτό του να καταλαμβάνεται από το κολάρο
because he felt himself seized by the collar
Οι ίδιες δύο φρικτές φωνές του είπαν απειλητικά:
the same two horrible voices said to him threateningly:
«Δεν θα δραπετεύσεις ξανά από εμάς!»
"You shall not escape from us again!"
«Δεν θα δραπετεύσεις», φώναξε ο μικρός δολοφόνος
"You shall not escape," panted the little assassin
Η μαριονέτα είδε ότι ο θάνατος τον κοιτούσε κατάματα

The puppet saw death was staring him in the face
Τον πήραν με ένα βίαιο τρέμουλο
he was taken with a violent fit of trembling
Οι αρθρώσεις των ξύλινων ποδιών του άρχισαν να τρίζουν
the joints of his wooden legs began to creak
Και τα νομίσματα που ήταν κρυμμένα κάτω από τη γλώσσα του άρχισαν να αναβοσβήνουν
and the coins hidden under his tongue began to clink
«Θα ανοίξετε το στόμα σας – ναι ή όχι;» ρώτησαν οι δολοφόνοι
"will you open your mouth—yes or no?" demanded the assassins
«Αχ! Δεν υπάρχει απάντηση; Αφήστε το σε εμάς»
"Ah! no answer? Leave it to us"
«Αυτή τη φορά θα σας αναγκάσουμε να το ανοίξετε!»
"this time we will force you to open it!"
«Θα σας αναγκάσουμε», επανέλαβε ο δεύτερος δολοφόνος
"we will force you," repeated the second assassin
Και έβγαλαν δύο μακριά, φρικτά μαχαίρια
And they drew out two long, horrid knives
Και τα μαχαίρια ήταν κοφτερά σαν ξυραφάκια
and the knifes were as sharp as razors
Προσπάθησαν να τον μαχαιρώσουν δύο φορές
they attempted to stab him twice
Αλλά η μαριονέτα ήταν τυχερή από μια άποψη
but the puppet was lucky in one regard
Είχε φτιαχτεί από πολύ σκληρό ξύλο
he had been made from very hard wood
Τα μαχαίρια έσπασαν σε χίλια κομμάτια
the knives broke into a thousand pieces
Και οι δολοφόνοι έμειναν μόνο με τις λαβές
and the assassins were left with just the handles
Για μια στιγμή μπορούσαν μόνο να κοιτάξουν ο ένας τον άλλον
for a moment they could only stare at each other

«Βλέπω τι πρέπει να κάνουμε», είπε ένας από αυτούς
"I see what we must do," said one of them
«Πρέπει να κρεμαστεί! Ας τον κρεμάσουμε!»
"He must be hung! Let us hang him!"
«Ας τον κρεμάσουμε!» επανέλαβε ο άλλος
"Let us hang him!" repeated the other
Χωρίς απώλεια χρόνου έδεσαν τα χέρια του πίσω του
Without loss of time they tied his arms behind him
Και πέρασαν μια θηλιά που έτρεχε γύρω από το λαιμό του
and they passed a running noose round his throat
και τον κρέμασαν στο κλαδί της Μεγάλης Βελανιδιάς
and they hung him to the branch of the Big Oak
Στη συνέχεια κάθισαν στο γρασίδι βλέποντας τον Πινόκιο
They then sat down on the grass watching Pinocchio
Και περίμεναν να τελειώσει ο αγώνας του
and they waited for his struggle to end
Αλλά τρεις ώρες είχαν ήδη περάσει
but three hours had already passed
Τα μάτια της μαριονέτας ήταν ακόμα ανοιχτά
the puppet's eyes were still open
Το στόμα του ήταν κλειστό όπως και πριν
his mouth was closed just as before
Και κλωτσούσε περισσότερο από ποτέ
and he was kicking more than ever
Είχαν χάσει τελικά την υπομονή τους μαζί του
they had finally lost their patience with him
Στράφηκαν στον Πινόκιο και μίλησαν με τόνο πειράγματος
they turned to Pinocchio and spoke in a bantering tone
«Αντίο Πινόκιο, τα λέμε ξανά αύριο»
"Good-bye Pinocchio, see you again tomorrow"
«Ας ελπίσουμε ότι θα είσαι αρκετά ευγενικός για να πεθάνεις»
"hopefully you'll be kind enough to be dead"
"Και ελπίζω ότι θα έχετε το στόμα σας ορθάνοιχτο"

"and hopefully you will have your mouth wide open"
Και έφυγαν προς μια διαφορετική κατεύθυνση
And they walked off in a different direction
Εν τω μεταξύ ένας βόρειος άνεμος άρχισε να φυσάει και να βρυχάται
In the meantime a northerly wind began to blow and roar
και ο άνεμος χτύπησε τη φτωχή μαριονέτα από τη μια πλευρά στην άλλη
and the wind beat the poor puppet from side to side

Ο άνεμος τον έκανε να ταλαντεύεται βίαια
the wind made him swing about violently
Όπως το χτύπημα μιας καμπάνας που χτυπά για ένα γάμο
like the clatter of a bell ringing for a wedding
Και η ταλάντευση του έδωσε φρικτούς σπασμούς

And the swinging gave him atrocious spasms
Και η θηλιά γινόταν όλο και πιο σφιχτή γύρω από το λαιμό του
and the noose became tighter and tighter around his throat
Και τελικά του έκοψε την ανάσα
and finally it took away his breath
Λίγο λίγο τα μάτια του άρχισαν να θαμπώνουν
Little by little his eyes began to grow dim
Ένιωθε ότι ο θάνατος ήταν κοντά
he felt that death was near
αλλά ο Πινόκιο δεν εγκατέλειψε ποτέ την ελπίδα
but Pinocchio never gave up hope
«Ίσως κάποιος φιλανθρωπικός άνθρωπος να έρθει να με βοηθήσει»
"perhaps some charitable person will come to my assistance"
Αλλά περίμενε και περίμενε και περίμενε
But he waited and waited and waited
Και στο τέλος κανείς δεν ήρθε, απολύτως κανείς
and in the end no one came, absolutely no one
Τότε θυμήθηκε τον φτωχό πατέρα του
then he remembered his poor father
Νομίζοντας ότι πέθαινε, τραύλισε
thinking he was dying, he stammered out
«Ω, μπαμπά! μπαμπάς! Μακάρι να ήσουν εδώ!»
"Oh, papa! papa! if only you were here!"
Η αναπνοή του τον απογοήτευσε και δεν μπορούσε να πει περισσότερα
His breath failed him and he could say no more
Έκλεισε τα μάτια του και άνοιξε το στόμα του
He shut his eyes and opened his mouth
Και άπλωσε τα χέρια και τα πόδια του
and he stretched out his arms and legs
Έδωσε μια τελευταία μεγάλη ανατριχίλα
he gave one final long shudder
Και τότε κρεμάστηκε άκαμπτος και αναίσθητος
and then he hung stiff and insensible

Το όμορφο παιδί σώζει την μαριονέτα
The Beautiful Child Rescues the Puppet

Ο καημένος ο Πινόκιο ήταν ακόμα κρεμασμένος από τη Μεγάλη Βελανιδιά
poor Pinocchio was still suspended from the Big Oak tree
αλλά προφανώς ο Πινόκιο ήταν περισσότερο νεκρός παρά ζωντανός
but apparently Pinocchio was more dead than alive
το όμορφο παιδί με τα μπλε μαλλιά ήρθε ξανά στο παράθυρο
the beautiful Child with blue hair came to the window again
Είδε τη δυστυχισμένη μαριονέτα να κρέμεται από το λαιμό του
she saw the unhappy puppet hanging by his throat
Τον είδε να χορεύει πάνω-κάτω στις ριπές του ανέμου
she saw him dancing up and down in the gusts of the wind
Και συγκινήθηκε από συμπόνια γι 'αυτόν
and she was moved by compassion for him
Το όμορφο παιδί χτύπησε τα χέρια της μαζί
the beautiful child struck her hands together
και έδωσε τρία μικρά χειροκροτήματα
and she gave three little claps
Ακούστηκε ένας ήχος φτερών που πετούσαν γρήγορα
there came a sound of wings flying rapidly
ένα μεγάλο γεράκι πέταξε στο περβάζι του παραθύρου
a large Falcon flew on to the window-sill

«Ποιες είναι οι διαταγές σου, ευγενική νεράιδα;» ρώτησε
"What are your orders, gracious Fairy?" he asked
Και έκλινε το ράμφος του σε ένδειξη ευλάβειας
and he inclined his beak in sign of reverence
«Βλέπεις αυτή τη μαριονέτα να κρέμεται από τη Μεγάλη Βελανιδιά;»
"Do you see that puppet dangling from the Big Oak tree?"
«Τον βλέπω», επιβεβαίωσε το γεράκι
"I see him," confirmed the falcon
«Πέταξε αμέσως προς αυτόν», τον διέταξε
"Fly over to him at once," she ordered him
"Χρησιμοποιήστε το ισχυρό ράμφος σας για να σπάσετε τον κόμπο"
"use your strong beak to break the knot"
"Βάλτε τον απαλά στο γρασίδι στους πρόποδες του δέντρου"
"lay him gently on the grass at the foot of the tree"
Το Γεράκι πέταξε μακριά για να εκτελέσει τις διαταγές του
The Falcon flew away to carry out his orders

Και μετά από δύο λεπτά επέστρεψε στο παιδί
and after two minutes he returned to the child
«Έκανα ό,τι διέταξες»
"I have done as you commanded"
«Και πώς τον βρήκες;»
"And how did you find him?"
«Όταν τον είδα για πρώτη φορά φάνηκε νεκρός»
"when I first saw him he appeared dead"
«Αλλά δεν θα μπορούσε πραγματικά να είναι εντελώς νεκρός»
"but he couldn't really have been entirely dead"
«Χαλάρωσα τη θηλιά γύρω από το λαιμό του»
"I loosened the noose around his throat"
«Και τότε έβγαλε έναν απαλό αναστεναγμό»
"and then he gave soft a sigh"
«Μου μουρμούρισε με αχνή φωνή»
"he muttered to me in a faint voice"
«'Τώρα νιώθω καλύτερα!' είπε»
"'Now I feel better!' he said"
Η νεράιδα τότε χτύπησε τα χέρια της μαζί δύο φορές
The Fairy then struck her hands together twice
μόλις το έκανε αυτό, εμφανίστηκε ένα υπέροχο κανίς
as soon as she did this a magnificent Poodle appeared
Το κανίς περπατούσε όρθιο στα πίσω πόδια του
the poodle walked upright on his hind legs
Ήταν ακριβώς σαν να ήταν άντρας
it was exactly as if he had been a man
Φορούσε την ολόσωμη στολή ενός αμαξά
He was in the full-dress livery of a coachman
Στο κεφάλι του είχε ένα τρίγωνο καπάκι πλεγμένο με χρυσό
On his head he had a three-cornered cap braided with gold
Η σγουρή λευκή περούκα του έπεσε στους ώμους του
his curly white wig came down on to his shoulders
Είχε ένα γιλέκο με σοκολατένιο γιακά και διαμαντένια κουμπιά
he had a chocolate-collared waistcoat with diamond buttons

Και είχε δύο μεγάλες τσέπες για να περιέχει κόκαλα
and he had two large pockets to contain bones
τα οστά που του έδωσε η ερωμένη του στο δείπνο
the bones that his mistress gave him at dinner
Είχε επίσης ένα ζευγάρι κοντά βυσσινί βελούδινα παντελόνια
he also had a pair of short crimson velvet breeches
και φορούσε μερικές μεταξωτές κάλτσες
and he wore some silk stockings
και φορούσε έξυπνα ιταλικά δερμάτινα παπούτσια
and he wore smart Italian leather shoes
Πίσω του κρεμόταν ένα είδος θήκης ομπρέλας
hanging behind him was a species of umbrella case
Η θήκη ομπρέλας ήταν κατασκευασμένη από μπλε σατέν
the umbrella case was made of blue satin
Έβαλε την ουρά του σε αυτό όταν ο καιρός ήταν βροχερός
he put his tail into it when the weather was rainy
"Να είσαι γρήγορος, Μεντόρο, σαν καλό σκυλί!"
"Be quick, Medoro, like a good dog!"
Και η νεράιδα έδωσε στο κανίς της τις εντολές
and the fairy gave her poodle the commands
"Αξιοποιήστε την πιο όμορφη άμαξα"
"get the most beautiful carriage harnessed"
"Και να έχω την άμαξα να περιμένει στο αμαξοστάσιό μου"
"and have the carriage waiting in my coach-house"
"και πηγαίνετε κατά μήκος του δρόμου προς το δάσος"
"and go along the road to the forest"
«Όταν έρθεις στη Μεγάλη Βελανιδιά θα βρεις μια φτωχή μαριονέτα»
"When you come to the Big Oak tree you will find a poor puppet"
«Θα τεντωθεί στο γρασίδι μισοπεθαμένος»
"he will be stretched on the grass half dead"
"Θα πρέπει να τον σηκώσετε απαλά"

"you will have to pick him up gently"
«ξάπλωσέ τον στα μαξιλάρια της άμαξας»
"lay him flat on the cushions of the carriage"
«Όταν το κάνεις αυτό, φέρε τον εδώ σε μένα»
"when you have done this bring him here to me"
«Καταλαβαίνεις;» ρώτησε για τελευταία φορά
"Do you understand?" she asked one last time
Το κανίς έδειξε ότι είχε καταλάβει
The Poodle showed that he had understood
Κούνησε τη θήκη του μπλε σατέν τρεις ή τέσσερις φορές
he shook the case of blue satin three or four times
Και μετά έφυγε σαν άλογο κούρσας
and then he ran off like a race-horse
Σύντομα μια όμορφη άμαξα βγήκε από το αμαξοστάσιο.
soon a beautiful carriage came out of the coach-house
Τα μαξιλάρια ήταν γεμισμένα με φτερά καναρινιών
The cushions were stuffed with canary feathers
Η άμαξα ήταν επενδεδυμένη στο εσωτερικό με σαντιγί
the carriage was lined on the inside with whipped cream
και γκοφρέτες κρέμας και βανίλιας έκαναν τα καθίσματα
and custard and vanilla wafers made the seating
Η μικρή άμαξα τραβήχτηκε από εκατό λευκά ποντίκια
The little carriage was drawn by a hundred white mice
και το κανίς καθόταν στο κουτί του λεωφορείου
and the Poodle was seated on the coach-box
Έσπασε το μαστίγιο του από τη μια πλευρά στην άλλη
he cracked his whip from side to side
Όπως ένας οδηγός όταν φοβάται ότι είναι πίσω από το χρόνο
like a driver when he is afraid that he is behind time
Λιγότερο από ένα τέταρτο της ώρας πέρασε
less than a quarter of an hour passed
και η άμαξα επέστρεψε στο σπίτι
and the carriage returned to the house
Η νεράιδα περίμενε στην πόρτα του σπιτιού

The Fairy was waiting at the door of the house
Πήρε την φτωχή μαριονέτα στην αγκαλιά της
she took the poor puppet in her arms
Και τον μετέφερε σε ένα μικρό δωμάτιο
and she carried him into a little room
Το δωμάτιο ήταν γεμάτο με φίλντισι
the room was wainscoted with mother-of-pearl
Κάλεσε τους πιο διάσημους γιατρούς της γειτονιάς
she called for the most famous doctors in the neighbourhood
Ήρθαν αμέσως, ο ένας μετά τον άλλο
They came immediately, one after the other
ένα κοράκι, μια κουκουβάγια και ένα μικρό γρύλο που μιλάει
a Crow, an Owl, and a talking little cricket
«Θέλω να μάθω κάτι από εσάς, κύριοι», είπε η νεράιδα
"I wish to know something from you, gentlemen," said the Fairy
«Είναι αυτή η άτυχη μαριονέτα ζωντανή ή νεκρή;»
"is this unfortunate puppet alive or dead?"
Το Κοράκι ξεκίνησε νιώθοντας τον παλμό του Πινόκιο
the Crow started by feeling Pinocchio's pulse
Τότε ένιωσε τη μύτη του και το μικρό δάχτυλο του ποδιού του
he then felt his nose and his little toe
Έκανε προσεκτικά τη διάγνωσή του για την μαριονέτα
he carefully made his diagnosis of the puppet
Και στη συνέχεια πρόφερε επίσημα τα ακόλουθα λόγια:
and then he solemnly pronounced the following words:
«Κατά την πεποίθησή μου, η μαριονέτα είναι ήδη νεκρή»
"To my belief the puppet is already dead"
«Αλλά υπάρχει πάντα η πιθανότητα να είναι ακόμα ζωντανός»
"but there is always the chance he's still alive"
«Λυπάμαι», είπε η κουκουβάγια, «που διέψευσα το κοράκι»
"I regret," said the Owl, "to contradict the Crow"

«Ο επιφανής φίλος και συνάδελφός μου»
"my illustrious friend and colleague"
«Κατά τη γνώμη μου, η μαριονέτα είναι ακόμα ζωντανή»
"in my opinion the puppet is still alive"
«Αλλά υπάρχει πάντα μια πιθανότητα να είναι ήδη νεκρός»
"but there's always a chance he's already dead"
Τέλος, η Νεράιδα ρώτησε το μικρό κρίκετ που μιλούσε.
lastly the Fairy asked the talking little Cricket
"Και εσύ, δεν έχεις τίποτα να πεις;"
"And you, have you nothing to say?"
«Οι γιατροί δεν καλούνται πάντα να μιλήσουν»
"doctors are not always called upon to speak"
«Μερικές φορές το πιο σοφό πράγμα είναι να είσαι σιωπηλός»
"sometimes the wisest thing is to be silent"
"αλλά επιτρέψτε μου να σας πω τι ξέρω"
"but let me tell you what I know"
«Αυτή η μαριονέτα έχει ένα πρόσωπο που δεν είναι καινούργιο για μένα»
"that puppet has a face that is not new to me"
«Τον γνωρίζω εδώ και αρκετό καιρό!»
"I have known him for some time!"
Ο Πινόκιο είχε μείνει ακίνητος μέχρι εκείνη τη στιγμή
Pinocchio had lain immovable up to that moment
Ήταν ακριβώς σαν ένα πραγματικό κομμάτι ξύλου
he was just like a real piece of wood
Αλλά στη συνέχεια καταλήφθηκε με σπασμωδικό τρέμουλο
but then he was seized with a fit of convulsive trembling
Και όλο το κρεβάτι σείστηκε από το τρέμουλό του
and the whole bed shook from his shaking
ο μικρός κρίκετ που μιλούσε συνέχισε να μιλάει
the talking little Cricket continued talking
"Αυτή η μαριονέτα υπάρχει ένας επιβεβαιωμένος απατεώνας"

"That puppet there is a confirmed rogue"
Ο Πινόκιο άνοιξε τα μάτια του, αλλά τα έκλεισε ξανά αμέσως
Pinocchio opened his eyes, but shut them again immediately
"Είναι ένας καλός για τίποτα αλήτης **ragamuffin**"
"He is a good for nothing ragamuffin vagabond"
Ο Πινόκιο έκρυψε το πρόσωπό του κάτω από τα ρούχα
Pinocchio hid his face beneath the clothes
«Αυτή η μαριονέτα είναι ένας ανυπάκουος γιος»
"That puppet there is a disobedient son"
«Θα κάνει τον φτωχό πατέρα του να πεθάνει από ραγισμένη καρδιά!»
"he will make his poor father die of a broken heart!"
Εκείνη τη στιγμή όλοι μπορούσαν να ακούσουν κάτι
At that instant everyone could hear something
Ακούστηκε ασφυκτικός ήχος λυγμών και κλάματος
suffocated sound of sobs and crying was heard
Οι γιατροί σήκωσαν λίγο τα σεντόνια
the doctors raised the sheets a little
Φανταστείτε την έκπληξή τους όταν είδαν τον Πινόκιο
Imagine their astonishment when they saw Pinocchio
Το κοράκι ήταν το πρώτο που έδωσε την ιατρική του γνώμη
the crow was the first to give his medical opinion
«Όταν ένας νεκρός κλαίει, είναι στο δρόμο της ανάρρωσης»
"When a dead person cries he's on the road to recovery"
Αλλά η κουκουβάγια είχε διαφορετική ιατρική άποψη
but the owl was of a different medical opinion
«Θλίβομαι που διαψεύδω τον επιφανή φίλο μου»
"I grieve to contradict my illustrious friend"
«Όταν ο νεκρός κλαίει, σημαίνει ότι λυπάται που πέθανε»
"when the dead person cries it means he's is sorry to die"

Ο Πινόκιο αρνείται να πάρει το φάρμακό του
Pinocchio Refuses to Take his Medicine

Οι γιατροί είχαν κάνει ό,τι μπορούσαν
The doctors had done all that they could
έτσι άφησαν τον Πινόκιο με τη νεράιδα
so they left Pinocchio with the fairy
η νεράιδα άγγιξε το μέτωπο του Πινόκιο
the Fairy touched Pinocchio's forehead
Μπορούσε να πει ότι είχε υψηλό πυρετό
she could tell that he had a high fever
η νεράιδα ήξερε ακριβώς τι να δώσει στον Πινόκιο
the Fairy knew exactly what to give Pinocchio
Διέλυσε μια λευκή σκόνη σε λίγο νερό
she dissolved a white powder in some water
και πρόσφερε στον Πινόκιο το ποτήρι με το νερό
and she offered Pinocchio the tumbler of water
Και τον καθησύχασε ότι όλα θα πάνε καλά
and she reassured him that everything would fine
"Πιείτε το και σε λίγες μέρες θα θεραπευτείτε"
"Drink it and in a few days you will be cured"
Ο Πινόκιο κοίταξε το ποτήρι της ιατρικής
Pinocchio looked at the tumbler of medicine
Και έκανε ένα σκυθρωπό πρόσωπο στο φάρμακο
and he made a wry face at the medicine
«Είναι γλυκό ή πικρό;» ρώτησε πονηρά
"Is it sweet or bitter?" he asked plaintively
«Είναι πικρό, αλλά θα σου κάνει καλό»
"It is bitter, but it will do you good"
"Αν είναι πικρό, δεν θα το πιω"
"If it is bitter, I will not drink it"
«Άκουσέ με», είπε η νεράιδα, «πιες το»
"Listen to me," said the Fairy, "drink it"
«Δεν μου αρέσει τίποτα πικρό», αντέτεινε
"I don't like anything bitter," he objected
«Θα σου δώσω ένα κομμάτι ζάχαρη»
"I will give you a lump of sugar"

«Θα αφαιρέσει την πικρή γεύση»
"it will take away the bitter taste"
"Αλλά πρώτα πρέπει να πιείτε το φάρμακό σας"
"but first you have to drink your medicine"
«Πού είναι το κομμάτι ζάχαρης;» ρώτησε ο Πινόκιο
"Where is the lump of sugar?" asked Pinocchio
«Εδώ είναι το κομμάτι της ζάχαρης», είπε η νεράιδα
"Here is the lump of sugar," said the Fairy
Και έβγαλε ένα κομμάτι από μια χρυσή λεκάνη ζάχαρης
and she took out a piece from a gold sugar-basin
"Παρακαλώ δώστε μου πρώτα το κομμάτι ζάχαρης"
"please give me the lump of sugar first"
"και τότε θα πιω αυτό το κακό πικρό νερό"
"and then I will drink that bad bitter water"
«Μου το υπόσχεσαι;» ρώτησε τον Πινόκιο
"Do you promise me?" she asked Pinocchio
«Ναι, το υπόσχομαι», απάντησε ο Πινόκιο
"Yes, I promise," answered Pinocchio
έτσι η νεράιδα έδωσε στον Πινόκιο το κομμάτι της ζάχαρης
so the Fairy gave Pinocchio the piece of sugar
και ο Πινόκιο τραγάνισε τη ζάχαρη και την κατάπιε
and Pinocchio crunched up the sugar and swallowed it
Έγλειφε τα χείλη του και απολάμβανε τη γεύση
he licked his lips and enjoyed the taste
«Θα ήταν καλό αν η ζάχαρη ήταν φάρμακο!»
"It would be a fine thing if sugar were medicine!"
«τότε θα έπαιρνα φάρμακα κάθε μέρα»
"then I would take medicine every day"
η Νεράιδα δεν είχε ξεχάσει την υπόσχεση του Πινόκιο
the Fairy had not forgotten Pinocchio's promise
«Τηρήστε την υπόσχεσή σας και πιείτε αυτό το φάρμακο»
"keep your promise and drink this medicine"
"Θα σας επαναφέρει στην υγεία"
"it will restore you back to health"
Ο Πινόκιο πήρε το ποτήρι άθελά του

Pinocchio took the tumbler unwillingly
Έβαλε το σημείο της μύτης του στο ποτήρι
he put the point of his nose to the tumbler
Και χαμήλωσε το ποτήρι στα χείλη του
and he lowered the tumbler to his lips
Και μετά πάλι έβαλε τη μύτη του σε αυτό
and then again he put his nose to it
Και τελικά είπε: «Είναι πολύ πικρό!»
and at last he said, "It is too bitter!"
«Δεν μπορώ να πιω τίποτα τόσο πικρό»
"I cannot drink anything so bitter"
«Δεν ξέρεις ακόμα αν δεν μπορείς», είπε η νεράιδα
"you don't know yet if you can't," said the Fairy
"δεν το έχετε δοκιμάσει ακόμα"
"you have not even tasted it yet"
"Μπορώ να φανταστώ πώς θα έχει γεύση!"
"I can imagine how it's going to taste!"
«Το ξέρω από τη μυρωδιά», αντέτεινε ο Πινόκιο
"I know it from the smell," objected Pinocchio
"πρώτα θέλω ένα άλλο κομμάτι ζάχαρης παρακαλώ"
"first I want another lump of sugar please"
«και τότε υπόσχομαι ότι θα το πιει!»
"and then I promise that will drink it!"
Η νεράιδα είχε όλη την υπομονή μιας καλής μαμάς
The Fairy had all the patience of a good mamma
Και έβαλε ένα άλλο κομμάτι ζάχαρης στο στόμα του
and she put another lump of sugar in his mouth
Και πάλι, του παρουσίασε το ποτήρι
and again, she presented the tumbler to him
«Ακόμα δεν μπορώ να το πιω!» είπε η μαριονέτα
"I still cannot drink it!" said the puppet
και ο Πινόκιο έκανε χίλιους μορφασμούς
and Pinocchio made a thousand grimaced faces
«Γιατί δεν μπορείς να το πιεις;» ρώτησε η νεράιδα
"Why can't you drink it?" asked the fairy
«Γιατί αυτό το μαξιλάρι στα πόδια μου με ενοχλεί»
"Because that pillow on my feet bothers me"

Η νεράιδα έβγαλε το μαξιλάρι από τα πόδια του
The Fairy removed the pillow from his feet
Ο Πινόκιο δικαιολογήθηκε ξανά
Pinocchio excused himself again
"Έχω δοκιμάσει το καλύτερό μου, αλλά δεν με βοηθάει"
"I've tried my best but it doesn't help me"
"Ακόμα και χωρίς το μαξιλάρι δεν μπορώ να το πιω"
"Even without the pillow I cannot drink it"
«Τι συμβαίνει τώρα;» ρώτησε η νεράιδα
"What is the matter now?" asked the fairy
"Η πόρτα του δωματίου είναι μισάνοιχτη"
"The door of the room is half open"
«Με ενοχλεί όταν οι πόρτες είναι μισάνοιχτες»
"it bothers me when doors are half open"
Η νεράιδα πήγε και έκλεισε την πόρτα στον Πινόκιο
The Fairy went and closed the door for Pinocchio
Αλλά αυτό δεν βοήθησε και ξέσπασε σε κλάματα
but this didn't help, and he burst into tears
«Δεν θα πιω αυτό το πικρό νερό – όχι, όχι, όχι!»
"I will not drink that bitter water—no, no, no!"
«Αγόρι μου, θα μετανοήσεις αν δεν το κάνεις»
"My boy, you will repent it if you don't"
«Δεν με νοιάζει αν θα μετανοήσω», απάντησε
"I don't care if I will repent it," he replied
«Η ασθένειά σου είναι σοβαρή», προειδοποίησε η νεράιδα
"Your illness is serious," warned the Fairy
«Δεν με νοιάζει αν η ασθένειά μου είναι σοβαρή»
"I don't care if my illness is serious"
«Ο πυρετός θα σε μεταφέρει στον άλλο κόσμο»
"The fever will carry you into the other world"
«Τότε ο πυρετός ας με μεταφέρει στον άλλο κόσμο»
"then let the fever carry me into the other world"
«Δεν φοβάσαι τον θάνατο;»
"Are you not afraid of death?"
«Δεν φοβάμαι καθόλου τον θάνατο!»
"I am not in the least afraid of death!"

«Θα προτιμούσα να πεθάνω παρά να πιω πικρό φάρμακο»
"I would rather die than drink bitter medicine"
Εκείνη τη στιγμή η πόρτα του δωματίου πέταξε ανοιχτή
At that moment the door of the room flew open
Τέσσερα κουνέλια μαύρα σαν μελάνι μπήκαν στο δωμάτιο
four rabbits as black as ink entered the room
Στους ώμους τους κουβαλούσαν μια μικρή μπίρα
on their shoulders they carried a little bier

«Τι θέλεις μαζί μου;» φώναξε ο Πινόκιο
"What do you want with me?" cried Pinocchio
Και κάθισε στο κρεβάτι με μεγάλο τρόμο
and he sat up in bed in a great fright
«Ήρθαμε να σε πάρουμε», είπε ο μεγαλύτερος λαγός
"We have come to take you," said the biggest rabbit
"Δεν μπορείς να με πάρεις ακόμα. Δεν είμαι νεκρός»
"you cannot take me yet; I am not dead"
«Πού σκοπεύεις να με πας;»

"where are you planning to take me to?"
«Όχι, δεν είσαι ακόμα νεκρός», επιβεβαίωσε το κουνέλι
"No, you are not dead yet," confirmed the rabbit
«Αλλά σου μένουν μόνο λίγα λεπτά ζωής»
"but you have only a few minutes left to live"
«Επειδή αρνήθηκες το πικρό φάρμακο»
"because you refused the bitter medicine"
«Το πικρό φάρμακο θα θεράπευε τον πυρετό σου»
"the bitter medicine would have cured your fever"
«Ω, νεράιδα, νεράιδα!» άρχισε να ουρλιάζει η μαριονέτα
"Oh, Fairy, Fairy!" the puppet began to scream
«Δώσε μου αμέσως το ποτήρι», ικέτευσε
"give me the tumbler at once," he begged
"Να είσαι γρήγορος, για χάρη του οίκτου, δεν θέλω να πεθάνω"
"be quick, for pity's sake, I do not want die"
«Όχι, δεν θα πεθάνω σήμερα»
"no, I will not die today"
Ο Πινόκιο πήρε το ποτήρι και με τα δύο χέρια
Pinocchio took the tumbler with both hands

Και άδειασε το νερό μια μεγάλη γουλιά
and he emptied the water one one big gulp
«Πρέπει να έχουμε υπομονή!» είπαν τα κουνέλια
"We must have patience!" said the rabbits
«Αυτή τη φορά κάναμε το ταξίδι μας μάταια»
"this time we have made our journey in vain"
Πήραν ξανά τη μικρή μπίρα στους ώμους τους
they took the little bier on their shoulders again
Και έφυγαν από το δωμάτιο πίσω εκεί από όπου ήρθαν
and they left the room back to where they came from
Και γκρίνιαζαν και μουρμούριζαν ανάμεσα στα δόντια τους
and they grumbled and murmured between their teeth
Η ανάρρωση του Πινόκιο δεν άργησε καθόλου
Pinocchio's recovery did not take long at all
Λίγα λεπτά αργότερα πήδηξε κάτω από το κρεβάτι
a few minutes later he jumped down from the bed
Οι ξύλινες μαριονέτες έχουν ένα ιδιαίτερο προνόμιο
wooden puppets have a special privilege
Σπάνια αρρωσταίνουν σοβαρά όπως εμείς
they seldom get seriously ill like us
και είναι τυχεροί που θεραπεύονται πολύ γρήγορα
and they are lucky to be cured very quickly
«Σου έκανε καλό το φάρμακό μου;» ρώτησε η νεράιδα
"has my medicine done you good?" asked the fairy
«Το φάρμακό σου μου έκανε κάτι παραπάνω από καλό»
"your medicine has done me more than good"
«Το φάρμακό σου μου έσωσε τη ζωή»
"your medicine has saved my life"
«Γιατί δεν πήρες το φάρμακό σου νωρίτερα;»
"why didn't you take your medicine sooner?"
«Λοιπόν, νεράιδα, εμείς τα αγόρια είμαστε όλοι έτσι!»
"Well, Fairy, we boys are all like that!"
«Φοβόμαστε περισσότερο την ιατρική παρά την ασθένεια»
"We are more afraid of medicine than of the illness"
«Ντροπή!» φώναξε η νεράιδα αγανακτισμένη

"Disgraceful!" cried the fairy in indignation
«Τα αγόρια οφείλουν να γνωρίζουν τη δύναμη της ιατρικής»
"Boys ought to know the power of medicine"
«Μια καλή θεραπεία μπορεί να τους σώσει από μια σοβαρή ασθένεια»
"a good remedy may save them from a serious illness"
«Και ίσως σε σώζει ακόμη και από το θάνατο»
"and perhaps it even saves you from death"
«Την επόμενη φορά δεν θα χρειαστώ τόση πειθώ»
"next time I shall not require so much persuasion"
«Θα θυμάμαι εκείνα τα μαύρα κουνέλια»
"I shall remember those black rabbits"
«και θα θυμάμαι τη μπίρα στους ώμους τους»
"and I shall remember the bier on their shoulders"
"και τότε θα πάρω αμέσως το ποτήρι"
"and then I shall immediately take the tumbler"
"και θα πιω όλο το φάρμακο με μία κίνηση!"
"and I will drink all the medicine in one go!"
Η νεράιδα χάρηκε με τα λόγια του Πινόκιο
The Fairy was happy with Pinocchio's words
«Τώρα, έλα εδώ σε μένα και κάθισε στην αγκαλιά μου»
"Now, come here to me and sit on my lap"
«Και πες μου τα πάντα για τους δολοφόνους»
"and tell me all about the assassins"
«Πώς κατέληξες να κρέμεσαι από τη μεγάλη βελανιδιά;»
"how did you end up hanging from the big Oak tree?"
Και ο Πινόκιο διέταξε όλα τα γεγονότα που συνέβησαν
And Pinocchio ordered all the events that happened
«Βλέπετε, υπήρχε ένας αρχηγός. Πυροφάγος"
"You see, there was a ringmaster; Fire-eater"
«Ο πυροφάγος μου έδωσε μερικά χρυσά κομμάτια»
"Fire-eater gave me some gold pieces"
«Μου είπε να πάρω το χρυσάφι στον πατέρα μου»
"he told me to take the gold to my father"
"αλλά δεν πήρα το χρυσό κατευθείαν στον πατέρα μου"

"but I didn't take the gold straight to my father"
«Στο δρόμο για το σπίτι συνάντησα μια αλεπού και μια γάτα»
"on the way home I met a Fox and a Cat"
«Μου έκαναν μια προσφορά που δεν μπορούσα να αρνηθώ»
"they made me an offer I couldn't refuse"
"Θα θέλατε αυτά τα κομμάτια χρυσού να πολλαπλασιαστούν;"
'Would you like those pieces of gold to multiply?'
«'Ελάτε μαζί μας και', είπαν»
"'Come with us and,' they said"
«Θα σας πάμε στο Πεδίο των Θαυμάτων»
'we will take you to the Field of Miracles'
«και είπα: "Πάμε στο Πεδίο των Θαυμάτων"»
"and I said, 'Let's go to the Field of Miracles'"
«Και είπαν: "Ας σταματήσουμε σε αυτό το πανδοχείο"»
"And they said, 'Let us stop at this inn'"
"και σταματήσαμε στο Red Craw-Fish μέσα"
"and we stopped at the Red Craw-Fish in"
«Όλοι μας κοιμηθήκαμε μετά το φαγητό μας»
"all of us went to sleep after our food"
«όταν ξύπνησα δεν ήταν πια εκεί»
"when I awoke they were no longer there"
«Γιατί έπρεπε να φύγουν πριν από μένα»
"because they had to leave before me"
«Τότε άρχισα να ταξιδεύω τη νύχτα»
"Then I began to travel by night"
«Δεν μπορείτε να φανταστείτε πόσο σκοτεινά ήταν»
"you cannot imagine how dark it was"
«Τότε γνώρισα τους δύο δολοφόνους»
"that's when I met the two assassins"
«Και φορούσαν σακιά με κάρβουνα»
"and they were wearing charcoal sacks"
«Μου είπαν: "Έξω τα λεφτά σου"»
"they said to me: 'Out with your money'"
«Και τους είπα: "Δεν έχω χρήματα"»

"and I said to them, 'I have no money'"
«γιατί είχα κρύψει τα τέσσερα χρυσά κομμάτια»
"because I had hidden the four gold pieces"
«Είχα βάλει τα λεφτά στο στόμα μου»
"I had put the money in my mouth"
«Ένας προσπάθησε να βάλει το χέρι του στο στόμα μου»
"one tried to put his hand in my mouth"
«και του δάγκωσα το χέρι και το έφτυσα»
"and I bit his hand off and spat it out"
"Αλλά αντί για ένα χέρι ήταν το πόδι μιας γάτας"
"but instead of a hand it was a cat's paw"
«Και τότε οι δολοφόνοι έτρεξαν πίσω μου»
"and then the assassins ran after me"
«και έτρεξα και έτρεξα όσο πιο γρήγορα μπορούσα»
"and I ran and ran as fast as I could"
"Αλλά στο τέλος με έπιασαν ούτως ή άλλως"
"but in the end they caught me anyway"
«Και μου έδεσαν μια θηλιά γύρω από το λαιμό»
"and they tied a noose around my neck"
«και με κρέμασαν από τη Μεγάλη Βελανιδιά»
"and they hung me from the Big Oak tree"
«Περίμεναν να σταματήσω να κινούμαι»
"they waited for me to stop moving"
"αλλά ποτέ δεν σταμάτησα να κινούμαι καθόλου"
"but I never stopped moving at all"
«Και μετά με κάλεσαν»
"and then they called up to me"
«Αύριο θα επιστρέψουμε εδώ»
'Tomorrow we shall return here'
«Τότε θα είσαι νεκρός με το στόμα ανοιχτό»
'then you will be dead with your mouth open'
«Και θα έχουμε το χρυσάφι κάτω από τη γλώσσα σου»
'and we will have the gold under your tongue'
η νεράιδα ενδιαφέρθηκε για την ιστορία
the Fairy was interested in the story
«Και πού έβαλες τώρα τα κομμάτια χρυσού;»
"And where have you put the pieces of gold now?"

«Τους έχασα!» είπε ο Πινόκιο, ανέντιμα
"I have lost them!" said Pinocchio, dishonestly
Είχε τα κομμάτια χρυσού στην τσέπη του
he had the pieces of gold in his pocket
όπως γνωρίζετε, ο Πινόκιο είχε ήδη μακρά μύτη
as you know Pinocchio already had a long nose
Αλλά το ψέμα έκανε τη μύτη του να μεγαλώσει ακόμα περισσότερο
but lying made his nose grow even longer
και η μύτη του μεγάλωσε άλλα δύο εκατοστά
and his nose grew another two inches
«Και πού έχασες το χρυσάφι;»
"And where did you lose the gold?"
«Το έχασα στο δάσος», είπε ξανά ψέματα
"I lost it in the woods," he lied again
Και η μύτη του μεγάλωσε επίσης στο δεύτερο ψέμα του
and his nose also grew at his second lie
«Μην ανησυχείτε για το χρυσό», είπε η νεράιδα
"worry not about the gold," said the fairy
«Θα πάμε στο δάσος και θα βρούμε το χρυσάφι σου»
"we will go to the woods and find your gold"
"Ο, τι χάνεται σε αυτά τα δάση βρίσκεται πάντα"
"all that is lost in those woods is always found"
Ο Πινόκιο μπερδεύτηκε αρκετά με την κατάστασή του
Pinocchio got quite confused about his situation
«Αχ! τώρα τα θυμάμαι όλα», απάντησε
"Ah! now I remember all about it," he replied
«Δεν έχασα καθόλου τα τέσσερα χρυσά κομμάτια»
"I didn't lose the four gold pieces at all"
«Μόλις κατάπια το φάρμακό σου, έτσι δεν είναι;»
"I just swallowed your medicine, didn't I?"
«Κατάπια τα νομίσματα με το φάρμακο»
"I swallowed the coins with the medicine"
Σε αυτό το τολμηρό ψέμα η μύτη του μεγάλωσε ακόμα περισσότερο
at this daring lie his nose grew even longer
τώρα ο Πινόκιο δεν μπορούσε να κινηθεί προς καμία

κατεύθυνση
now Pinocchio could not move in any direction
Προσπάθησε να γυρίσει στην αριστερή του πλευρά
he tried to turn to his left side
Αλλά η μύτη του χτύπησε το κρεβάτι και τα τζάμια των παραθύρων
but his nose struck the bed and window-panes
Προσπάθησε να γυρίσει προς τη δεξιά πλευρά
he tried to turn to the right side
Αλλά τώρα η μύτη του χτύπησε στους τοίχους
but now his nose struck against the walls
Και δεν μπορούσε να σηκώσει ούτε το κεφάλι του
and he could not raise his head either
επειδή η μύτη του ήταν μακριά και μυτερή
because his nose was long and pointy
και η μύτη του θα μπορούσε να σπρώξει τη Νεράιδα στο μάτι
and his nose could have poke the Fairy in the eye
η νεράιδα τον κοίταξε και γέλασε
the Fairy looked at him and laughed
Ο Πινόκιο ήταν πολύ μπερδεμένος με την κατάστασή του
Pinocchio was very confused about his situation
Δεν ήξερε γιατί είχε μεγαλώσει η μύτη του
he did not know why his nose had grown
«Με τι γελάς;» ρώτησε η μαριονέτα
"What are you laughing at?" asked the puppet
«Γελάω με τα ψέματα που μου είπες»
"I am laughing at the lies you've told me"
«Πώς μπορείς να ξέρεις ότι έχω πει ψέματα;»
"how can you know that I have told lies?"
«Τα ψέματα, αγαπητό μου αγόρι, ανακαλύπτονται αμέσως»
"Lies, my dear boy, are found out immediately"
«Σε αυτόν τον κόσμο υπάρχουν δύο είδη ψεμάτων»
"in this world there are two sorts of lies"
«Υπάρχουν ψέματα που έχουν κοντά πόδια»

"There are lies that have short legs"
"Και υπάρχουν ψέματα που έχουν μακριά μύτη"
"and there are lies that have long noses"
"Το ψέμα σας είναι ένα από αυτά που έχουν μακριά μύτη"
"Your lie is one of those that has a long nose"
Ο Πινόκιο δεν ήξερε πού να κρυφτεί
Pinocchio did not know where to hide himself
Ντρεπόταν να ανακαλύψει τα ψέματά του
he was ashamed of his lies being discovered
Προσπάθησε να τρέξει έξω από το δωμάτιο
he tried to run out of the room
Αλλά δεν κατάφερε να δραπετεύσει
but he did not succeed at escaping
Η μύτη του είχε πάρει πολύ καιρό για να ξεφύγει
his nose had gotten too long to escape
Και δεν μπορούσε πλέον να περάσει από την πόρτα
and he could no longer pass through the door

Ο Πινόκιο συναντά ξανά την αλεπού και τη γάτα
Pinocchio Meets the Fox and the Cat Again

η Νεράιδα κατάλαβε τη σημασία του μαθήματος
the Fairy understood the importance of the lesson
Άφησε την μαριονέτα να κλάψει για μισή ώρα
she let the puppet to cry for a good half-hour
Η μύτη του δεν μπορούσε πλέον να περάσει από την πόρτα
his nose could no longer pass through the door
Το να λες ψέματα είναι το χειρότερο πράγμα που μπορεί να κάνει ένα αγόρι
telling lies is the worst thing a boy can do
Και ήθελε να μάθει από τα λάθη του
and she wanted him to learn from his mistakes
Αλλά δεν άντεχε να τον βλέπει να κλαίει
but she could not bear to see him weeping

Ένιωθε γεμάτη συμπόνια για την μαριονέτα
she felt full of compassion for the puppet
Έτσι χτύπησε ξανά τα χέρια της μαζί
so she clapped her hands together again
χίλιοι μεγάλοι δρυοκολάπτες πέταξαν από το παράθυρο
a thousand large Woodpeckers flew in from the window
Οι δρυοκολάπτες αμέσως σκαρφάλωσαν στη μύτη του Πινόκιο
The woodpeckers immediately perched on Pinocchio's nose
Και άρχισαν να σκύβουν τη μύτη του με μεγάλο ζήλο
and they began to peck at his nose with great zeal
Μπορείτε να φανταστείτε την ταχύτητα χιλίων δρυοκολάπτες
you can imagine the speed of a thousand woodpeckers
μέσα σε ελάχιστο χρόνο η μύτη του Πινόκιο ήταν φυσιολογική
within no time at all Pinocchio's nose was normal
Φυσικά θυμάστε ότι είχε πάντα μια μεγάλη μύτη
of course you remember he always had a big nose
«Τι καλή νεράιδα είσαι», είπε η μαριονέτα
"What a good Fairy you are," said the puppet
και ο Πινόκιο στέγνωσε τα δακρυσμένα μάτια του
and Pinocchio dried his tearful eyes
«και πόσο σ' αγαπώ!» πρόσθεσε
"and how much I love you!" he added
«Σ' αγαπώ κι εγώ», απάντησε η νεράιδα
"I love you also," answered the Fairy
«Αν μείνεις μαζί μου, θα είσαι ο μικρός μου αδελφός»
"if you remain with me you shall be my little brother"
«και θα είμαι η καλή σου μικρή αδερφή»
"and I will be your good little sister"
«Θα ήθελα να παραμείνω πάρα πολύ», είπε ο Πινόκιο
"I would like to remain very much," said Pinocchio
«μα πρέπει να επιστρέψω στον καημένο τον μπαμπά μου»
"but I have to go back to my poor papa"
«Έχω σκεφτεί τα πάντα», είπε η νεράιδα

"I have thought of everything," said the fairy
«Έχω ήδη ενημερώσει τον πατέρα σου»
"I have already let your father know"
«Και θα έρθει εδώ απόψε»
"and he will come here tonight"
«Αλήθεια;» φώναξε ο Πινόκιο, πηδώντας από χαρά
"Really?" shouted Pinocchio, jumping for joy
«Τότε, μικρή νεράιδα, έχω μια ευχή»
"Then, little Fairy, I have a wish"
«Θα ήθελα πάρα πολύ να πάω να τον συναντήσω»
"I would very much like to go and meet him"
«Θέλω να δώσω ένα φιλί σε αυτόν τον φτωχό γέρο»
"I want to give a kiss to that poor old man"
«Έχει υποφέρει τόσο πολύ για λογαριασμό μου»
"he has suffered so much on my account"
"Πήγαινε, αλλά πρόσεχε να μην χάσεις το δρόμο σου"
"Go, but be careful not to lose your way"
"Πάρτε το δρόμο που περνά μέσα από το δάσος"
"Take the road that goes through the woods"
«Είμαι σίγουρος ότι θα τον συναντήσετε εκεί»
"I am sure that you will meet him there"
Ο Πινόκιο ξεκίνησε να περάσει μέσα από το δάσος
Pinocchio set out to go through the woods
Μόλις βρέθηκε στο δάσος άρχισε να τρέχει σαν παιδί
once in the woods he began to run like a kid
Αλλά τότε είχε φτάσει σε ένα συγκεκριμένο σημείο στο δάσος
But then he had reached a certain spot in the woods
ήταν σχεδόν μπροστά από τη Μεγάλη Βελανιδιά
he was almost in front of the Big Oak tree
Νόμιζε ότι άκουγε ανθρώπους ανάμεσα στους θάμνους
he thought he heard people amongst the bushes
Μάλιστα, δύο άτομα βγήκαν στο δρόμο
In fact, two persons came out on to the road
Μπορείτε να μαντέψετε ποιοι ήταν;
Can you guess who they were?
Ήταν οι δύο συνταξιδιώτες του

they were his two travelling companions
μπροστά του ήταν η αλεπού και η γάτα
in front of him was the Fox and the Cat
τους συντρόφους του που τον είχαν πάει στο πανδοχείο
his companions who had taken him to the inn

«Γιατί, εδώ είναι ο αγαπητός μας Πινόκιο!» φώναξε η αλεπού
"Why, here is our dear Pinocchio!" cried the Fox
Και φίλησε και αγκάλιασε τον παλιό του φίλο
and he kissed and embraced his old friend
«Πώς ήρθες εδώ;» ρώτησε η αλεπού
"How came you to be here?" asked the fox
«Πώς γίνεται να είσαι εδώ;» επανέλαβε η γάτα
"How come you to be here?" repeated the Cat
«Είναι μεγάλη ιστορία», απάντησε η μαριονέτα
"It is a long story," answered the puppet
«Θα σου πω την ιστορία όταν έχω χρόνο»
"I will tell you the story when I have time"
«αλλά πρέπει να σου πω τι μου συνέβη»
"but I must tell you what happened to me"

«Ξέρεις ότι τις προάλλες συναντήθηκα με δολοφόνους;»
"do you know that the other night I met with assassins?"
«Δολοφόνοι! Ω, καημένε Πινόκιο!» ανησύχησε η αλεπού
"Assassins! Oh, poor Pinocchio!" worried the Fox
«Και τι ήθελαν;» ρώτησε
"And what did they want?" he asked
«Ήθελαν να μου κλέψουν τα χρυσά μου κομμάτια»
"They wanted to rob me of my gold pieces"
«Κακοποιοί!» είπε η αλεπού
"Villains!" said the Fox
«Διαβόητοι κακοποιοί!» επανέλαβε η γάτα
"Infamous villains!" repeated the Cat
«Αλλά έτρεξα μακριά τους», συνέχισε η μαριονέτα
"But I ran away from them," continued the puppet
«Έκαναν ό,τι μπορούσαν για να με πιάσουν»
"they did their best to catch me"
"Και μετά από μια μακρά καταδίωξη με έπιασαν"
"and after a long chase they did catch me"
«Με κρέμασαν από ένα κλαδί εκείνης της βελανιδιάς»
"they hung me from a branch of that oak tree"
Και ο Πινόκιο έδειξε τη Μεγάλη Βελανιδιά
And Pinocchio pointed to the Big Oak tree
η αλεπού ήταν συγκλονισμένη από αυτό που είχε ακούσει
the Fox was appalled by what he had heard
"Είναι δυνατόν να ακούσουμε κάτι πιο φοβερό;"
"Is it possible to hear of anything more dreadful?"
«Σε τι κόσμο είμαστε καταδικασμένοι να ζούμε!»
"In what a world we are condemned to live!"
«Πού μπορούν αξιοσέβαστοι άνθρωποι σαν εμάς να βρουν ένα ασφαλές καταφύγιο;»
"Where can respectable people like us find a safe refuge?"
Η συζήτηση συνεχίστηκε με αυτόν τον τρόπο για κάποιο χρονικό διάστημα
the conversation went on this way for some time
σε αυτό το διάστημα ο Πινόκιο παρατήρησε κάτι για τη γάτα

in this time Pinocchio observed something about the Cat
η γάτα ήταν κουτσός από το μπροστινό δεξί της πόδι
the Cat was lame of her front right leg
Στην πραγματικότητα, είχε χάσει το πόδι της και όλα τα νύχια του
in fact, she had lost her paw and all its claws
Ο Πινόκιο ήθελε να μάθει τι είχε συμβεί
Pinocchio wanted to know what had happened
«Τι έκανες με το πόδι σου;»
"What have you done with your paw?"
Η γάτα προσπάθησε να απαντήσει, αλλά μπερδεύτηκε
The Cat tried to answer, but became confused
η αλεπού πήδηξε μέσα για να εξηγήσει τι είχε συμβεί
the Fox jumped in to explain what had happened
«Πρέπει να ξέρεις ότι ο φίλος μου είναι πολύ μετριοπαθής»
"you must know that my friend is too modest"
«Η σεμνότητά της είναι ο λόγος που συνήθως δεν μιλάει»
"her modesty is why she doesn't usually speak"
«Άσε με λοιπόν να της πω την ιστορία»
"so let me tell the story for her"
«Πριν από μια ώρα συναντήσαμε έναν γέρικο λύκο στο δρόμο»
"an hour ago we met an old wolf on the road"
«Κόντεψε να λιποθυμήσει από έλλειψη φαγητού»
"he was almost fainting from want of food"
«Και ζήτησε ελεημοσύνη από εμάς»
"and he asked alms of us"
«Δεν είχαμε ούτε ένα ψαροκόκαλο να του δώσουμε»
"we had not so much as a fish-bone to give him"
«Μα τι έκανε ο φίλος μου;»
"but what did my friend do?"
"καλά, έχει πραγματικά την καρδιά ενός César"
"well, she really has the heart of a César"
"Έκοψε ένα από τα μπροστινά πόδια της"
"She bit off one of her fore paws"

"Και έριξε το πόδι της στο φτωχό θηρίο"
"and the threw her paw to the poor beast"
«για να κατευνάσει την πείνα του»
"so that he might appease his hunger"
Και η αλεπού δάκρυσε από την ιστορία του
And the Fox was brought to tears by his story
Ο Πινόκιο συγκινήθηκε επίσης από την ιστορία
Pinocchio was also touched by the story
πλησιάζοντας τη γάτα, ψιθύρισε στο αυτί της
approaching the Cat, he whispered into her ear
"Αν όλες οι γάτες έμοιαζαν με εσάς, πόσο τυχερά θα ήταν τα ποντίκια!"
"If all cats resembled you, how fortunate the mice would be!"
«Και τώρα, τι κάνεις εδώ;» ρώτησε η αλεπού
"And now, what are you doing here?" asked the Fox
«Περιμένω τον μπαμπά μου», απάντησε η μαριονέτα
"I am waiting for my papa," answered the puppet
«Περιμένω να φτάσει ανά πάσα στιγμή τώρα»
"I am expecting him to arrive at any moment now"
"Και τι γίνεται με τα κομμάτια χρυσού σας;"
"And what about your pieces of gold?"
«Τα έχω στην τσέπη μου», επιβεβαίωσε ο Πινόκιο
"I have got them in my pocket," confirmed Pinocchio
αν και έπρεπε να εξηγήσει ότι είχε ξοδέψει ένα νόμισμα
although he had to explain that he had spent one coin
Το κόστος του γεύματός τους είχε φτάσει σε ένα κομμάτι χρυσού
the cost of their meal had come to one piece of gold
Αλλά τους είπε να μην ανησυχούν γι' αυτό
but he told them not to worry about that
αλλά η αλεπού και η γάτα ανησυχούσαν γι' αυτό
but the Fox and the Cat did worry about it
«Γιατί δεν ακούτε τη συμβουλή μας;»
"Why do you not listen to our advice?"
«Μέχρι αύριο θα μπορούσατε να έχετε μία ή δύο χιλιάδες!»
"by tomorrow you could have one or two thousand!"

«Γιατί δεν τους θάβετε στο Πεδίο των Θαυμάτων;»
"Why don't you bury them in the Field of Miracles?"
«Σήμερα είναι αδύνατο», αντέτεινε ο Πινόκιο
"Today it is impossible," objected Pinocchio
"αλλά μην ανησυχείς, θα πάω μια άλλη μέρα"
"but don't worry, I will go another day"
«Μια άλλη μέρα θα είναι πολύ αργά!» είπε η αλεπού
"Another day it will be too late!" said the Fox
«Γιατί να είναι πολύ αργά;» ρώτησε ο Πινόκιο
"Why would it be too late?" asked Pinocchio
"Επειδή το χωράφι έχει αγοραστεί από έναν κύριο"
"Because the field has been bought by a gentleman"
«Μετά από αύριο κανείς δεν θα επιτρέπεται να θάβει χρήματα εκεί»
"after tomorrow no one will be allowed to bury money there"
«Πόσο μακριά είναι το Πεδίο των Θαυμάτων;»
"How far off is the Field of Miracles?"
"Είναι λιγότερο από δύο μίλια από εδώ"
"It is less than two miles from here"
«Θα έρθεις μαζί μας;» ρώτησε η αλεπού
"Will you come with us?" asked the Fox
«Σε μισή ώρα μπορούμε να είμαστε εκεί»
"In half an hour we can be there"
"Μπορείτε να θάψετε τα χρήματά σας αμέσως"
"You can bury your money straight away"
"Και σε λίγα λεπτά θα συλλέξετε δύο χιλιάδες νομίσματα"
"and in a few minutes you will collect two thousand coins"
«Και απόψε θα επιστρέψεις με τις τσέπες σου γεμάτες»
"and this evening you will return with your pockets full"
«Θα έρθεις μαζί μας;» ρώτησε ξανά η αλεπού
"Will you come with us?" the Fox asked again
Ο Πινόκιο σκέφτηκε την καλή νεράιδα
Pinocchio thought of the good Fairy
και ο Πινόκιο σκέφτηκε τον παλιό Τζεπέτο
and Pinocchio thought of old Geppetto
Και θυμήθηκε τις προειδοποιήσεις του μικρού γρύλου

που μιλούσε
and he remembered the warnings of the talking little cricket
Και δίστασε λίγο πριν απαντήσει
and he hesitated a little before answering
μέχρι τώρα ξέρετε τι είδους αγόρι είναι ο Πινόκιο
by now you know what kind of boy Pinocchio is
Ο Πινόκιο είναι ένα από εκείνα τα αγόρια χωρίς πολύ νόημα
Pinocchio is one of those boys without much sense
Τελείωσε κουνώντας λίγο το κεφάλι του
he ended by giving his head a little shake
και τότε είπε στην αλεπού και τη γάτα τα σχέδιά του
and then he told the Fox and the Cat his plans
«Άσε μας να φύγουμε: θα έρθω μαζί σου»
"Let us go: I will come with you"
Και πήγαν στο πεδίο των θαυμάτων
and they went to the field of miracles
Περπάτησαν για μισή μέρα και έφτασαν σε μια πόλη
they walked for half a day and reached a town
η πόλη ήταν η παγίδα για τους Τούβλος
the town was the Trap for Blockheads
Ο Πινόκιο παρατήρησε κάτι ενδιαφέρον για αυτή την πόλη
Pinocchio noticed something interesting about this town
Όπου κι αν κοίταζες υπήρχαν σκυλιά
everywhere where you looked there were dogs
Όλα τα σκυλιά χασμουριούνταν από την πείνα
all the dogs were yawning from hunger
Και είδε κουρεμένα πρόβατα να τρέμουν από το κρύο
and he saw shorn sheep trembling with cold
ακόμη και οι κωπηλάτες ζητιάνευαν ινδικό καλαμπόκι
even the cockerels were begging for Indian corn
Υπήρχαν μεγάλες πεταλούδες που δεν μπορούσαν πλέον να πετάξουν
there were large butterflies that could no longer fly
επειδή είχαν πουλήσει τα όμορφα χρωματιστά φτερά τους

because they had sold their beautiful coloured wings
Υπήρχαν παγώνια που ντρέπονταν να τα δουν
there were peacocks that were ashamed to be seen
επειδή είχαν πουλήσει τις όμορφες χρωματιστές ουρές τους
because they had sold their beautiful coloured tails
Και οι φασιανοί ξύνονταν με υποτονικό τρόπο
and pheasants went scratching about in a subdued fashion
Θρηνούσαν για τα χρυσά και ασημένια φτερά τους
they were mourning for their gold and silver feathers
Οι περισσότεροι ήταν ζητιάνοι και ντροπιασμένα πλάσματα
most were beggars and shamefaced creatures
Αλλά ανάμεσά τους πέρασε κάποια αρχοντική άμαξα
but among them some lordly carriage passed
οι άμαξες περιείχαν μια αλεπού ή μια κλεφτή
the carriages contained a Fox, or a thieving Magpie
ή η άμαξα καθόταν κάποιο άλλο αρπακτικό πουλί
or the carriage seated some other ravenous bird of prey
«Και πού είναι το Πεδίο των Θαυμάτων;» ρώτησε ο Πινόκιο
"And where is the Field of Miracles?" asked Pinocchio
«Είναι εδώ, όχι δύο βήματα μακριά μας»
"It is here, not two steps from us"
Διέσχισαν την πόλη και πέρασαν πάνω από ένα τείχος
They crossed the town and and went over a wall
Και μετά ήρθαν σε ένα μοναχικό χωράφι
and then they came to a solitary field
«Εδώ είμαστε», είπε η αλεπού στην μαριονέτα
"Here we are," said the Fox to the puppet
"Τώρα σκύψτε και σκάψτε με τα χέρια σας μια μικρή τρύπα"
"Now stoop down and dig with your hands a little hole"
"Και βάλε τα χρυσά σου κομμάτια στην τρύπα"
"and put your gold pieces into the hole"
Ο Πινόκιο υπάκουσε σε αυτό που του είχε πει η αλεπού
Pinocchio obeyed what the fox had told him

Έσκαψε μια τρύπα και έβαλε μέσα σε αυτήν τα τέσσερα χρυσά κομμάτια
He dug a hole and put into it the four gold pieces
Και τότε γέμισε την τρύπα με λίγη γη
and then he filled up the hole with a little earth
«Τώρα, λοιπόν», είπε η αλεπού, «πήγαινε σε εκείνο το κανάλι κοντά μας»
"Now, then," said the Fox, "go to that canal close to us"
"φέρτε έναν κουβά νερό από το κανάλι"
"fetch a bucket of water from the canal"
"Νερό το έδαφος όπου έχετε σπείρει το χρυσό"
"water the ground where you have sowed the gold"
Ο Πινόκιο πήγε στο κανάλι χωρίς κουβά
Pinocchio went to the canal without a bucket
Καθώς δεν είχε κουβά, έβγαλε ένα από τα παλιά του παπούτσια
as he had no bucket, he took off one of his old shoes
και γέμισε το παπούτσι του με νερό
and he filled his shoe with water
Και μετά πότισε το έδαφος πάνω από την τρύπα
and then he watered the ground over the hole
Στη συνέχεια ρώτησε: «Υπάρχει κάτι άλλο που πρέπει να γίνει;
He then asked, "Is there anything else to be done?
«Δεν χρειάζεται να κάνεις τίποτα άλλο», απάντησε η αλεπού
"you need not do anything else," answered the Fox
«Δεν υπάρχει λόγος να μείνουμε εδώ»
"there is no need for us to stay here"
"Μπορείτε να επιστρέψετε σε περίπου είκοσι λεπτά"
"you can return in about twenty minutes"
"Και τότε θα βρείτε έναν θάμνο στο έδαφος"
"and then you will find a shrub in the ground"
«Τα κλαδιά του δέντρου θα φορτωθούν με λεφτά»
"the tree's branches will be loaded with money"
Η φτωχή μαριονέτα ήταν δίπλα του με χαρά
The poor puppet was beside himself with joy

ευχαρίστησε την αλεπού και τη γάτα χίλιες φορές
he thanked the Fox and the Cat a thousand times
Και τους υποσχέθηκε πολλά όμορφα δώρα
and he promised them many beautiful presents
«Δεν ευχόμαστε δώρα», απάντησαν οι δύο κακοποιοί
"We wish for no presents," answered the two rascals
"Αρκεί να σας έχουμε διδάξει πώς να εμπλουτίσετε τον εαυτό σας"
"It is enough for us to have taught you how to enrich yourself"
«Δεν υπάρχει τίποτα χειρότερο από το να βλέπεις άλλους να κάνουν σκληρή δουλειά»
"there is nothing worse than seeing others do hard work"
"Και είμαστε τόσο χαρούμενοι όσο οι άνθρωποι που βγαίνουν για διακοπές"
"and we are as happy as people out for a holiday"
Λέγοντας αυτά, έφυγαν από τον Πινόκιο
Thus saying, they took leave of Pinocchio
Και του ευχήθηκαν καλή σοδειά
and they wished him a good harvest
Και μετά συνέχισαν την επιχείρησή τους
and then they went about their business

Ο Πινόκιο κλέβει τα χρήματά του
Pinocchio is Robbed of his Money

Η μαριονέτα επέστρεψε στην πόλη
The puppet returned to the town
Και άρχισε να μετράει τα λεπτά ένα προς ένα
and he began to count the minutes one by one
Και σύντομα σκέφτηκε ότι είχε μετρήσει αρκετά
and soon he thought he had counted long enough
Έτσι πήρε το δρόμο που οδηγούσε στο Πεδίο των Θαυμάτων
so he took the road leading to the Field of Miracles
Και περπάτησε μαζί με βιαστικά βήματα
And he walked along with hurried steps

και η καρδιά του χτυπούσε γρήγορα με μεγάλο ενθουσιασμό
and his heart beat fast with great excitement
σαν ρολόι σαλονιού που πηγαίνει πολύ καλά
like a drawing-room clock going very well
Εν τω μεταξύ σκεφτόταν:
Meanwhile he was thinking to himself:
"Κι αν δεν βρω χίλια χρυσά κομμάτια;"
"what if I don't find a thousand gold pieces?"
"Κι αν βρω δύο χιλιάδες χρυσά κομμάτια;"
"what if I find two thousand gold pieces instead?"
"Αλλά τι γίνεται αν δεν βρω δύο χιλιάδες χρυσά κομμάτια;"
"but what if I don't find two thousand gold pieces?"
«Κι αν βρω πέντε χιλιάδες χρυσά κομμάτια!»
"what if I find five thousand gold pieces!"
"Κι αν βρω εκατό χιλιάδες χρυσά κομμάτια;;"
"what if I find a hundred thousand gold pieces??"
«Ω! Τι ωραίος κύριος θα έπρεπε τότε να γίνω!»
"Oh! what a fine gentleman I should then become!"
"Θα μπορούσα να ζήσω σε ένα όμορφο παλάτι"
"I could live in a beautiful palace"
«και θα είχα χίλια μικρά ξύλινα άλογα»
"and I would have a thousand little wooden horses"
"ένα κελάρι γεμάτο κρασί σταφίδας και γλυκά σιρόπια"
"a cellar full of currant wine and sweet syrups"
"και μια βιβλιοθήκη γεμάτη καραμέλες και τάρτες"
"and a library quite full of candies and tarts"
"και θα είχα κέικ δαμάσκηνου και αμυγδαλωτά"
"and I would have plum-cakes and macaroons"
"και θα είχα μπισκότα με κρέμα"
"and I would have biscuits with cream"
Περπάτησε κατά μήκος της οικοδόμησης κάστρων στον ουρανό
he walked along building castles in the sky
Και έχτισε πολλά από αυτά τα κάστρα στον ουρανό
and he build many of these castles in the sky

Και τελικά έφτασε στην άκρη του χωραφιού
and eventually he arrived at the edge of the field
Και σταμάτησε να ψάξει για ένα δέντρο
and he stopped to look about for a tree
Υπήρχαν και άλλα δέντρα στο χωράφι
there were other trees in the field
Αλλά ήταν εκεί όταν είχε φύγει
but they had been there when he had left
Και δεν είδε κανένα δέντρο χρήματος σε όλο το χωράφι
and he saw no money tree in all the field
Περπάτησε κατά μήκος του χωραφιού άλλα εκατό βήματα
He walked along the field another hundred steps
Αλλά δεν μπορούσε να βρει το δέντρο που έψαχνε
but he couldn't find the tree he was looking for
Στη συνέχεια μπήκε στο πεδίο
he then entered into the field
Και ανέβηκε στη μικρή τρύπα
and he went up to the little hole
την τρύπα όπου είχε θάψει τα νομίσματά του
the hole where he had buried his coins
Και κοίταξε την τρύπα πολύ προσεκτικά
and he looked at the hole very carefully
Αλλά σίγουρα δεν υπήρχε δέντρο που να φυτρώνει εκεί
but there was definitely no tree growing there
Στη συνέχεια έγινε πολύ στοχαστικός
He then became very thoughtful
Και ξεχνά τους κανόνες της κοινωνίας
and he forget the rules of society
Και δεν τον ενδιέφεραν ούτε στιγμή οι καλοί τρόποι
and he didn't care for good manners for a moment
Έβγαλε τα χέρια του από την τσέπη του
he took his hands out of his pocket
Και έδωσε στο κεφάλι του μια μακριά γρατσουνιά
and he gave his head a long scratch
Εκείνη τη στιγμή άκουσε μια έκρηξη γέλιου
At that moment he heard an explosion of laughter

Κάποιος κοντά γελούσε ανόητα
someone close by was laughing himself silly
Κοίταξε ένα από τα κοντινά δέντρα
he looked up one of the nearby trees
είδε έναν μεγάλο παπαγάλο σκαρφαλωμένο σε ένα κλαδί
he saw a large Parrot perched on a branch
Ο παπαγάλος βούρτσισε τα λίγα φτερά που του είχαν απομείνει
the parrot brushed the few feathers he had left
Ο Πινόκιο ρώτησε τον παπαγάλο με θυμωμένη φωνή.
Pinocchio asked the parrot in an angry voice;
«Γιατί γελάς εδώ τόσο δυνατά;»
"Why are you here laughing so loud?"
«Γελάω γιατί βουρτσίζω τα φτερά μου»
"I am laughing because in brushing my feathers"
«Απλώς βούρτσιζα λίγο κάτω από τα φτερά μου»
"I was just brushing a little under my wings"
"και ενώ βούρτσιζα τα φτερά μου, γαργαλούσα τον εαυτό μου"
"and while brushing my feathers I tickled myself"
Η μαριονέτα δεν απάντησε στον παπαγάλο
The puppet did not answer the parrot
αλλά αντ' αυτού ο Πινόκιο πήγε στο κανάλι
but instead Pinocchio went to the canal
Γέμισε ξανά το παλιό του παπούτσι γεμάτο νερό
he filled his old shoe full of water again
Και προχώρησε να ποτίσει την τρύπα για άλλη μια φορά
and he proceeded to water the hole once more
Ενώ ήταν απασχολημένος με αυτό, άκουσε περισσότερα γέλια
While he was busy doing this he heard more laughter
Το γέλιο ήταν ακόμα πιο θρασύ από πριν
the laughter was even more impertinent than before
Χτύπησε στη σιωπή εκείνου του μοναχικού τόπου
it rang out in the silence of that solitary place

Ο Πινόκιο φώναξε ακόμα πιο θυμωμένος από πριν
Pinocchio shouted out even angrier than before
«Μια για πάντα, μπορώ να ξέρω με τι γελάς;»
"Once for all, may I know what you are laughing at?"
«Γελάω με τους απλοϊκούς», απάντησε ο παπαγάλος
"I am laughing at simpletons," answered the parrot
«Απλοϊκά που πιστεύουν σε ανόητα πράγματα
"simpletons who believe in foolish things
«Τα ανόητα πράγματα που τους λένε οι άνθρωποι»
"the foolish things that people tell them"
«Γελάω με εκείνους που αφήνουν τον εαυτό τους να ξεγελαστεί»
"I laugh at those who let themselves be fooled"
"ξεγελάστηκαν από εκείνους που είναι πιο πονηροί από αυτούς"
"fooled by those more cunning than they are"
«Μήπως μιλάς για μένα;»
"Are you perhaps speaking of me?"
«Ναι, μιλάω για σένα, καημένε Πινόκιο»
"Yes, I am speaking of you, poor Pinocchio"
«Πίστεψες ένα πολύ ανόητο πράγμα»
"you have believed a very foolish thing"
«Πιστεύατε ότι τα χρήματα μπορούν να καλλιεργηθούν στα χωράφια»
"you believed that money can be grown in fields"
«Νόμιζες ότι τα χρήματα μπορούν να καλλιεργηθούν σαν φασόλια»
"you thought money can be grown like beans"
«Το πίστεψα και μια φορά», παραδέχτηκε ο παπαγάλος
"I also believed it once," admitted the parrot
«και σήμερα υποφέρω που το πίστεψα»
"and today I am suffering for having believed it"
"αλλά έχω μάθει το μάθημά μου από αυτό το τέχνασμα"
"but I have learned my lesson from that trick"
«Έστρεψα τις προσπάθειές μου σε τίμια δουλειά»
"I turned my efforts to honest work"
"και έχω βάλει μερικές πένες μαζί"

"and I have put a few pennies together"
"Είναι απαραίτητο να ξέρετε πώς να κερδίσετε τις πένες σας"
"it is necessary to know how to earn your pennies"
"Πρέπει να τα κερδίσετε είτε με τα χέρια σας"
"you have to earn them either with your hands"
"Η πρέπει να τα κερδίσετε με το μυαλό σας"
"or you have to earn them with your brains"
«Δεν σε καταλαβαίνω», είπε η μαριονέτα
"I don't understand you," said the puppet
Και ήδη έτρεμε από φόβο
and he was already trembling with fear
«Κάνε υπομονή!» επανέλαβε ο παπαγάλος
"Have patience!" rejoined the parrot
«Θα εξηγήσω καλύτερα τον εαυτό μου, αν με αφήσεις»
"I will explain myself better, if you let me"
"Υπάρχει κάτι που πρέπει να γνωρίζετε"
"there is something that you must know"
«Κάτι συνέβη ενώ ήσουν στην πόλη»
"something happened while you were in the town"
«η αλεπού και η γάτα επέστρεψαν στο χωράφι»
"the Fox and the Cat returned to the field"
«Πήραν τα χρήματα που είχες θάψει»
"they took the money you had buried"
«Και μετά έφυγαν από τον τόπο του εγκλήματος»
"and then they fled from the scene of the crime"
«Και τώρα αυτός που θα τους πιάσει θα είναι έξυπνος»
"And now he that catches them will be clever"
Ο Πινόκιο έμεινε με το στόμα ανοιχτό
Pinocchio remained with his mouth open
και επέλεξε να μην πιστέψει τα λόγια του παπαγάλου
and he chose not to believe the Parrot's words
Άρχισε με τα χέρια του να σκάβει τη γη
he began with his hands to dig up the earth
Και έσκαψε βαθιά στο έδαφος
And he dug deep into the ground
Ένα ρικ άχυρο θα μπορούσε να σταθεί στην τρύπα

a rick of straw could have stood in the hole
Αλλά τα χρήματα δεν ήταν πλέον εκεί
but the money was no longer there
Έτρεξε πίσω στην πόλη σε κατάσταση απελπισίας
He rushed back to the town in a state of desperation
και πήγε αμέσως στα Δικαστήρια
and he went at once to the Courts of Justice
Και μίλησε απευθείας με τον δικαστή
and he spoke directly with the judge
Κατήγγειλε τους δύο μαχαιροβγάλτες που τον είχαν ληστέψει
he denounced the two knaves who had robbed him
Ο δικαστής ήταν ένας μεγάλος πίθηκος της φυλής των γορίλων
The judge was a big ape of the gorilla tribe
Ένας γέρος πίθηκος αξιοσέβαστος λόγω της λευκής γενειάδας του
an old ape respectable because of his white beard
Και ήταν αξιοσέβαστος για άλλους λόγους
and he was respectable for other reasons
γιατί είχε χρυσά γυαλιά στη μύτη του
because he had gold spectacles on his nose
Αν και, τα γυαλιά του ήταν χωρίς γυαλί
although, his spectacles were without glass
Αλλά ήταν πάντα υποχρεωμένος να τα φοράει
but he was always obliged to wear them
λόγω φλεγμονής των οφθαλμών
on account of an inflammation of the eyes

Ο Πινόκιο του είπε τα πάντα για το έγκλημα
Pinocchio told him all about the crime
το έγκλημα της οποίας υπήρξε θύμα
the crime of which he had been the victim of
Του έδωσε τα ονόματα και τα επώνυμα
He gave him the names and the surnames
Και έδωσε όλες τις λεπτομέρειες των κακοποιών
and he gave all the details of the rascals
Και τελείωσε απαιτώντας να αποδοθεί δικαιοσύνη
and he ended by demanding to have justice
Ο δικαστής άκουσε με μεγάλη καλοήθεια
The judge listened with great benignity
Έδειξε ζωηρό ενδιαφέρον για την ιστορία
he took a lively interest in the story
Συγκινήθηκε πολύ και συγκινήθηκε από αυτά που άκουσε
he was much touched and moved by what he heard
Τελικά η μαριονέτα δεν είχε τίποτα άλλο να πει
finally the puppet had nothing further to say
Και τότε ο γορίλας χτύπησε ένα κουδούνι

and then the gorilla rang a bell
Δύο μαστίφοι εμφανίστηκαν στην πόρτα
two mastiffs appeared at the door
Τα σκυλιά ήταν ντυμένα ως χωροφύλακες
the dogs were dressed as gendarmes
Στη συνέχεια, ο δικαστής έδειξε τον Πινόκιο
The judge then pointed to Pinocchio
«Αυτός ο φτωχός διάβολος έχει ληστευτεί»
"That poor devil has been robbed"
«Οι κακοποιοί του πήραν τέσσερα χρυσά κομμάτια»
"rascals took four gold pieces from him"
«Πάρτε τον αμέσως στη φυλακή», διέταξε
"take him away to prison immediately," he ordered
Η μαριονέτα απολιθώθηκε όταν το άκουσε αυτό
The puppet was petrified on hearing this
Δεν ήταν καθόλου η κρίση που περίμενε
it was not at all the judgement he had expected
Και προσπάθησε να διαμαρτυρηθεί στον δικαστή
and he tried to protest the judge
Αλλά οι χωροφύλακες σταμάτησαν το στόμα του
but the gendarmes stopped his mouth
Δεν ήθελαν να χάσουν χρόνο
they didn't want to lose any time
Και τον μετέφεραν στη φυλακή
and they carried him off to the prison
Και εκεί παρέμεινε για τέσσερις ολόκληρους μήνες
And there he remained for four long months
Και θα είχε παραμείνει εκεί ακόμα περισσότερο
and he would have remained there even longer
Αλλά και οι μαριονέτες έχουν μερικές φορές καλή τύχη
but puppets do sometimes have good fortune too
ένας νεαρός βασιλιάς κυβέρνησε την παγίδα για τους Τούβλος
a young King ruled over the Trap for Blockheads
Είχε κερδίσει μια υπέροχη νίκη στη μάχη
he had won a splendid victory in battle
Εξαιτίας αυτού διέταξε μεγάλες δημόσιες χαρές

because of this he ordered great public rejoicings
Υπήρχαν φωταγωγήσεις και πυροτεχνήματα
There were illuminations and fireworks
και υπήρχαν ιπποδρομίες και αγώνες **velocipede**
and there were horse and velocipede races
ο βασιλιάς ήταν τόσο χαρούμενος που απελευθέρωσε όλους τους αιχμαλώτους
the King was so happy he released all prisoners
Ο Πινόκιο ήταν πολύ χαρούμενος με αυτά τα νέα
Pinocchio was very happy at this news
«Αν απελευθερωθούν, τότε απελευθερώνομαι κι εγώ»
"if they are freed, then so am I"
Αλλά ο δεσμοφύλακας είχε άλλες εντολές
but the jailor had other orders
«Όχι, όχι εσύ», είπε ο δεσμοφύλακας
"No, not you," said the jailor
«Γιατί δεν ανήκεις στην τάξη των τυχερών»
"because you do not belong to the fortunate class"
«Ζητώ συγνώμη», απάντησε ο Πινόκιο
"I beg your pardon," replied Pinocchio
«Είμαι κι εγώ εγκληματίας», είπε με υπερηφάνεια
"I am also a criminal," he proudly said
ο δεσμοφύλακας κοίταξε ξανά τον Πινόκιο
the jailor looked at Pinocchio again
«Σε αυτή την περίπτωση έχεις απόλυτο δίκιο»
"In that case you are perfectly right"
και έβγαλε το καπέλο του
and he took off his hat
Και του υποκλίθηκε με σεβασμό
and he bowed to him respectfully
Και άνοιξε τις πόρτες της φυλακής
and he opened the prison doors
Και άφησε τη μικρή μαριονέτα να δραπετεύσει
and he let the little puppet escape

Ο Πινόκιο επιστρέφει στο σπίτι της νεράιδας
Pinocchio Goes back to the Fairy's House

Μπορείτε να φανταστείτε τη χαρά του Πινόκιο
You can imagine Pinocchio's joy
Τελικά αφέθηκε ελεύθερος μετά από τέσσερις μήνες
finally he was free after four months
Αλλά δεν σταμάτησε για να γιορτάσει
but he didn't stop in order to celebrate
Αντ 'αυτού, έφυγε αμέσως από την πόλη
instead, he immediately left the town
πήρε το δρόμο που οδηγούσε στο σπίτι της νεράιδας
he took the road that led to the Fairy's house
Υπήρξαν πολλές βροχές τις τελευταίες ημέρες
there had been a lot of rain in recent days
Έτσι ο δρόμος είχε γίνει βαλτώδης και ελώδης
so the road had become a went boggy and marsh
και ο Πινόκιο βυθίστηκε γονατιστός βαθιά στη λάσπη
and Pinocchio sank knee deep into the mud

Αλλά η μαριονέτα δεν έπρεπε να τα παρατήσει
But the puppet was not one to give up
Βασανίστηκε από την επιθυμία να δει τον πατέρα του
he was tormented by the desire to see his father
Και ήθελε να ξαναδεί και τη μικρή του αδερφή
and he wanted to see his little sister again too
Και έτρεξε μέσα από το έλος σαν λαγωνικό
and he ran through the marsh like a greyhound
Και καθώς έτρεχε τον πιτσίλισαν με λάσπη
and as he ran he was splashed with mud
Και ήταν καλυμμένος από το κεφάλι μέχρι τα πόδια
and he was covered from head to foot
Και είπε στον εαυτό του καθώς προχωρούσε:
And he said to himself as he went along:
«Πόσες ατυχίες μου έχουν συμβεί»
"How many misfortunes have happened to me"
«Αλλά μου άξιζαν αυτές οι δυστυχίες»
"But I deserved these misfortunes"
«γιατί είμαι μια πεισματάρης, παθιασμένη μαριονέτα»
"because I am an obstinate, passionate puppet"
"Είμαι πάντα αποφασισμένος να έχω το δικό μου τρόπο"
"I am always bent upon having my own way"
«και δεν ακούω αυτούς που μου εύχονται τα καλύτερα»
"and I don't listen to those who wish me well"
«Έχουν χίλιες φορές περισσότερη λογική από μένα!»
"they have a thousand times more sense than I!"
«Αλλά από τώρα είμαι αποφασισμένος να αλλάξω»
"But from now I am determined to change"
«Θα γίνω τακτικός και υπάκουος»
"I will become orderly and obedient"
«γιατί είδα τι συνέβη»
"because I have seen what happened"
«Τα ανυπάκουα αγόρια δεν έχουν εύκολη ζωή»
"disobedient boys do not have an easy life"
«Δεν έρχονται σε κανένα καλό και δεν κερδίζουν τίποτα»
"they come to no good and gain nothing"

«Και με περίμενε ο μπαμπάς μου;»
"And has my papa waited for me?"
«Να τον βρω στο σπίτι της νεράιδας;»
"Shall I find him at the Fairy's house?"
«Έχει περάσει τόσος καιρός από την τελευταία φορά που τον είδα»
"it has been so long since I last saw him"
«Πεθαίνω να τον αγκαλιάσω ξανά»
"I am dying to embrace him again"
«Ανυπομονώ να τον καλύψω με φιλιά!»
"I can't wait to cover him with kisses!"
«Και θα μου συγχωρήσει η νεράιδα την κακή μου διαγωγή;»
"And will the Fairy forgive me my bad conduct?"
«Να σκέφτομαι όλη την καλοσύνη που έλαβα από εκείνη»
"To think of all the kindness I received from her"
«Ω, πόσο στοργικά νοιαζόταν για μένα»
"oh how lovingly did she care for me"
«Το ότι είμαι τώρα ζωντανός της το χρωστάω!»
"that I am now alive I owe to her!"
"Θα μπορούσατε να βρείτε ένα πιο αχάριστο αγόρι"
"could you find a more ungrateful boy"
«Υπάρχει αγόρι με λιγότερη καρδιά από εμένα;»
"is there a boy with less heart than I have?"
Ενώ το έλεγε αυτό, σταμάτησε ξαφνικά
Whilst he was saying this he stopped suddenly
Φοβήθηκε μέχρι θανάτου
he was frightened to death
και έκανε τέσσερα βήματα προς τα πίσω
and he made four steps backwards
Τι είχε δει ο Πινόκιο;
What had Pinocchio seen?
Είχε δει ένα τεράστιο φίδι
He had seen an immense Serpent
Το φίδι ήταν τεντωμένο απέναντι από το δρόμο
the snake was stretched across the road

Το δέρμα του φιδιού είχε πράσινο χρώμα χόρτου
the snake's skin was a grass green colour
και είχε κόκκινα μάτια στο κεφάλι του
and it had red eyes in its head
και είχε μια μακριά και μυτερή ουρά
and it had a long and pointed tail
και η ουρά κάπνιζε σαν καμινάδα
and the tail was smoking like a chimney

Θα ήταν αδύνατο να φανταστεί κανείς τον τρόμο της μαριονέτας
It would be impossible to imagine the puppet's terror
Απομακρύνθηκε σε ασφαλή απόσταση
He walked away to a safe distance
Και κάθισε πάνω σε ένα σωρό πέτρες
and he sat on a heap of stones

Εκεί περίμενε μέχρι να τελειώσει το φίδι
there he waited until the Serpent had finished
σύντομα η δουλειά του φιδιού πρέπει να γίνει
soon the Serpent's business should be done
Περίμενε μια ώρα. δύο ώρες. τρεις ώρες
He waited an hour; two hours; three hours
αλλά το φίδι ήταν πάντα εκεί
but the Serpent was always there
Ακόμη και από μακριά μπορούσε να δει τα φλογερά μάτια του
even from a distance he could see his fiery eyes
Και μπορούσε να δει τη στήλη καπνού
and he could see the column of smoke
ο καπνός που ανέβηκε από την άκρη της ουράς του
the smoke that ascended from the end of his tail
Επιτέλους ο Πινόκιο προσπάθησε να νιώσει θαρραλέος
At last Pinocchio tried to feel courageous
Και πλησίασε μέσα σε λίγα βήματα
and he approached to within a few steps
μίλησε στο φίδι με μια μικρή απαλή φωνή
he spoke to the Serpent in a little soft voice
«Με συγχωρείτε, Κύριε Φίδι», υπαινίχθηκε
"Excuse me, Sir Serpent," he insinuated
"Θα ήσουν τόσο καλός ώστε να κινηθείς λίγο;"
"would you be so good as to move a little?"
"Απλά ένα βήμα στο πλάι, αν μπορούσατε"
"just a step to the side, if you could"
Θα μπορούσε κάλλιστα να είχε μιλήσει στον τοίχο
He might as well have spoken to the wall
Άρχισε πάλι με την ίδια απαλή φωνή:
He began again in the same soft voice:
«Παρακαλώ να ξέρετε, Κύριε Φίδι, είμαι στο δρόμο για το σπίτι μου»
"please know, Sir Serpent, I am on my way home"
«Ο πατέρας μου με περιμένει»
"my father is waiting for me"
«Και έχει περάσει πολύς καιρός από τότε που τον είδα!»

"and it has been such a long time since I saw him!"
«Θα μου επιτρέψετε, λοιπόν, να συνεχίσω;»
"Will you, therefore, allow me to continue?"
Περίμενε ένα σημάδι ως απάντηση σε αυτό το αίτημα
He waited for a sign in answer to this request
Αλλά το φίδι δεν απάντησε
but the snake made no answer
Μέχρι εκείνη τη στιγμή το φίδι ήταν λαμπερό
up to that moment the serpent had been sprightly
Μέχρι τότε έσφυζε από ζωή
up until then it had been full of life
Αλλά τώρα έγινε ακίνητος και σχεδόν άκαμπτος
but now he became motionless and almost rigid
Έκλεισε τα μάτια του και η ουρά του σταμάτησε το κάπνισμα
He shut his eyes and his tail ceased smoking
«Μπορεί πραγματικά να είναι νεκρός;» είπε ο Πινόκιο
"Can he really be dead?" said Pinocchio
Και έτριβε τα χέρια του από χαρά
and he rubbed his hands with delight
Αποφάσισε να πηδήξει από πάνω του
He decided to jump over him
Και τότε μπορούσε να φτάσει στην άλλη πλευρά του δρόμου
and then he could reach the other side of the road
Ο Πινόκιο πήρε λίγο τρέξιμο
Pinocchio took a little run up
και πήγε να πηδήξει πάνω από το φίδι
and he went to jump over the snake
αλλά ξαφνικά το φίδι σηκώθηκε στο τέλος
but suddenly the Serpent raised himself on end
σαν ελατήριο που τίθεται σε κίνηση
like a spring set in motion
Και η μαριονέτα σταμάτησε πάνω στην ώρα
and the puppet stopped just in time
Σταμάτησε τα πόδια του από το άλμα
he stopped his feet from jumping

και έπεσε στο έδαφος
and he fell to the ground
Έπεσε μάλλον αδέξια στη λάσπη
he fell rather awkwardly into the mud
Το κεφάλι του κόλλησε στη λάσπη
his head got stuck in the mud
και τα πόδια του πήγαν στον αέρα
and his legs went into the air
το φίδι ξέσπασε σε σπασμούς γέλιου
the Serpent went into convulsions of laughter
Γέλασε μέχρι που έσπασε ένα αιμοφόρο αγγείο
it laughed until he broke a blood-vessel
Και το φίδι πέθανε από όλο το γέλιο του
and the snake died from all its laughter
Αυτή τη φορά το φίδι ήταν πραγματικά νεκρό
this time the snake really was dead
Στη συνέχεια, ο Πινόκιο ξεκίνησε να τρέχει ξανά
Pinocchio then set off running again
ήλπιζε να φτάσει στο σπίτι της νεράιδας πριν νυχτώσει
he hoped to reach the Fairy's house before dark
Αλλά σύντομα είχε και πάλι άλλα προβλήματα
but soon he had other problems again
Άρχισε να υποφέρει τόσο τρομερά από την πείνα
he began to suffer so dreadfully from hunger
Και δεν άντεχε άλλο την πείνα
and he could not bear the hunger any longer
Πήδηξε σε ένα χωράφι στην άκρη του δρόμου
he jumped into a field by the wayside
Ίσως υπήρχαν μερικά σταφύλια που θα μπορούσε να μαζέψει
perhaps there were some grapes he could pick
Μακάρι να μην το είχε κάνει ποτέ!
Oh, if only he had never done it!
Μόλις είχε φτάσει στα σταφύλια
He had scarcely reached the grapes
Και τότε ακούστηκε ένας ήχος "ρωγμών"
and then there was a "cracking" sound

Τα πόδια του είχαν πιαστεί ανάμεσα σε κάτι
his legs were caught between something
Είχε μπει σε δύο σιδερένιες ράβδους κοπής
he had stepped into two cutting iron bars
Ο καημένος ο Πινόκιο ζαλίστηκε από τον πόνο
poor Pinocchio became giddy with pain
αστέρια κάθε χρώματος χόρευαν μπροστά στα μάτια του
stars of every colour danced before his eyes
Η καημένη η μαριονέτα είχε πιαστεί σε μια παγίδα
The poor puppet had been caught in a trap
Είχε τοποθετηθεί εκεί για να συλλάβει τους Κουνάβια
it had been put there to capture polecats

Ο Πινόκιο γίνεται φύλακας
Pinocchio Becomes a Watch-Dog

Ο Πινόκιο άρχισε να κλαίει και να ουρλιάζει
Pinocchio began to cry and scream

Αλλά τα δάκρυα και οι στεναγμοί του ήταν άχρηστοι
but his tears and groans were useless
επειδή δεν υπήρχε σπίτι για να δει
because there was not a house to be seen
Ούτε η ζωντανή ψυχή πέρασε στο δρόμο
nor did living soul pass down the road
Επιτέλους είχε έρθει η νύχτα
At last the night had come on
Η παγίδα είχε κόψει το πόδι του
the trap had cut into his leg
Ο πόνος του έφερε το σημείο της λιποθυμίας
the pain brought him the point of fainting
Φοβόταν να μείνει μόνος
he was scared from being alone
Δεν του άρεσε το σκοτάδι
he didn't like the darkness
Ακριβώς εκείνη τη στιγμή είδε μια πυγολαμπίδα
Just at that moment he saw a Firefly
Φώναξε την πυγολαμπίδα και είπε:
He called to the firefly and said:
«Ω, μικρή Πυγολαμπίδα, θα με λυπηθείς;»
"Oh, little Firefly, will you have pity on me?"
«Σας παρακαλώ, ελευθερώστε με από αυτό το βασανιστήριο»
"please liberate me from this torture"
«Καημένο αγόρι!» είπε η Πυγολαμπίδα
"Poor boy!" said the Firefly
η Πυγολαμπίδα σταμάτησε και τον κοίταξε με συμπόνια
the Firefly stopped and looked at him with compassion
«Τα πόδια σου έχουν πιαστεί από αυτά τα κοφτερά σίδερα»
"your legs have been caught by those sharp irons"
«Πώς βρέθηκες σε αυτή την παγίδα;
"how did you get yourself into this trap?
«Ήρθα στο χωράφι να μαζέψω σταφύλια»
"I came into the field to pick grapes"

«Μα πού φύτεψες τα σταφύλια σου;»
"But where did you plant your grapes?"
«Όχι, δεν ήταν τα σταφύλια μου»
"No, they were not my grapes"
"Ποιος σας δίδαξε να μεταφέρετε την περιουσία άλλων ανθρώπων;"
"who taught you to carry off other people's property?"
«Ήμουν τόσο πεινασμένος», ψιθύρισε ο Πινόκιο
"I was so hungry," Pinocchio whimpered
«Η πείνα δεν είναι καλός λόγος»
"Hunger is not a good reason"
«Δεν μπορούμε να οικειοποιηθούμε αυτό που δεν μας ανήκει»
"we cannot appropriated what does not belong to us"
«Αυτό είναι αλήθεια, αυτό είναι αλήθεια!» είπε κλαίγοντας ο Πινόκιο
"That is true, that is true!" said Pinocchio, crying
«Δεν θα το ξανακάνω ποτέ», υποσχέθηκε
"I will never do it again," he promised
Εκείνη τη στιγμή η συνομιλία τους διακόπηκε
At this moment their conversation was interrupted
Ακούστηκε ένας ελαφρύς ήχος των βημάτων που πλησίαζαν
there was a slight sound of approaching footsteps
Ήταν ο ιδιοκτήτης του χωραφιού που ερχόταν στις μύτες των ποδιών
It was the owner of the field coming on tiptoe
Ήθελε να δει αν είχε πιάσει ένα κοντάρι
he wanted to see if he had caught a polecat
Ο γάτος που έτρωγε τις κότες του τη νύχτα
the polecat that ate his chickens in the night
Αλλά ήταν έκπληκτος από αυτό που ήταν στην παγίδα του
but he was surprised by what was in his trap
Αντί για κοντόγατο, ένα αγόρι είχε συλληφθεί
instead of a polecat, a boy had been captured
«Αχ, μικρό κλέφτη», είπε ο θυμωμένος χωρικός,

"Ah, little thief," said the angry peasant,
"Τότε είσαι εσύ που κουβαλάς τις κότες μου;"
"then it is you who carries off my chickens?"
"Όχι, δεν έχω μεταφέρει τις κότες σας"
"No, I have not been carrying off your chickens"
«Ηρθα στο χωράφι μόνο για να πάρω δύο σταφύλια!»
"I only came into the field to take two grapes!"
"Αυτός που κλέβει σταφύλια μπορεί εύκολα να κλέψει κοτόπουλο"
"He who steals grapes can easily steal chicken"
«Αφήστε το σε μένα να σας δώσω ένα μάθημα»
"Leave it to me to teach you a lesson"
"Και δεν θα ξεχάσετε αυτό το μάθημα βιαστικά"
"and you won't forget this lesson in a hurry"
Ανοίγοντας την παγίδα, άρπαξε την μαριονέτα από το κολάρο
Opening the trap, he seized the puppet by the collar
Και τον μετέφερε στο σπίτι του σαν νεαρό αρνί
and he carried him to his house like a young lamb
Έφτασαν στην αυλή μπροστά από το σπίτι
they reached the yard in front of the house
Και τον έριξε στο έδαφος
and he threw him roughly on the ground
Έβαλε το πόδι του στο λαιμό του και του είπε:
he put his foot on his neck and said to him:
«Είναι αργά και θέλω να πάω για ύπνο»
"It is late and I want to go to bed"
«Θα τακτοποιήσουμε τους λογαριασμούς μας αύριο»
"we will settle our accounts tomorrow"
«Ο σκύλος που φύλαγε τη νύχτα πέθανε σήμερα»
"the dog who kept guard at night died today"
«Θα ζήσεις στη θέση του από τώρα»
"you will live in his place from now"
«Θα είσαι ο φύλακας μου από τώρα»
"You shall be my watch-dog from now"
Πήρε ένα μεγάλο κολάρο σκύλου καλυμμένο με ορειχάλκινα πόμολα

he took a great dog collar covered with brass knobs
και έδεσε το κολάρο του σκύλου γύρω από το λαιμό του Πινόκιο
and he strapped the dog collar around Pinocchio's neck
Ήταν τόσο σφιχτό που δεν μπορούσε να βγάλει το κεφάλι του έξω
it was so tight that he could not pull his head out
Το κολάρο σκύλου ήταν προσαρτημένο σε μια βαριά αλυσίδα
the dog collar was attached to a heavy chain
και η βαριά αλυσίδα ήταν στερεωμένη στον τοίχο
and the heavy chain was fastened to the wall
"Αν βρέξει απόψε μπορείτε να πάτε στο ρείθρο"
"If it rains tonight you can go into the kennel"
«Ο καημένος ο σκύλος μου είχε ένα μικρό κρεβάτι από άχυρο εκεί μέσα»
"my poor dog had a little bed of straw in there"
"Θυμηθείτε να κρατάτε τα αυτιά σας τρυπημένα για ληστές"
"remember to keep your ears pricked for robbers"
"Και αν ακούσετε ληστές, τότε γαβγίστε δυνατά"
"and if you hear robbers, then bark loudly"
Ο Πινόκιο είχε λάβει τις παραγγελίες του για τη νύχτα
Pinocchio had received his orders for the night
Και ο καημένος τελικά πήγε για ύπνο
and the poor man finally went to bed

Ο καημένος ο Πινόκιο παρέμεινε ξαπλωμένος στο έδαφος
Poor Pinocchio remained lying on the ground
Ένιωθε πιο νεκρός από ό,τι ένιωθε ζωντανός
he felt more dead than he felt alive
Το κρύο, η πείνα και ο φόβος είχαν πάρει όλη του την ενέργεια
the cold, and hunger, and fear had taken all his energy
Από καιρό σε καιρό έβαζε τα χέρια του θυμωμένα στο κολάρο go
From time to time he put his hands angrily to the go collar
«Με εξυπηρετεί σωστά!» είπε στον εαυτό του
"It serves me right!" he said to himself
«Ήμουν αποφασισμένος να γίνω αλήτης»
"I was determined to be a vagabond"
«Ήθελα να ζήσω τη ζωή ενός καλού για το τίποτα»
"I wanted to live the life of a good-for-nothing"
«Συνήθιζα να ακούω κακούς συντρόφους»
"I used to listen to bad companions"
"και γι 'αυτό πάντα συναντώ ατυχίες"
"and that is why I always meet with misfortunes"
«Μακάρι να ήμουν ένα καλό μικρό αγόρι»
"if only I had been a good little boy"
«τότε δεν θα ήμουν στη μέση του χωραφιού»
"then I would not be in the midst of the field"

«Δεν θα ήμουν εδώ αν είχα μείνει σπίτι»
"I wouldn't be here if I had stayed at home"
«Δεν θα ήμουν φύλακας αν είχα μείνει με τον μπαμπά μου»
"I wouldn't be a watch-dog if I had stayed with my papa"
«Μακάρι να μπορούσα να αναγεννηθώ!»
"Oh, if only I could be born again!"
«Αλλά τώρα είναι πολύ αργά για να αλλάξει οτιδήποτε»
"But now it is too late to change anything"
"Το καλύτερο που έχετε να κάνετε τώρα είναι να έχετε υπομονή!"
"the best thing to do now is having patience!"
Ανακουφίστηκε από αυτό το μικρό ξέσπασμα
he was relieved by this little outburst
επειδή είχε βγει κατευθείαν από την καρδιά του
because it had come straight from his heart
Και πήγε στο κυνοτροφείο και αποκοιμήθηκε
and he went into the dog-kennel and fell asleep

Ο Πινόκιο ανακαλύπτει τους ληστές
Pinocchio Discovers the Robbers

Κοιμόταν βαριά για περίπου δύο ώρες
He had been sleeping heavily for about two hours
Τότε ξύπνησε από έναν παράξενο ψίθυρο
then he was aroused by a strange whispering
Οι παράξενες φωνές έρχονταν από την αυλή
the strange voices were coming from the courtyard
Έβγαλε την άκρη της μύτης του από το ρείθρο
he put the point of his nose out of the kennel
Και είδε τέσσερα μικρά θηρία με σκούρα γούνα
and he saw four little beasts with dark fur
Έμοιαζαν με γάτες που κάνουν ένα σχέδιο
they looked like cats making a plan
Αλλά δεν ήταν γάτες, ήταν κουνάβια
But they were not cats, they were polecats

Τι κουνάβια είναι σαρκοφάγα μικρά ζώα
what polecats are are carnivorous little animals
Είναι ιδιαίτερα άπληστοι για αυγά και νεαρά κοτόπουλα
they are especially greedy for eggs and young chickens
Ένας από τους κουνάβια ήρθε στο άνοιγμα του ρείθρου
One of the polecats came to the opening of the kennel
Μίλησε με χαμηλή φωνή, «Καλησπέρα, Μελάμπω»
he spoke in a low voice, "Good evening, Melampo"
«Το όνομά μου δεν είναι Μελάμπο», απάντησε η μαριονέτα
"My name is not Melampo," answered the puppet
«Ω! Τότε ποιος είσαι;» ρώτησε ο γάτος
"Oh! then who are you?" asked the polecat
«Είμαι ο Πινόκιο», απάντησε ο Πινόκιο
"I am Pinocchio," answered Pinocchio
«Και τι κάνεις εδώ;»
"And what are you doing here?"
«Ενεργώ ως φύλακας», επιβεβαίωσε ο Πινόκιο
"I am acting as watch-dog," confirmed Pinocchio
«Τότε πού είναι ο Μελάμπο;» αναρωτήθηκε ο γάτος
"Then where is Melampo?" wondered the polecat
"Πού είναι το γέρικο σκυλί που ζούσε σε αυτό το ρείθρο;"
"Where is the old dog who lived in this kennel?"
«Πέθανε σήμερα το πρωί», ενημέρωσε ο Πινόκιο
"He died this morning," Pinocchio informed
«Είναι νεκρός; Φτωχό θηρίο! Ήταν τόσο καλός»
"Is he dead? Poor beast! He was so good"
"αλλά θα έλεγα ότι ήσουν επίσης καλό σκυλί"
"but I would say that you were also a good dog"
«Μπορώ να το δω στο πρόσωπό σου»
"I can see it in your face"
«Ζητώ συγνώμη, δεν είμαι σκύλος»
"I beg your pardon, I am not a dog"
«Δεν είσαι σκύλος; Τότε τι είσαι;»
"Not a dog? Then what are you?"
«Είμαι μαριονέτα», διόρθωσε ο Πινόκιο

"I am a puppet," corrected Pinocchio
"Και ενεργείτε ως φύλακας;"
"And you are acting as watch-dog?"
«Τώρα καταλαβαίνεις την κατάσταση»
"now you understand the situation"
«Με έχουν κάνει να είμαι φύλακας ως τιμωρία»
"I have been made to be a watch dog as a punishment"
"Λοιπόν, τότε θα σας πούμε ποια είναι η συμφωνία"
"well, then we shall tell you what the deal is"
"την ίδια συμφωνία που είχαμε με τον αποθανόντα Μελάμπο"
"the same deal we had with the deceased Melampo"
«Είμαι βέβαιος ότι θα συμφωνήσετε με τη συμφωνία»
"I am sure you will be agree to the deal"
«Ποιοι είναι οι όροι αυτής της συμφωνίας;»
"What are the conditions of this deal?"
"Μια νύχτα την εβδομάδα θα επισκεπτόμαστε την πτηνοτροφία"
"one night a week we will visit the poultry-yard"
«Και θα μας επιτρέψετε να μεταφέρουμε οκτώ κοτόπουλα»
"and you will allow us to carry off eight chickens"
"Από αυτά τα κοτόπουλα επτά πρόκειται να καταναλωθούν από εμάς"
"Of these chickens seven are to be eaten by us"
"Και θα σας δώσουμε ένα κοτόπουλο"
"and we will give one chicken to you"
"Το τέλος της συμφωνίας σας είναι πολύ εύκολο"
"your end of the bargain is very easy"
«Το μόνο που έχεις να κάνεις είναι να προσποιηθείς ότι κοιμάσαι»
"all you have to do is pretend to be asleep"
"Και μην πάρετε ιδέες για το γάβγισμα"
"and don't get any ideas about barking"
"Δεν πρέπει να ξυπνήσετε τον αγρότη όταν έρθουμε"
"you are not to wake the peasant when we come"
«Ο Μελάμπο ενήργησε με αυτόν τον τρόπο;» ρώτησε ο

Πινόκιο
"Did Melampo act in this manner?" asked Pinocchio
«Αυτή είναι η συμφωνία που είχαμε με τον Μελάμπο»
"that is the deal we had with Melampo"
Και είχαμε πάντα τις καλύτερες σχέσεις μαζί του
"and we were always on the best terms with him
"Κοιμηθείτε ήσυχα και αφήστε μας να κάνουμε τη δουλειά μας"
"sleep quietly and let us do our business"
"Και το πρωί θα έχετε ένα όμορφο κοτόπουλο"
"and in the morning you will have a beautiful chicken"
"Θα είναι έτοιμο μαδημένο για το πρωινό σας αύριο"
"it will be ready plucked for your breakfast tomorrow"
«Έχουμε καταλάβει ο ένας τον άλλον καθαρά;»
"Have we understood each other clearly?"
«Πολύ καθαρά!» απάντησε ο Πινόκιο
"Only too clearly!" answered Pinocchio
Και κούνησε το κεφάλι του απειλητικά
and he shook his head threateningly
σαν να λέει: «Θα το ακούσετε αυτό σύντομα!»
as if to say: "You shall hear of this shortly!"
Οι Τέσσερις Κουνάβια νόμιζαν ότι είχαν μια συμφωνία
the four polecats thought that they had a deal
Έτσι συνέχισαν προς την αυλή των πουλερικών
so they continued to the poultry-yard
Πρώτα άνοιξαν την πύλη με τα δόντια τους
first they opened the gate with their teeth
Και μετά γλίστρησαν ένας-ένας
and then they slipped in one by one
Δεν είχαν μπει στο πραξικόπημα για πολύ καιρό
they hadn't been in the chicken-coup for long
Αλλά τότε άκουσαν την πύλη να κλείνει πίσω τους
but then they heard the gate shut behind them
Ήταν ο Πινόκιο που είχε κλείσει την πύλη
It was Pinocchio who had shut the gate
και ο Πινόκιο πήρε κάποια επιπλέον μέτρα ασφαλείας
and Pinocchio took some extra security measures

Έβαλε μια μεγάλη πέτρα στην πύλη
he put a large stone against the gate
Με αυτόν τον τρόπο οι Κουνάβια δεν μπορούσαν να βγουν ξανά
this way the polecats couldn't get out again
και τότε ο Πινόκιο άρχισε να γαβγίζει σαν σκύλος
and then Pinocchio began to bark like a dog
Και γάβγιζε ακριβώς όπως γαβγίζει ένας σκύλος φύλακας
and he barked exactly like a watch-dog barks
ο χωρικός άκουσε τον Πινόκιο να γαβγίζει
the peasant heard Pinocchio barking
Γρήγορα ξύπνησε και πήδηξε από το κρεβάτι
he quickly awoke and jumped out of bed
Με το όπλο του ήρθε στο παράθυρο
with his gun he came to the window
και από το παράθυρο φώναξε τον Πινόκιο
and from the window he called to Pinocchio
«Τι συμβαίνει;» ρώτησε τη μαριονέτα
"What is the matter?" he asked the puppet
«Υπάρχουν ληστές!» απάντησε ο Πινόκιο
"There are robbers!" answered Pinocchio
«Πού είναι;» ήθελε να μάθει
"Where are they?" he wanted to know
«Βρίσκονται στην αυλή των πουλερικών», επιβεβαίωσε ο Πινόκιο
"they are in the poultry-yard," confirmed Pinocchio
«Θα κατέβω κατευθείαν», είπε ο χωρικός
"I will come down directly," said the peasant
Και κατέβηκε με μεγάλη βιασύνη
and he came down in a great hurry
Θα χρειαζόταν λιγότερος χρόνος για να πούμε «Αμήν»
it would have taken less time to say "Amen"
Όρμησε στην αυλή των πουλερικών
He rushed into the poultry-yard
Και γρήγορα έπιασε όλους τους στύλους
and quickly he caught all the polecats

Και μετά έβαλε τα κοντάρια σε ένα σάκο
and then he put the polecats into a sack
Τους είπε με τόνο μεγάλης ικανοποίησης:
he said to them in a tone of great satisfaction:
«Επιτέλους έπεσες στα χέρια μου!»
"At last you have fallen into my hands!"
«Θα μπορούσα να σε τιμωρήσω, αν ήθελα»
"I could punish you, if I wanted to"
«Αλλά δεν είμαι τόσο σκληρός», τους παρηγόρησε
"but I am not so cruel," he comforted them
«Θα αρκεστώ σε άλλους τρόπους»
"I will content myself in other ways"
«Θα σε μεταφέρω το πρωί στον πανδοχέα»
"I will carry you in the morning to the innkeeper"
«Θα σε γδάρει και θα σε μαγειρέψει σαν λαγό»
"he will skin and cook you like hares"
"και θα σερβιριστείτε με μια γλυκιά σάλτσα"
"and you will be served with a sweet sauce"
«Είναι τιμή που δεν σου αξίζει»
"It is an honour that you don't deserve"
«Είσαι τυχερός που είμαι τόσο γενναιόδωρος μαζί σου»
"you're lucky I am so generous with you"
Στη συνέχεια πλησίασε τον Πινόκιο και τον χάιδεψε
He then approached Pinocchio and stroked him
«Πώς κατάφερες να ανακαλύψεις τους τέσσερις κλέφτες;»
"How did you manage to discover the four thieves?"
«Ο πιστός μου Μελάμπο δεν έμαθε ποτέ τίποτα!»
"my faithful Melampo never found out anything!"
Η μαριονέτα θα μπορούσε τότε να του πει όλη την ιστορία
The puppet could then have told him the whole story
Θα μπορούσε να του είχε πει για την ύπουλη συμφωνία
he could have told him about the treacherous deal
Αλλά θυμήθηκε ότι ο σκύλος ήταν νεκρός
but he remembered that the dog was dead
Και η μαριονέτα σκέφτηκε:

and the puppet thought to himself:
«Σε τι χρησιμεύει κατηγορώντας τους νεκρούς;»
"of what use it it accusing the dead?"
«Οι νεκροί δεν είναι πια μαζί μας»
"The dead are no longer with us"
«Είναι καλύτερο να αφήσουμε τους νεκρούς στην ησυχία τους!»
"it is best to leave the dead in peace!"
Ο αγρότης συνέχισε να κάνει περισσότερες ερωτήσεις
the peasant went on to ask more questions
«Κοιμόσουν όταν ήρθαν οι κλέφτες;»
"were you sleeping when the thieves came?"
«Κοιμόμουν», απάντησε ο Πινόκιο
"I was asleep," answered Pinocchio
"Αλλά οι κουνάβια με ξύπνησαν με τη φλυαρία τους"
"but the polecats woke me with their chatter"
"Ένας από τους Κουνάβια ήρθε στο ρείθρο"
"one of the polecats came to the kennel"
Προσπάθησε να κάνει μια τρομερή συμφωνία μαζί μου
he tried to make a terrible deal with me
"Υποσχεθείτε να μην γαβγίσετε και θα σας δώσουμε καλό κοτόπουλο"
"promise not to bark and we'll give you fine chicken"
"Ήμουν προσβεβλημένος από μια τέτοια ύπουλη προσφορά"
"I was offended by such an underhanded offer"
«Μπορώ να παραδεχτώ ότι είμαι μια άτακτη μαριονέτα»
"I can admit that I am a naughty puppet"
«αλλά υπάρχει ένα πράγμα για το οποίο δεν θα είμαι ποτέ ένοχος»
"but there is one thing I will never be guilty of"
«Δεν θα συμφιλιωθώ με ανέντιμους ανθρώπους!»
"I will not make terms with dishonest people!"
«και δεν θα μοιραστώ τα ανέντιμα κέρδη τους»
"and I will not share their dishonest gains"
«Καλά είπες, αγόρι μου!» φώναξε ο χωρικός

"Well said, my boy!" cried the peasant
και χτύπησε τον Πινόκιο στον ώμο
and he patted Pinocchio on the shoulder
«Τέτοια συναισθήματα σου κάνουν μεγάλη τιμή, αγόρι μου»
"Such sentiments do you great honour, my boy"
«Επιτρέψτε μου να σας δείξω απόδειξη της ευγνωμοσύνης μου προς εσάς»
"let me show you proof of my gratitude to you"
«Θα σε ελευθερώσω αμέσως»
"I will at once set you at liberty"
"και μπορείτε να επιστρέψετε στο σπίτι όπως θέλετε"
"and you may return home as you please"
Και αφαίρεσε το κολάρο σκύλου από τον Πινόκιο
And he removed the dog-collar from Pinocchio

Ο Πινόκιο πετάει στην παραλία
Pinocchio Flies to the Seashore

ένα κολάρο σκύλου είχε κρεμαστεί γύρω από το λαιμό του Πινόκιο
a dog-collar had hung around Pinocchio's neck
αλλά τώρα ο Πινόκιο είχε και πάλι την ελευθερία του
but now Pinocchio had his freedom again
Και δεν φορούσε πια το ταπεινωτικό κολάρο σκύλου
and he wore the humiliating dog-collar no more
Έτρεξε πέρα από τα χωράφια
he ran off across the fields
Και συνέχισε να τρέχει μέχρι να φτάσει στο δρόμο
and he kept running until he reached the road
ο δρόμος που οδηγούσε στο σπίτι της νεράιδας
the road that led to the Fairy's house
στο δάσος μπορούσε να δει τη μεγάλη βελανιδιά
in the woods he could see the Big Oak tree
η μεγάλη βελανιδιά στην οποία είχε κρεμαστεί
the Big Oak tree to which he had been hung

Ο Πινόκιο κοίταξε γύρω του προς κάθε κατεύθυνση
Pinocchio looked around in every direction
Αλλά δεν μπορούσε να δει το σπίτι της αδελφής του
but he couldn't see his sister's house
το σπίτι του όμορφου παιδιού με τα μπλε μαλλιά
the house of the beautiful Child with blue hair
Ο Πινόκιο καταλήφθηκε με ένα θλιβερό προαίσθημα
Pinocchio was seized with a sad presentiment
Άρχισε να τρέχει με όλη τη δύναμη που του είχε απομείνει
he began to run with all the strength he had left
Σε λίγα λεπτά έφτασε στο χωράφι
in a few minutes he reached the field
Ήταν εκεί που κάποτε βρισκόταν το σπιτάκι
he was where the little house had once stood
Αλλά ο μικρός λευκός οίκος δεν ήταν πια εκεί
But the little white house was no longer there
Αντί για το σπίτι είδε μια μαρμάρινη πέτρα
Instead of the house he saw a marble stone
Στην πέτρα ήταν χαραγμένα αυτά τα θλιβερά λόγια:
on the stone were engraved these sad words:
"Εδώ βρίσκεται το παιδί με τα μπλε μαλλιά"
"Here lies the child with the blue hair"
«εγκαταλείφθηκε από τον μικρό αδελφό της Πινόκιο»
"she was abandoned by her little brother Pinocchio"
«Και από τη θλίψη υπέκυψε στο θάνατο»
"and from the sorrow she succumbed to death"
Με δυσκολία είχε διαβάσει αυτόν τον επιτάφιο
with difficulty he had read this epitaph
Σε αφήνω να φανταστείς τα συναισθήματα της μαριονέτας
I leave you to imagine the puppet's feelings
Έπεσε με το πρόσωπο στο έδαφος
He fell with his face on the ground
Κάλυψε την ταφόπλακα με χίλια φιλιά
he covered the tombstone with a thousand kisses
Και ξέσπασε σε μια αγωνία δακρύων

and he burst into an agony of tears
Έκλαιγε για όλη εκείνη τη νύχτα
He cried for all of that night
Και όταν ήρθε το πρωί έκλαιγε ακόμα
and when morning came he was still crying
Έκλαψε αν και δεν του είχαν μείνει δάκρυα
he cried although he had no tears left
Οι θρήνοι του ήταν σπαρακτικοί
his lamentations were heart-breaking
Και οι λυγμοί του αντηχούσαν στους γύρω λόφους
and his sobs echoed in the surrounding hills
Και ενώ έκλαιγε είπε:
And while he was weeping he said:
«Ω, μικρή νεράιδα, γιατί πέθανες;»
"Oh, little Fairy, why did you die?"
«Γιατί δεν πέθανα εγώ αντί για σένα;»
"Why did I not die instead of you?"
«Εγώ που είμαι τόσο κακός, ενώ εσύ ήσουν τόσο καλός»
"I who am so wicked, whilst you were so good"
«Και ο μπαμπάς μου; Πού μπορεί να βρίσκεται;»
"And my papa? Where can he be?"
«Ω, μικρή νεράιδα, πες μου πού μπορώ να τον βρω»
"Oh, little Fairy, tell me where I can find him"
«γιατί θέλω να μείνω πάντα μαζί του»
"for I want to remain with him always"
«και δεν θέλω να τον αφήσω ποτέ ξανά!»
"and I never want to leave him ever again!"
«Πες μου ότι δεν είναι αλήθεια ότι είσαι νεκρός!»
"tell me that it is not true that you are dead!"
"Αν αγαπάς πραγματικά τον μικρό σου αδερφό, έλα ξανά στη ζωή"
"If you really love your little brother, come to life again"
«Δεν θλίβεσαι που με βλέπεις μόνο στον κόσμο;»
"Does it not grieve you to see me alone in the world?"
«Δεν λυπάσαι που με βλέπεις εγκαταλελειμμένο από όλους;»
"does it not sadden you to see me abandoned by everybody?"

«Αν έρθουν δολοφόνοι, θα με κρεμάσουν ξανά από το δέντρο»
"If assassins come they will hang me from the tree again"
«και αυτή τη φορά θα πέθαινα πράγματι»
"and this time I would die indeed"
"Τι μπορώ να κάνω εδώ μόνος στον κόσμο;"
"What can I do here alone in the world?"
«Έχασα εσένα και τον μπαμπά μου»
"I have lost you and my papa"
«Ποιος θα με αγαπήσει και θα μου δώσει φαγητό τώρα;»
"who will love me and give me food now?"
«Πού να κοιμηθώ τη νύχτα;»
"Where shall I go to sleep at night?"
"Ποιος θα μου φτιάξει ένα νέο σακάκι;"
"Who will make me a new jacket?"
«Ω, θα ήταν καλύτερα να πεθάνω κι εγώ!»
"Oh, it would be better for me to die also!"
«Το να μην ζεις θα ήταν εκατό φορές καλύτερο»
"not to live would be a hundred times better"
«Ναι, θέλω να πεθάνω», κατέληξε
"Yes, I want to die," he concluded
Και μέσα στην απελπισία του προσπάθησε να σκίσει τα μαλλιά του
And in his despair he tried to tear his hair
Αλλά τα μαλλιά του ήταν φτιαγμένα από ξύλο
but his hair was made of wood
έτσι δεν μπορούσε να έχει την ικανοποίηση
so he could not have the satisfaction
Ακριβώς τότε ένα μεγάλο περιστέρι πέταξε πάνω από το κεφάλι του
Just then a large Pigeon flew over his head
Το περιστέρι σταμάτησε με διασταλμένα φτερά
the pigeon stopped with distended wings
και το περιστέρι κάλεσε κάτω από ένα μεγάλο ύψος
and the pigeon called down from a great height
«Πες μου, παιδί μου, τι κάνεις εκεί;»

"Tell me, child, what are you doing there?"
«Δεν βλέπεις; Κλαίω!» είπε ο Πινόκιο
"Don't you see? I am crying!" said Pinocchio
Και σήκωσε το κεφάλι του προς τη φωνή
and he raised his head towards the voice
και έτριψε τα μάτια του με το σακάκι του
and he rubbed his eyes with his jacket
«Πες μου», συνέχισε το περιστέρι
"Tell me," continued the Pigeon
«Τυχαίνει να γνωρίζεις μια μαριονέτα που λέγεται Πινόκιο;»
"do you happen to know a puppet called Pinocchio?"
«Πινόκιο; Είπες Πινόκιο;» επανέλαβε η μαριονέτα
"Pinocchio? Did you say Pinocchio?" repeated the puppet
Και γρήγορα πήδηξε στα πόδια του
and he quickly jumped to his feet
«Είμαι ο Πινόκιο!» αναφώνησε με ελπίδα
"I am Pinocchio!" he exclaimed with hope
Σε αυτή την απάντηση το περιστέρι κατέβηκε γρήγορα
At this answer the Pigeon descended rapidly
Ήταν μεγαλύτερος από μια γαλοπούλα
He was larger than a turkey
«Ξέρεις κι εσύ τον Τζεπέτο;» ρώτησε
"Do you also know Geppetto?" he asked
«Τον ξέρω! Είναι ο καημένος ο μπαμπάς μου!»
"Do I know him! He is my poor papa!"
«Μήπως σου έχει μιλήσει για μένα;»
"Has he perhaps spoken to you of me?"
«Θα με πας κοντά του;»
"Will you take me to him?"
«Είναι ακόμα ζωντανός;»
"Is he still alive?"
«Απάντησέ μου, για όνομα του οίκτου»
"Answer me, for pity's sake"
«Είναι ακόμα ζωντανός;;»
"is he still alive??"
«Τον άφησα πριν από τρεις μέρες στην παραλία»

"I left him three days ago on the seashore"
«Τι έκανε;» Ο Πινόκιο έπρεπε να ξέρει
"What was he doing?" Pinocchio had to know
«Έφτιαχνε μια μικρή βάρκα για τον εαυτό του»
"He was building a little boat for himself"
«Θα διέσχιζε τον ωκεανό»
"he was going to cross the ocean"
«Αυτός ο καημένος γυρίζει όλο τον κόσμο»
"that poor man has been going all round the world"
«Σε έψαχνε»
"he has been looking for you"
«Αλλά δεν κατάφερε να σε βρει»
"but he had no success in finding you"
«Έτσι τώρα θα πάει στις μακρινές χώρες»
"so now he will go to the distant countries"
«Θα σε ψάξει στο Νέο Κόσμο»
"he will search for you in the New World"
"Πόσο μακριά είναι από εδώ μέχρι την ακτή;"
"How far is it from here to the shore?"
"Περισσότερα από εξακόσια μίλια"
"More than six hundred miles"
«Εξακόσια μίλια;» επανέλαβε ο Πινόκιο
"Six hundred miles?" echoed Pinocchio
«Ω, όμορφο περιστέρι», παρακάλεσε ο Πινόκιο
"Oh, beautiful Pigeon," pleaded Pinocchio
«Τι ωραίο πράγμα θα ήταν να έχεις τα φτερά σου!»
"what a fine thing it would be to have your wings!"
«Αν θέλεις να πας, θα σε μεταφέρω εκεί»
"If you wish to go, I will carry you there"
«Πώς μπόρεσες να με μεταφέρεις εκεί;»
"How could you carry me there?"
«Μπορώ να σε κουβαλήσω στην πλάτη μου»
"I can carry you on my back"
«Ζυγίζεις πολύ;»
"Do you weigh much?"
«Δεν ζυγίζω σχεδόν τίποτα»
"I weigh next to nothing"

«Είμαι ελαφρύς σαν φτερό»
"I am as light as a feather"
Ο Πινόκιο δεν δίστασε ούτε στιγμή
Pinocchio didn't hesitate for another moment
και πήδηξε αμέσως στην πλάτη του περιστεριού
and he jumped at once on the Pigeon's back
Έβαλε ένα πόδι σε κάθε πλευρά του περιστεριού
he put a leg on each side of the pigeon
Ακριβώς όπως κάνουν οι άνδρες όταν ιππεύουν
just like men do when they're riding horseback
και ο Πινόκιο αναφώνησε χαρούμενα:
and Pinocchio exclaimed joyfully:
«Καλπασμός, καλπασμός, το άλογό μου»
"Gallop, gallop, my little horse"
«γιατί ανυπομονώ να φτάσω γρήγορα!»
"because I am anxious to arrive quickly!"
Το περιστέρι πέταξε στον αέρα
The Pigeon took flight into the air
Και σε λίγα λεπτά σχεδόν άγγιξαν τα σύννεφα
and in a few minutes they almost touched the clouds

Τώρα η μαριονέτα ήταν σε τεράστιο ύψος
now the puppet was at an immense height
Και γινόταν όλο και πιο περίεργος
and he became more and more curious
Έτσι κοίταξε κάτω στο έδαφος
so he looked down to the ground
Αλλά το κεφάλι του γύρισε από ζάλη
but his head spun round in dizziness
Φοβόταν τόσο πολύ το ύψος
he became ever so frightened of the height
Και έπρεπε να σώσει τον εαυτό του από τον κίνδυνο της πτώσης
and he had to save himself from the danger of falling
και έτσι κρατήθηκε σφιχτά στο φτερωτό άλογο του
and so held tightly to his feathered steed
Πέταξαν στους ουρανούς όλη εκείνη την ημέρα
They flew through the skies all of that day
Προς το βράδυ το περιστέρι είπε:

Towards evening the Pigeon said:
«Είμαι πολύ διψασμένος από όλο αυτό το πέταγμα!»
"I am very thirsty from all this flying!"
«Και είμαι πολύ πεινασμένος!» συμφώνησε ο Πινόκιο
"And I am very hungry!" agreed Pinocchio
"Ας σταματήσουμε σε αυτόν τον περιστερώνα για λίγα λεπτά"
"Let us stop at that dovecote for a few minutes"
«Και τότε θα συνεχίσουμε το ταξίδι μας»
"and then we will continue our journey"
«Τότε μπορεί να φτάσουμε στην παραλία μέχρι αύριο το ξημέρωμα»
"then we may reach the seashore by dawn tomorrow"
Πήγαν σε έναν έρημο περιστερώνα
They went into a deserted dovecote
Εδώ δεν βρήκαν τίποτα άλλο παρά μια λεκάνη γεμάτη νερό
here they found nothing but a basin full of water
και βρήκαν ένα καλάθι γεμάτο βίκο
and they found a basket full of vetch
Η μαριονέτα δεν είχε καταφέρει ποτέ στη ζωή του να φάει βίκο
The puppet had never in his life been able to eat vetch
Σύμφωνα με τον ίδιο, τον έκανε να αρρωστήσει
according to him it made him sick
Εκείνο το βράδυ, όμως, έφαγε χορτάτος
That evening, however, he ate to repletion
Και κόντεψε να αδειάσει το καλάθι από αυτό
and he nearly emptied the basket of it
Και τότε γύρισε προς το περιστέρι και του είπε:
and then he turned to the Pigeon and said to him:
«Ποτέ δεν θα μπορούσα να πιστέψω ότι ο βίκος ήταν τόσο καλός!»
"I never could have believed that vetch was so good!"
«Να είσαι σίγουρος, αγόρι μου», απάντησε το περιστέρι
"Be assured, my boy," replied the Pigeon
"Όταν η πείνα είναι πραγματική, ακόμη και ο βίκος

γίνεται νόστιμος"
"when hunger is real even vetch becomes delicious"
«Η πείνα δεν γνωρίζει ούτε καπρίτσια ούτε απληστία»
"Hunger knows neither caprice nor greediness"
Οι δυο τους τελείωσαν γρήγορα το μικρό γεύμα τους
the two quickly finished their little meal
Και ξανάρχισαν το ταξίδι τους και πέταξαν μακριά
and they recommenced their journey and flew away
Το επόμενο πρωί έφτασαν στην ακτή
The following morning they reached the seashore
Το περιστέρι τοποθέτησε τον Πινόκιο στο έδαφος
The Pigeon placed Pinocchio on the ground
Το περιστέρι δεν ήθελε να ενοχληθεί με ευχαριστίες
the pigeon did not wish to be troubled with thanks
Ήταν πράγματι μια καλή ενέργεια που είχε κάνει
it was indeed a good action he had done
Αλλά το είχε κάνει με την καλοσύνη της καρδιάς του
but he had done it out the goodness of his heart
και ο Πινόκιο δεν είχε χρόνο για χάσιμο
and Pinocchio had no time to lose
Έτσι πέταξε γρήγορα μακριά και εξαφανίστηκε
so he flew quickly away and disappeared
Η ακτή ήταν γεμάτη κόσμο
The shore was crowded with people
Οι άνθρωποι κοιτούσαν προς τη θάλασσα
the people were looking out to sea
φωνάζουν και χειρονομούν σε κάτι
they shouting and gesticulating at something
«Τι έχει συμβεί;» ρώτησε ο Πινόκιο μια ηλικιωμένη γυναίκα
"What has happened?" asked Pinocchio of an old woman
«Υπάρχει ένας φτωχός πατέρας που έχει χάσει τον γιο του»
"there is a poor father who has lost his son"
«Βγήκε στη θάλασσα με μια μικρή βάρκα»
"he has gone out to sea in a little boat"
«Θα τον ψάξει στην άλλη πλευρά του νερού»

"he will search for him on the other side of the water"
"Και σήμερα η θάλασσα είναι πιο θυελλώδης"
"and today the sea is most tempestuous"
«Και το καράβι κινδυνεύει να βουλιάξει»
"and the little boat is in danger of sinking"
«Πού είναι η μικρή βάρκα;» ρώτησε ο Πινόκιο
"Where is the little boat?" asked Pinocchio
«Είναι εκεί έξω σε μια γραμμή με το δάχτυλό μου»
"It is out there in a line with my finger"
και έδειξε μια μικρή βάρκα
and she pointed to a little boat
Και η μικρή βάρκα έμοιαζε με ένα μικρό κέλυφος
and the little boat looked like a little nutshell
Ένα μικρό κέλυφος με έναν πολύ μικρό άνθρωπο σε αυτό
a little nutshell with a very little man in it
Ο Πινόκιο προσήλωσε τα μάτια του στο μικρό κέλυφος
Pinocchio fixed his eyes on the little nutshell
Αφού κοίταξε προσεκτικά, έδωσε μια διαπεραστική κραυγή:
after looking attentively he gave a piercing scream:
«Είναι ο μπαμπάς μου! Είναι ο μπαμπάς μου!»
"It is my papa! It is my papa!"
Η βάρκα, εν τω μεταξύ, χτυπιόταν από τη μανία των κυμάτων
The boat, meanwhile, was being beaten by the fury of the waves
Σε μια στιγμή εξαφανίστηκε στη γούρνα της θάλασσας
at one moment it disappeared in the trough of the sea
Και την επόμενη στιγμή η βάρκα βγήκε ξανά στην επιφάνεια
and in the next moment the boat came to the surface again
Ο Πινόκιο στεκόταν στην κορυφή ενός ψηλού βράχου
Pinocchio stood on the top of a high rock
Και συνέχισε να καλεί τον πατέρα του
and he kept calling to his father
Και του έκανε κάθε είδους σήμα

and he made every kind of signal to him
Κουνούσε τα χέρια του, το μαντήλι του και το καπέλο του
he waved his hands, his handkerchief, and his cap
Ο Πινόκιο ήταν πολύ μακριά του
Pinocchio was very far away from him
αλλά ο Τζεπέτο φάνηκε να αναγνωρίζει τον γιο του
but Geppetto appeared to recognize his son
Και έβγαλε επίσης το καπέλο του και το κούνησε
and he also took off his cap and waved it
Προσπάθησε με χειρονομίες να τον κάνει να καταλάβει
he tried by gestures to make him understand
«Θα επέστρεφα αν ήταν δυνατόν»
"I would have returned if it were possible"
"Αλλά η θάλασσα είναι πιο θυελλώδης"
"but the sea is most tempestuous"
«Και τα κουπιά μου δεν θα με ξαναπάνε στις ακτές»
"and my oars won't take me to the shores again"
Ξαφνικά ένα τεράστιο κύμα αναδύθηκε από τη θάλασσα
Suddenly a tremendous wave rose out of the sea
Και τότε το μικρό κέλυφος εξαφανίστηκε
and then the the little nutshell disappeared
Περίμεναν, ελπίζοντας ότι η βάρκα θα έβγαινε ξανά στην επιφάνεια
They waited, hoping the boat would come again to the surface
Αλλά η μικρή βάρκα δεν φαινόταν πια
but the little boat was seen no more
Ο ψαράς είχε συγκεντρωθεί στην ακτή
the fisherman had assembled at the shore
«Καημένε!» του είπαν και μουρμούρισαν μια προσευχή
"Poor man!" they said of him, and murmured a prayer
Και μετά γύρισαν να πάνε σπίτι
and then they turned to go home
Ακριβώς τότε άκουσαν μια απελπισμένη κραυγή
Just then they heard a desperate cry
Κοιτάζοντας πίσω, είδαν ένα μικρό αγόρι

looking back, they saw a little boy
«Θα σώσω τον μπαμπά μου», αναφώνησε το αγόρι
"I will save my papa," the boy exclaimed
και πήδηξε από ένα βράχο στη θάλασσα
and he jumped from a rock into the sea
όπως γνωρίζετε ο Πινόκιο ήταν φτιαγμένος από ξύλο
as you know Pinocchio was made of wood
Έτσι επέπλεε εύκολα στο νερό
so he floated easily on the water
και κολύμπησε σαν ψάρι
and he swam as well as a fish
Σε μια στιγμή τον είδαν να εξαφανίζεται κάτω από το νερό
At one moment they saw him disappear under the water
Παρασύρθηκε από τη μανία των κυμάτων
he was carried down by the fury of the waves
Και την επόμενη στιγμή επανεμφανίστηκε στην επιφάνεια του νερού
and in the next moment he reappeared to the surface of the water
Αγωνιζόταν να κολυμπήσει με ένα πόδι ή ένα χέρι
he struggled on swimming with a leg or an arm
Αλλά τελικά τον έχασαν από τα μάτια τους
but at last they lost sight of him
Και δεν τον έβλεπαν πια
and he was seen no more
Και πρόσφεραν άλλη μια προσευχή για την μαριονέτα
and they offered another prayer for the puppet

Ο Πινόκιο βρίσκει ξανά τη νεράιδα
Pinocchio Finds the Fairy Again

Ο Πινόκιο ήθελε να είναι εγκαίρως για να βοηθήσει τον πατέρα του
Pinocchio wanted to be in time to help his father
Έτσι κολύμπησε όλη τη νύχτα
so he swam all through the night
Και τι φρικτή νύχτα ήταν!
And what a horrible night it was!
Η βροχή έπεσε σε χείμαρρους
The rain came down in torrents
Χαιρέτησε και η βροντή ήταν τρομακτική
it hailed and the thunder was frightful
Οι λάμψεις της αστραπής το έκαναν τόσο ελαφρύ όσο η μέρα
the flashes of lightning made it as light as day

Προς το πρωί είδε μια μακριά λωρίδα γης
Towards morning he saw a long strip of land
Ήταν ένα νησί στη μέση της θάλασσας
It was an island in the midst of the sea
Έκανε ό,τι μπορούσε για να φτάσει στην ακτή
He tried his utmost to reach the shore
Αλλά οι προσπάθειές του ήταν μάταιες
but his efforts were all in vain
Τα κύματα έτρεχαν και έπεφταν το ένα πάνω στο άλλο
The waves raced and tumbled over each other
και ο χείμαρρος χτύπησε τον Πινόκιο
and the torrent knocked Pinocchio about
Ήταν σαν να ήταν ένα άχυρο
it was as if he had been a wisp of straw
Επιτέλους, ευτυχώς γι 'αυτόν, ένα billow κύλησε
At last, fortunately for him, a billow rolled up
Σηκώθηκε με τέτοια μανία που σηκώθηκε
it rose with such fury that he was lifted up
Και τελικά ρίχτηκε στην άμμο
and finally he was thrown on to the sands
Η μικρή μαριονέτα συνετρίβη στο έδαφος
the little puppet crashed onto the ground
και όλες οι αρθρώσεις του ράγισαν από την πρόσκρουση
and all his joints cracked from the impact
Αλλά παρηγορήθηκε λέγοντας:
but he comforted himself, saying:
"Και αυτή τη φορά έκανα μια υπέροχη απόδραση!"
"This time also I have made a wonderful escape!"
Λίγο λίγο καθάρισε ο ουρανός
Little by little the sky cleared
Ο ήλιος έλαμπε σε όλο του το μεγαλείο
the sun shone out in all his splendour
Και η θάλασσα έγινε ήσυχη και λεία σαν το πετρέλαιο
and the sea became as quiet and smooth as oil
Η μαριονέτα έβαλε τα ρούχα του στον ήλιο να στεγνώσουν

The puppet put his clothes in the sun to dry
Και άρχισε να κοιτάζει προς κάθε κατεύθυνση
and he began to look in every direction
Κάπου στο νερό πρέπει να υπάρχει μια μικρή βάρκα
somewhere on the water there must be a little boat
Και στη βάρκα ήλπιζε να δει ένα ανθρωπάκι
and in the boat he hoped to see a little man
Κοίταξε προς τη θάλασσα όσο μπορούσε να δει
he looked out to sea as far as he could see
Αλλά το μόνο που είδε ήταν ο ουρανός και η θάλασσα
but all he saw was the sky and the sea
«Μακάρι να ήξερα πώς λεγόταν αυτό το νησί!»
"If I only knew what this island was called!"
«Μακάρι να ήξερα μόνο αν κατοικούνταν»
"If I only knew whether it was inhabited"
«Ίσως πολιτισμένοι άνθρωποι ζουν εδώ»
"perhaps civilized people do live here"
"Άνθρωποι που δεν κρεμούν αγόρια από δέντρα"
"people who do not hang boys from trees"
"Αλλά ποιον μπορώ να ρωτήσω αν δεν υπάρχει κανείς;"
"but whom can I ask if there is nobody?"
Στον Πινόκιο δεν άρεσε η ιδέα να είναι ολομόναχος
Pinocchio didn't like the idea of being all alone
Και τώρα ήταν μόνος σε μια μεγάλη ακατοίκητη χώρα
and now he was alone on a great uninhabited country
Η ιδέα του τον έκανε μελαγχολικό
the idea of it made him melancholy
Ήταν έτοιμος να κλάψει
he was just about to to cry
Αλλά εκείνη τη στιγμή είδε ένα μεγάλο ψάρι να κολυμπά
But at that moment he saw a big fish swimming by
Το μεγάλο ψάρι ήταν σε μικρή απόσταση από την ακτή
the big fish was only a short distance from the shore
Το ψάρι πήγαινε ήσυχα για τη δική του επιχείρηση
the fish was going quietly on its own business
και είχε το κεφάλι του έξω από το νερό

and it had its head out of the water
Μη γνωρίζοντας το όνομά του, η μαριονέτα κάλεσε τα ψάρια
Not knowing its name, the puppet called to the fish
Φώναξε με δυνατή φωνή για να ακουστεί:
he called out in a loud voice to make himself heard:
«Ε, κύριε Φις, θα μου επιτρέψετε μια κουβέντα μαζί σας;»
"Eh, Sir Fish, will you permit me a word with you?"
«Δύο λέξεις, αν θέλετε», απάντησε το ψάρι
"Two words, if you like," answered the fish
Το ψάρι στην πραγματικότητα δεν ήταν καθόλου ψάρι
the fish was in fact not a fish at all
τι ήταν το ψάρι ήταν ένα δελφίνι
what the fish was was a Dolphin
και δεν θα μπορούσατε να βρείτε ένα ευγενικό δελφίνι
and you couldn't have found a politer dolphin
"**Θα είχατε την καλοσύνη να πείτε:**"
"Would you be kind enough to tell:"
"**Υπάρχουν χωριά σε αυτό το νησί;**"
"is there are villages in this island?"
"**Και μπορεί να υπάρχει κάτι να φάει σε αυτά τα χωριά;**"
"and might there be something to eat in these villages?"
"**Και υπάρχει κίνδυνος σε αυτά τα χωριά;**"
"and is there any danger in these villages?"
«Μπορεί κανείς να φαγωθεί σε αυτά τα χωριά;»
"might one get eaten in these villages?"
«Σίγουρα υπάρχουν χωριά», απάντησε το δελφίνι
"there certainly are villages," replied the Dolphin
"**Πράγματι, θα βρείτε ένα χωριό αρκετά κοντά**"
"Indeed, you will find one village quite close by"
"**Και ποιο δρόμο πρέπει να πάρω για να πάω εκεί;**"
"And what road must I take to go there?"
«Πρέπει να πάρεις αυτό το μονοπάτι στα αριστερά σου»
"You must take that path to your left"
"**Και τότε πρέπει να ακολουθήσεις τη μύτη σου**"
"and then you must follow your nose"

«Θα μου πεις κάτι άλλο;»
"Will you tell me another thing?"
"Κολυμπάς στη θάλασσα όλη μέρα και νύχτα"
"You swim about the sea all day and night"
"Έχετε συναντήσει τυχαία ένα μικρό σκάφος"
"have you by chance met a little boat"
"Μια μικρή βάρκα με τον μπαμπά μου μέσα;"
"a little boat with my papa in it?"
«Και ποιος είναι ο μπαμπάς σου;»
"And who is your papa?"
«Είναι ο καλύτερος μπαμπάς στον κόσμο»
"He is the best papa in the world"
«Αλλά θα ήταν δύσκολο να βρω χειρότερο γιο από εμένα»
"but it would be difficult to find a worse son than I am"
Το ψάρι μετάνιωσε που του είπε τι φοβόταν
The fish regretted to tell him what he feared
«Είδατε την τρομερή καταιγίδα που είχαμε χθες το βράδυ»
"you saw the terrible storm we had last night"
«Η μικρή βάρκα πρέπει να πήγε στο βυθό»
"the little boat must have gone to the bottom"
«Και ο μπαμπάς μου;» ρώτησε ο Πινόκιο
"And my papa?" asked Pinocchio
«Πρέπει να τον κατάπιε το τρομερό σκυλόψαρο»
"He must have been swallowed by the terrible Dog-Fish"
«Τελευταία κολυμπάει στα νερά μας»
"of late he has been swimming on our waters"
«Και σπέρνει την καταστροφή και την καταστροφή»
"and he has been spreading devastation and ruin"
Ο Πινόκιο είχε ήδη αρχίσει να τρέμει από φόβο
Pinocchio was already beginning to quake with fear
«Είναι αυτό το σκυλόψαρο πολύ μεγάλο;» ρώτησε ο Πινόκιο
"Is this Dog-Fish very big?" asked Pinocchio
«Ω, πολύ μεγάλο!» απάντησε το δελφίνι
"oh, very big!" replied the Dolphin

"Επιτρέψτε μου να σας πω για αυτό το ψάρι"
"let me tell you about this fish"
"τότε μπορείτε να σχηματίσετε κάποια ιδέα για το μέγεθός του"
"then you can form some idea of his size"
«Είναι μεγαλύτερος από ένα πενταώροφο σπίτι»
"he is bigger than a five-storied house"
"Και το στόμα του είναι πιο τεράστιο από ό,τι έχετε δει ποτέ"
"and his mouth is more enormous than you've ever seen"
"Ένα σιδηροδρομικό τρένο θα μπορούσε να περάσει κάτω από το λαιμό του"
"a railway train could pass down his throat"
«Έλεός μας!» αναφώνησε η τρομοκρατημένη μαριονέτα
"Mercy upon us!" exclaimed the terrified puppet
Και φόρεσε τα ρούχα του με τη μεγαλύτερη βιασύνη
and he put on his clothes with the greatest haste
«Αντίο, Κύριε Fish, και σας ευχαριστώ»
"Good-bye, Sir Fish, and thank you"
«Συγγνώμη για τον κόπο που σου έδωσα»
"excuse the trouble I have given you"
"και ευχαριστώ πολύ για την ευγένειά σας"
"and many thanks for your politeness"
Στη συνέχεια πήρε το μονοπάτι που του είχε υποδειχθεί
He then took the path that had been pointed out to him
Και άρχισε να περπατάει όσο πιο γρήγορα μπορούσε
and he began to walk as fast as he could
Περπατούσε τόσο γρήγορα, πράγματι, που σχεδόν έτρεχε
he walked so fast, indeed, that he was almost running
Και με τον παραμικρό θόρυβο γύρισε να κοιτάξει πίσω του
And at the slightest noise he turned to look behind him
φοβόταν ότι θα μπορούσε να δει το τρομερό σκυλόψαρο
he feared that he might see the terrible Dog-Fish
Και φαντάστηκε ένα σιδηροδρομικό τρένο στο στόμα του

and he imagined a railway train in its mouth
Μισή ώρα περπάτημα τον πήγε σε ένα μικρό χωριό
a half-hour walk took him to a little village
το χωριό ήταν Το Χωριό των Εργατικών Μελισσών
the village was The Village of the Industrious Bees
Ο δρόμος ήταν γεμάτος κόσμο
The road was alive with people
Και έτρεχαν εδώ κι εκεί
and they were running here and there
Και όλοι έπρεπε να ασχοληθούν με τις δουλειές τους
and they all had to attend to their business
Όλοι ήταν στη δουλειά, όλοι είχαν κάτι να κάνουν
all were at work, all had something to do
Δεν θα μπορούσατε να βρείτε έναν αργόσχολο ή έναν αλήτη
You could not have found an idler or a vagabond
ακόμα κι αν τον αναζητήσατε με μια αναμμένη λάμπα
even if you searched for him with a lighted lamp
«Αχ!» είπε αμέσως ο τεμπέλης Πινόκιο
"Ah!" said that lazy Pinocchio at once
«Βλέπω ότι αυτό το χωριό δεν θα μου ταιριάξει ποτέ!»
"I see that this village will never suit me!"
«Δεν γεννήθηκα για να δουλεύω!»
"I wasn't born to work!"
Εν τω μεταξύ βασανίστηκε από την πείνα
In the meanwhile he was tormented by hunger
Δεν είχε φάει τίποτα για είκοσι τέσσερις ώρες
he had eaten nothing for twenty-four hours
Δεν είχε φάει καν βίκο
he had not even eaten vetch
Τι έπρεπε να κάνει ο καημένος ο Πινόκιο;
What was poor Pinocchio to do?
Υπήρχαν μόνο δύο τρόποι για να αποκτήσετε φαγητό
There were only two ways to obtain food
Θα μπορούσε είτε να πάρει φαγητό ζητώντας λίγη δουλειά
he could either get food by asking for a little work

ή θα μπορούσε να πάρει φαγητό μέσω επαιτείας
or he could get food by way of begging
Κάποιος μπορεί να έχει την καλοσύνη να του ρίξει ένα νικέλιο
someone might be kind enough to throw him a nickel
ή μπορεί να του δώσουν μια μπουκιά ψωμί
or they might give him a mouthful of bread
γενικά ο Πινόκιο ντρεπόταν να ζητιανέψει
generally Pinocchio was ashamed to beg
Ο πατέρας του πάντα τον κήρυττε ότι ήταν εργατικός
his father had always preached him to be industrious
Του δίδαξε ότι κανείς δεν είχε το δικαίωμα να ζητιανεύει
he taught him no one had a right to beg
εκτός από τους ηλικιωμένους και τους ανάπηρους
except the aged and the infirm
Οι πραγματικά φτωχοί σε αυτόν τον κόσμο αξίζουν συμπόνια
The really poor in this world deserve compassion
Οι πραγματικά φτωχοί σε αυτόν τον κόσμο χρειάζονται βοήθεια
the really poor in this world require assistance
μόνο όσοι είναι ηλικιωμένοι ή άρρωστοι
only those who are aged or sick
εκείνοι που δεν είναι πλέον σε θέση να κερδίσουν το δικό τους ψωμί
those who are no longer able to earn their own bread
Είναι καθήκον όλων των άλλων να εργάζονται
It is the duty of everyone else to work
Και αν δεν κοπιάσουν, τόσο το χειρότερο γι' αυτούς
and if they don't labour, so much the worse for them
Αφήστε τους να υποφέρουν από την πείνα τους
let them suffer from their hunger
Εκείνη τη στιγμή ένας άνδρας κατέβηκε από το δρόμο
At that moment a man came down the road
Ήταν κουρασμένος και λαχάνιαζε για αναπνοή
he was tired and panting for breath

Έσερνε δύο κάρα γεμάτα κάρβουνα
He was dragging two carts full of charcoal
Ο Πινόκιο έκρινε από το πρόσωπό του ότι ήταν ένας ευγενικός άνθρωπος
Pinocchio judged by his face that he was a kind man
Έτσι ο Πινόκιο πλησίασε τον άνθρωπο με κάρβουνο
so Pinocchio approached the charcoal man
Έριξε κάτω τα μάτια του από ντροπή
he cast down his eyes with shame
Και του είπε χαμηλόφωνα:
and he said to him in a low voice:
«Θα είχες τη φιλανθρωπία να μου δώσεις ένα νικέλιο;»
"Would you have the charity to give me a nickel?"
"επειδή, όπως μπορείτε να δείτε, πεθαίνω από την πείνα"
"because, as you can see, I am dying of hunger"
«Δεν θα έχεις μόνο ένα νικέλιο», είπε ο άντρας
"You shall have not only a nickel," said the man
«Θα σου δώσω δεκάρα»
"I will give you a dime"
"Αλλά για τη δεκάρα πρέπει να κάνετε κάποια δουλειά"
"but for the dime you must do some work"
"Βοήθησέ με να σύρω σπίτι αυτά τα δύο κάρα κάρβουνο"
"help me to drag home these two carts of charcoal"
«Σε εκπλήσσομαι!» απάντησε η μαριονέτα
"I am surprised at you!" answered the puppet
Και υπήρχε ένας τόνος προσβολής στη φωνή του
and there was a tone of offense in his voice
«Άσε με να σου πω κάτι για τον εαυτό μου»
"Let me tell you something about myself"
"Δεν είμαι συνηθισμένος να κάνω τη δουλειά ενός γαϊδάρου"
"I am not accustomed to do the work of a donkey"
«Δεν έχω σχεδιάσει ποτέ κάρο!»
"I have never drawn a cart!"
«Τόσο το καλύτερο για σένα», απάντησε ο άντρας
"So much the better for you," answered the man

«Αγόρι μου, βλέπω πώς πεθαίνεις από την πείνα»
"my boy, I see how you are dying of hunger"
«Φάε δύο λεπτές φέτες από την περηφάνια σου»
"eat two fine slices of your pride"
"Και προσέξτε να μην δυσπεψείτε"
"and be careful not to get indigestion"
Λίγα λεπτά αργότερα πέρασε ένας κτίστης
A few minutes afterwards a mason passed by
Κουβαλούσε ένα καλάθι με γουδί
he was carrying a basket of mortar
«Θα είχες τη φιλανθρωπία να μου δώσεις ένα νικέλιο;»
"Would you have the charity to give me a nickel?"
«Εγώ, ένα φτωχό αγόρι που χασμουριέμαι από έλλειψη φαγητού»
"me, a poor boy who is yawning for want of food"
«Πρόθυμα», απάντησε ο άντρας
"Willingly," answered the man
«Έλα μαζί μου και φέρε το κονίαμα»
"Come with me and carry the mortar"
"και αντί για νικέλιο θα σου δώσω μια δεκάρα"
"and instead of a nickel I will give you a dime"
«Αλλά ο όλμος είναι βαρύς», αντέτεινε ο Πινόκιο
"But the mortar is heavy," objected Pinocchio
"και δεν θέλω να κουραστώ"
"and I don't want to tire myself"
«Σε βλέπω δεν θέλεις να κουραστείς»
"I see you you don't want to tire yourself"
«Τότε, αγόρι μου, πήγαινε να διασκεδάσεις με χασμουρητό»
"then, my boy, go amuse yourself with yawning"
Σε λιγότερο από μισή ώρα πέρασαν είκοσι άλλοι άνθρωποι
In less than half an hour twenty other people went by
και ο Πινόκιο ζήτησε ελεημοσύνη από όλους
and Pinocchio asked charity of them all
Αλλά όλοι του έδωσαν την ίδια απάντηση
but they all gave him the same answer

«Δεν ντρέπεσαι να ζητιανεύεις, αγόρι;»
"Are you not ashamed to beg, young boy?"
"Αντί να αδρανείτε, αναζητήστε λίγη δουλειά"
"Instead of idling about, look for a little work"
«Πρέπει να μάθεις να κερδίζεις το ψωμί σου»
"you have to learn to earn your bread"
Τελικά μια ωραία μικρή γυναίκα περπάτησε
finally a nice little woman walked by
Κουβαλούσε δύο κουτάκια νερό
she was carrying two cans of water
Ο Πινόκιο της ζήτησε επίσης ελεημοσύνη
Pinocchio asked her for charity too
«Θα με αφήσεις να πιω λίγο από το νερό σου;»
"Will you let me drink a little of your water?"
«γιατί καίγομαι από δίψα»
"because I am burning with thirst"
Η μικρή γυναίκα ήταν πρόθυμη να βοηθήσει
the little woman was happy to help
«Πιες, αγόρι μου, αν το θέλεις!»
"Drink, my boy, if you wish it!"
Και άφησε κάτω τα δύο κουτάκια
and she set down the two cans
Ο Πινόκιο έπινε σαν ψάρι
Pinocchio drank like a fish
Και καθώς στέγνωνε το στόμα του μουρμούρισε:
and as he dried his mouth he mumbled:
«Έσβησα τη δίψα μου»
"I have quenched my thirst"
«Μακάρι να μπορούσα μόνο να κατευνάσω την πείνα μου!»
"If I could only appease my hunger!"
Η καλή γυναίκα άκουσε τις εκκλήσεις του Πινόκιο
The good woman heard Pinocchio's pleas
Και ήταν πολύ πρόθυμη να υποχρεώσει
and she was only too willing to oblige
«Βοήθησέ με να μεταφέρω στο σπίτι αυτά τα δοχεία νερού»

"help me to carry home these cans of water"
«και θα σου δώσω ένα ωραίο κομμάτι ψωμί»
"and I will give you a fine piece of bread"
Ο Πινόκιο κοίταξε τα δοχεία νερού
Pinocchio looked at the cans of water
Και δεν απάντησε ούτε ναι ούτε όχι
and he answered neither yes nor no
Και η καλή γυναίκα πρόσθεσε περισσότερα στην προσφορά
and the good woman added more to the offer
«Εκτός από ψωμί θα έχεις και κουνουπίδι»
"As well as bread you shall have cauliflower"
Ο Πινόκιο έριξε μια άλλη ματιά στο κουτί
Pinocchio gave another look at the can
Και δεν απάντησε ούτε ναι ούτε όχι
and he answered neither yes nor no
"Και μετά το κουνουπίδι θα υπάρξουν περισσότερα"
"And after the cauliflower there will be more"
"Θα σου δώσω ένα όμορφο σιρόπι ζαχαρωτό "
"I will give you a beautiful syrup bonbon"
Ο πειρασμός αυτής της τελευταίας λιχουδιάς ήταν μεγάλος
The temptation of this last dainty was great
τελικά ο Πινόκιο δεν μπορούσε να αντισταθεί άλλο
finally Pinocchio could resist no longer
Με έναν αέρα απόφασης είπε:
with an air of decision he said:
«Πρέπει να έχω υπομονή!»
"I must have patience!"
«Θα μεταφέρω το νερό στο σπίτι σου»
"I will carry the water to your house"
Το νερό ήταν πολύ βαρύ για τον Πινόκιο
The water was too heavy for Pinocchio
Δεν μπορούσε να το κουβαλήσει με τα χέρια του
he could not carry it with his hands
Έτσι έπρεπε να το κουβαλήσει στο κεφάλι του
so he had to carry it on his head

Ο Πινόκιο δεν απολάμβανε να κάνει τη δουλειά
Pinocchio did not enjoy doing the work
Αλλά σύντομα έφτασαν στο σπίτι
but soon they reached the house
και η καλή μικρή γυναίκα πρόσφερε στον Πινόκιο μια θέση
and the good little woman offered Pinocchio a seat
Το τραπέζι είχε ήδη στρωθεί
the table had already been laid
Και έβαλε μπροστά του το ψωμί
and she placed before him the bread
Και μετά πήρε το κουνουπίδι και το μπομπόν
and then he got the cauliflower and the bonbon
Ο Πινόκιο δεν έφαγε το φαγητό του, το καταβρόχθισε
Pinocchio did not eat his food, he devoured it
Το στομάχι του ήταν σαν ένα άδειο διαμέρισμα
His stomach was like an empty apartment
Ένα διαμέρισμα που είχε μείνει ακατοίκητο για μήνες
an apartment that had been left uninhabited for months
Αλλά τώρα η αδηφάγος πείνα του ήταν κάπως κατευνασμένη
but now his ravenous hunger was somewhat appeased
Σήκωσε το κεφάλι του για να ευχαριστήσει την ευεργέτιδά του
he raised his head to thank his benefactress
Τότε την κοίταξε καλύτερα
then he took a better look at her
έδωσε ένα παρατεταμένο «Ω!» έκπληξης
he gave a prolonged "Oh!" of astonishment
Και συνέχισε να την κοιτάζει με ορθάνοιχτα μάτια
and he continued staring at her with wide open eyes
Το πιρούνι του ήταν στον αέρα
his fork was in the air
και το στόμα του ήταν γεμάτο κουνουπίδι
and his mouth was full of cauliflower
Ήταν σαν να είχε μαγευτεί
it was as if he had been bewitched

Η καλή γυναίκα ήταν αρκετά διασκεδαστική
the good woman was quite amused
«Τι σας εξέπληξε τόσο πολύ;»
"What has surprised you so much?"
"Είναι..." απάντησε η μαριονέτα
"It is..." answered the puppet
«Είναι απλά ότι είσαι σαν...»
"it's just that you are like..."
«Απλώς μου θυμίζεις κάποιον»
"it's just that you remind me of someone"
«Ναι, ναι, ναι, η ίδια φωνή»
"yes, yes, yes, the same voice"
"και έχετε τα ίδια μάτια και μαλλιά"
"and you have the same eyes and hair"
«Ναι, ναι, ναι. Έχετε επίσης μπλε μαλλιά"
"yes, yes, yes. you also have blue hair"
«Ω, μικρή νεράιδα! Πες μου ότι είσαι εσύ!»
"Oh, little Fairy! tell me that it is you!"
«Μη με κάνεις να κλαίω άλλο!»
"Do not make me cry anymore!"
«Μακάρι να ήξερες πόσο έκλαψα»
"If only you knew how much I've cried"
«και έχω υποφέρει τόσο πολύ»
"and I have suffered so much"
Και ο Πινόκιο έπεσε στα πόδια της
And Pinocchio threw himself at her feet
Και αγκάλιασε τα γόνατα της μυστηριώδους μικρής γυναίκας
and he embraced the knees of the mysterious little woman
Και άρχισε να κλαίει πικρά
and he began to cry bitterly

Ο Πινόκιο υπόσχεται στη νεράιδα ότι θα γίνει ξανά καλό παιδί
Pinocchio Promises the Fairy he'll be a Good Boy Again

Στην αρχή η καλή μικρή γυναίκα έπαιξε αθώα
At first the good little woman played innocent
είπε ότι δεν ήταν η μικρή νεράιδα με τα μπλε μαλλιά
she said she was not the little Fairy with blue hair
αλλά ο Πινόκιο δεν μπορούσε να ξεγελαστεί
but Pinocchio could not be tricked
Είχε συνεχίσει την κωμωδία αρκετό καιρό
she had continued the comedy long enough
Και έτσι τελείωσε κάνοντας τον εαυτό της γνωστό
and so she ended by making herself known
«Εσύ άτακτος μικρός απατεώνας, Πινόκιο»
"You naughty little rogue, Pinocchio"
«Πώς ανακάλυψες ποιος ήμουν;»
"how did you discover who I was?"
«Ήταν η μεγάλη μου αγάπη για σένα που μου είπε»
"It was my great affection for you that told me"

«Θυμάσαι πότε με άφησες;»
"Do you remember when you left me?"
«Ήμουν ακόμα παιδί τότε»
"I was still a child back then"
«και τώρα έγινα γυναίκα»
"and now I have become a woman"
«Μια γυναίκα σχεδόν αρκετά μεγάλη για να είναι η μαμά σου»
"a woman almost old enough to be your mamma"
«Χαίρομαι γι' αυτό»
"I am delighted at that"
«Δεν θα σε αποκαλώ πια μικρή αδερφή»
"I will not call you little sister anymore"
«Από τώρα θα σε φωνάζω μαμά»
"from now I will call you mamma"
«Όλα τα άλλα αγόρια έχουν μια μαμά»
"all the other boys have a mamma"
«και πάντα ήθελα να έχω και μια μαμά»
"and I have always wished to also have a mamma"
"Αλλά πώς κατάφερες να αναπτυχθείς τόσο γρήγορα;"
"But how did you manage to grow so fast?"
«Αυτό είναι μυστικό», είπε η νεράιδα
"That is a secret," said the fairy
Ο Πινόκιο ήθελε να μάθει, «δίδαξέ μου το μυστικό σου»
Pinocchio wanted to know, "teach me your secret"
«γιατί θα ήθελα κι εγώ να μεγαλώσω»
"because I would also like to grow"
«Δεν βλέπεις πόσο μικρός είμαι;»
"Don't you see how small I am?"
"Πάντα δεν παραμένω μεγαλύτερος από ένα νιππινέζα"
"I always remain no bigger than a ninepin"
«Μα δεν μπορείς να μεγαλώσεις», απάντησε η νεράιδα
"But you cannot grow," replied the Fairy
«Γιατί δεν μπορώ να μεγαλώσω;» ρώτησε ο Πινόκιο
"Why can't I grow?" asked Pinocchio
«Γιατί οι μαριονέτες δεν μεγαλώνουν ποτέ»
"Because puppets never grow"

«Όταν γεννιούνται είναι μαριονέτες»
"when they are born they are puppets"
«Και ζουν τη ζωή τους ως μαριονέτες»
"and they live their lives as puppets"
«Και όταν πεθαίνουν πεθαίνουν σαν μαριονέτες»
"and when they die they die as puppets"
Πινόκιο παιχνίδι ο ίδιος ένα χαστούκι
Pinocchio game himself a slap
«Ω, έχω βαρεθεί να είμαι μαριονέτα!»
"Oh, I am sick of being a puppet!"
«Ήρθε η ώρα να γίνω άντρας»
"It is time that I became a man"
«Και θα γίνεις άντρας», υποσχέθηκε η νεράιδα
"And you will become a man," promised the fairy
"Αλλά πρέπει να ξέρετε πώς να το αξίζετε"
"but you must know how to deserve it"
«Είναι αλήθεια αυτό;» ρώτησε ο Πινόκιο
"Is this true?" asked Pinocchio
«Και τι μπορώ να κάνω για να αξίζω να είμαι άντρας;»
"And what can I do to deserve to be a man?"
«Είναι πολύ εύκολο πράγμα να αξίζεις να είσαι άντρας»
"it is a very easy thing to deserve to be a man"
«Το μόνο που έχεις να κάνεις είναι να μάθεις να είσαι καλό παιδί»
"all you have to do is learn to be a good boy"
«Και νομίζεις ότι δεν είμαι καλό παιδί;»
"And you think I am not a good boy?"
«Είσαι ακριβώς το αντίθετο ενός καλού παιδιού»
"You are quite the opposite of a good boy"
«Τα καλά παιδιά είναι υπάκουα κι εσύ...»
"Good boys are obedient, and you..."
«Και ποτέ δεν υπακούω», ομολόγησε ο Πινόκιο
"And I never obey," confessed Pinocchio
«Στα καλά παιδιά αρέσει να μαθαίνουν και να δουλεύουν, και εσύ...»
"Good boys like to learn and to work, and you..."
«Και αντ' αυτού ζω μια αργόσχολη, περιπλανώμενη

ζωή»
"And I instead lead an idle, vagabond life"
«Τα καλά παιδιά λένε πάντα την αλήθεια»
"Good boys always speak the truth"
«Και πάντα λέω ψέματα», παραδέχτηκε ο Πινόκιο
"And I always tell lies," admitted Pinocchio
«Τα καλά παιδιά πηγαίνουν πρόθυμα στο σχολείο»
"Good boys go willingly to school"
«Και το σχολείο μου δίνει πόνο σε όλο μου το σώμα»
"And school gives me pain all over the body"
«Αλλά από σήμερα θα αλλάξω τη ζωή μου»
"But from today I will change my life"
«Μου το υπόσχεσαι;» ρώτησε η νεράιδα
"Do you promise me?" asked the Fairy
«Υπόσχομαι ότι θα γίνω ένα καλό μικρό αγόρι»
"I promise that I will become a good little boy"
«και υπόσχομαι να είναι η παρηγοριά του μπαμπά μου»
"and I promise be the consolation of my papa"
«Πού είναι ο καημένος ο μπαμπάς μου αυτή τη στιγμή;»
"Where is my poor papa at this moment?"
Αλλά η νεράιδα δεν ήξερε πού ήταν ο μπαμπάς του
but the fairy didn't know where his papa was
«Θα έχω ποτέ την ευτυχία να τον ξαναδώ;»
"Shall I ever have the happiness of seeing him again?"
«Θα τον φιλήσω ποτέ ξανά;»
"will I ever kiss him again?"
«Έτσι νομίζω. πράγματι, είμαι σίγουρος γι' αυτό"
"I think so; indeed, I am sure of it"
Σε αυτή την απάντηση ο Πινόκιο ενθουσιάστηκε
At this answer Pinocchio was delighted
πήρε τα χέρια της νεράιδας
he took the Fairy's hands
Και άρχισε να φιλάει τα χέρια της με μεγάλη θέρμη
and he began to kiss her hands with great fervour
Φαινόταν εκτός εαυτού με χαρά
he seemed beside himself with joy
Τότε ο Πινόκιο σήκωσε το πρόσωπό του

Then Pinocchio raised his face
Και την κοίταξε στοργικά
and he looked at her lovingly
«Πες μου, μικρή μαμά:»
"Tell me, little mamma:"
«Τότε δεν ήταν αλήθεια ότι ήσουν νεκρός;»
"then it was not true that you were dead?"
«Φαίνεται πως όχι», είπε η νεράιδα χαμογελώντας
"It seems not," said the Fairy, smiling
«Αν ήξερες μόνο τη θλίψη που ένιωσα»
"If you only knew the sorrow I felt"
«Δεν μπορείς να φανταστείς το σφίξιμο του λαιμού μου»
"you can't imagined the tightening of my throat"
«Διαβάζοντας τι υπήρχε σε εκείνη την πέτρα σχεδόν ράγισε την καρδιά μου»
"reading what was on that stone almost broke my heart"
«Ξέρω τι σου έκανε»
"I know what it did to you"
«Και γι' αυτό σε συγχώρησα»
"and that is why I have forgiven you"
«Το είδα από την ειλικρίνεια της θλίψης σου»
"I saw it from the sincerity of your grief"
«Είδα ότι έχεις καλή καρδιά»
"I saw that you have a good heart"
«Τα αγόρια με καλή καρδιά δεν χάνονται»
"boys with good hearts are not lost"
"**Υπάρχει πάντα κάτι να ελπίζουμε**"
"there is always something to hope for"
"**Ακόμα κι αν είναι scamps**"
"even if they are scamps"
"**Και ακόμα κι αν έχουν κακές συνήθειες**"
"and even if they have got bad habits"
«Υπάρχει πάντα ελπίδα να αλλάξουν τους τρόπους τους»
"there is always hope they change their ways"
«Γι' αυτό ήρθα να σε ψάξω εδώ»
"That is why I came to look for you here"

«Θα είμαι η μαμά σου»
"I will be your mamma"
«Ω, τι υπέροχο!» φώναξε ο Πινόκιο
"Oh, how delightful!" shouted Pinocchio
Και η μικρή μαριονέτα πήδηξε από χαρά
and the little puppet jumped for joy
«Πρέπει να με υπακούς, Πινόκιο»
"You must obey me, Pinocchio"
«και πρέπει να κάνεις ό,τι σου ζητώ»
"and you must do everything that I bid you"
«Θα σε υπακούσω πρόθυμα»
"I will willingly obey you"
«και θα κάνω ό,τι μου λένε!»
"and I will do as I'm told!"
«Αύριο θα αρχίσεις να πηγαίνεις σχολείο»
"Tomorrow you will begin to go to school"
Ο Πινόκιο έγινε αμέσως λίγο λιγότερο χαρούμενος
Pinocchio became at once a little less joyful
"Τότε πρέπει να επιλέξετε μια συναλλαγή που θα ακολουθήσετε"
"Then you must choose a trade to follow"
"Εσείς επιλέγετε περισσότερο μια δουλειά σύμφωνα με τις επιθυμίες σας"
"you most choose a job according to your wishes"
Ο Πινόκιο έγινε πολύ σοβαρός σε αυτό
Pinocchio became very grave at this
Η Νεράιδα τον ρώτησε με θυμωμένη φωνή:
the Fairy asked him in an angry voice:
«Τι μουρμουρίζεις ανάμεσα στα δόντια σου;»
"What are you muttering between your teeth?"
«Έλεγα...» γκρίνιαξε η μαριονέτα με χαμηλή φωνή
"I was saying..." moaned the puppet in a low voice
«Μου φαίνεται πολύ αργά για να πάω σχολείο τώρα»
"it seems to me too late for me to go to school now"
«Όχι, κύριε, δεν είναι αργά για να πάτε σχολείο»
"No, sir, it is not too late for you to go to school"
"Λάβετε υπόψη ότι ποτέ δεν είναι αργά"

"Keep it in mind that it is never too late"
"Μπορούμε πάντα να μάθουμε και να διδάξουμε τους εαυτούς μας"
"we can always learn and instruct ourselves"
"Αλλά δεν επιθυμώ να ακολουθήσω ένα εμπόριο"
"But I do not wish to follow a trade"
"Γιατί δεν θέλετε να ακολουθήσετε μια συναλλαγή;"
"Why do you not wish to follow an trade?"
«Γιατί με κουράζει να δουλεύω»
"Because it tires me to work"
«Αγόρι μου», είπε στοργικά η νεράιδα
"My boy," said the Fairy lovingly
«Υπάρχουν δύο είδη ανθρώπων που μιλούν έτσι»
"there are two kinds of people who talk like that"
«Υπάρχουν εκείνοι που βρίσκονται στη φυλακή»
"there are those that are in prison"
«Και υπάρχουν εκείνοι που νοσηλεύονται»
"and there are those that are in hospital"
«Άσε με να σου πω ένα πράγμα, Πινόκιο».
"Let me tell you one thing, Pinocchio;"
«Κάθε άνθρωπος, πλούσιος ή φτωχός, είναι υποχρεωμένος να εργάζεται»
"every man, rich or poor, is obliged work"
«Πρέπει να ασχοληθεί με κάτι»
"he has to occupy himself with something"
«Αλίμονο σε εκείνους που ζουν νωθρή ζωή»
"Woe to those who lead slothful lives"
«Η οκνηρία είναι φοβερή αρρώστια»
"Sloth is a dreadful illness"
"Πρέπει να θεραπευτεί αμέσως, στην παιδική ηλικία"
"it must be cured at once, in childhood"
«Γιατί δεν μπορεί ποτέ να θεραπευτεί όταν γεράσεις»
"because it can never be cured once you are old"
Ο Πινόκιο συγκινήθηκε από αυτά τα λόγια
Pinocchio was touched by these words
Σηκώνοντας γρήγορα το κεφάλι του, είπε στη Νεράιδα:
lifting his head quickly, he said to the Fairy:

«Θα σπουδάσω και θα δουλέψω»
"I will study and I will work"
«Θα κάνω όλα όσα μου λες»
"I will do all that you tell me"
«γιατί πράγματι έχω κουραστεί να είμαι μαριονέτα»
"for indeed I have become weary of being a puppet"
«και εύχομαι πάση θυσία να γίνω αγόρι»
"and I wish at any price to become a boy"
«Μου υποσχέθηκες ότι μπορώ να γίνω αγόρι, έτσι δεν είναι;»
"You promised me that I can become a boy, did you not?"
«Σου υποσχέθηκα ότι μπορείς να γίνεις αγόρι»
"I did promise you that you can become a boy"
«Και το αν θα γίνεις αγόρι τώρα εξαρτάται από τον εαυτό σου»
"and whether you become a boy now depends upon yourself"

Το τρομερό σκυλί-ψάρι
The Terrible Dog-Fish

Την επόμενη μέρα ο Πινόκιο πήγε σχολείο
The following day Pinocchio went to school
Μπορείτε να φανταστείτε την απόλαυση όλων των μικρών απατεώνων
you can imagine the delight of all the little rogues
Μια μαριονέτα είχε μπει στο σχολείο τους!
a puppet had walked into their school!
Έστησαν ένα βρυχηθμό γέλιου που δεν τελείωσε ποτέ
They set up a roar of laughter that never ended
Έπαιξαν κάθε είδους κόλπα πάνω του
They played all sorts of tricks on him
Ένα αγόρι έβγαλε το καπέλο του
One boy carried off his cap
Ένα άλλο αγόρι τράβηξε το σακάκι του Πινόκιο από πάνω του
another boy pulled Pinocchio's jacket over him
Κάποιος προσπάθησε να του δώσει ένα ζευγάρι μελάνι μουστάκι
one tried to give him a pair of inky mustachios
Ένα άλλο αγόρι προσπάθησε να δέσει χορδές στα πόδια και τα χέρια του
another boy attempted to tie strings to his feet and hands
Και τότε προσπάθησε να τον κάνει να χορέψει
and then he tried to make him dance
Για ένα μικρό χρονικό διάστημα ο Πινόκιο προσποιήθηκε ότι δεν νοιαζόταν
For a short time Pinocchio pretended not to care
Και συνέχισε όσο καλύτερα μπορούσε με το σχολείο
and he got on as well with school as he could
Αλλά τελικά έχασε όλη του την υπομονή
but at last he lost all his patience
Στράφηκε σε εκείνους που τον πείραζαν περισσότερο
he turned to those who were teasing him most
«Προσέξτε, αγόρια!» τους προειδοποίησε

"Beware, boys!" he warned them
«Δεν ήρθα εδώ για να γίνω ο καραγκιόζης σου»
"I have not come here to be your buffoon"
«Σέβομαι τους άλλους», είπε
"I respect others," he said
«και σκοπεύω να με σέβονται»
"and I intend to be respected"
«Καλά είπες, καυχησιάρη!» ούρλιαξαν οι νεαροί κακοποιοί
"Well said, boaster!" howled the young rascals
«Μίλησες σαν βιβλίο!»
"You have spoken like a book!"
Και συγκλονίστηκαν από τρελά γέλια
and they convulsed with mad laughter
Υπήρχε ένα αγόρι πιο θρασύ από τα άλλα
there was one boy more impertinent than the others
Προσπάθησε να αρπάξει την μαριονέτα από την άκρη της μύτης του
he tried to seize the puppet by the end of his nose
Αλλά δεν μπορούσε να το κάνει αρκετά γρήγορα
But he could not do so quickly enough
Ο Πινόκιο έβγαλε το πόδι του κάτω από το τραπέζι
Pinocchio stuck his leg out from under the table
Και του έδωσε μια μεγάλη κλωτσιά στις κνήμες του
and he gave him a great kick on his shins
Το αγόρι βρυχήθηκε από τον πόνο
the boy roared in pain
«Ω, τι σκληρά πόδια έχεις!»
"Oh, what hard feet you have!"
Και έτριψε τους μώλωπες που του είχε δώσει η μαριονέτα
and he rubbed the bruise the puppet had given him
«Και τι αγκώνες έχεις!» είπε ένας άλλος
"And what elbows you have!" said another
«Είναι ακόμα πιο σκληρά από τα πόδια του!»
"they are even harder than his feet!"
Αυτό το αγόρι είχε επίσης παίξει αγενή κόλπα πάνω του

this boy had also played rude tricks on him
Και είχε δεχτεί ένα χτύπημα στο στομάχι
and he had received a blow in the stomach
Αλλά, παρ' όλα αυτά, η κλωτσιά και το χτύπημα απέκτησαν συμπάθεια
But, nevertheless, the kick and the blow acquired sympathy
και ο Πινόκιο κέρδισε την εκτίμηση των αγοριών
and Pinocchio earned the esteem of the boys
Σύντομα όλοι έγιναν φίλοι μαζί του
They soon all made friends with him
Και σύντομα τον συμπαθούσαν εγκάρδια
and soon they liked him heartily
Και ακόμη και ο δάσκαλος τον επαίνεσε
And even the master praised him
επειδή ο Πινόκιο ήταν προσεκτικός στην τάξη
because Pinocchio was attentive in class
Ήταν ένας φιλομαθής και έξυπνος μαθητής
he was a studious and intelligent student
Και ήταν πάντα ο πρώτος που ερχόταν στο σχολείο
and he was always the first to come to school
Και ήταν πάντα ο τελευταίος που έφευγε όταν τελείωνε το σχολείο
and he was always the last to leave when school was over
Αλλά είχε ένα ελάττωμα. Έκανε πάρα πολλούς φίλους
But he had one fault; he made too many friends
Και ανάμεσα στους φίλους του ήταν αρκετοί κακοποιοί
and amongst his friends were several rascals
Αυτά τα αγόρια ήταν γνωστά για την απέχθειά τους για τη μελέτη
these boys were well known for their dislike of study
Και αγαπούσαν ιδιαίτερα να προκαλούν αναστάτωση
and they especially loved to cause mischief
Ο δάσκαλος τον προειδοποιούσε γι' αυτούς κάθε μέρα
The master warned him about them every day
ακόμη και η καλή νεράιδα δεν παρέλειψε ποτέ να του πει:
even the good Fairy never failed to tell him:

«Πρόσεχε, Πινόκιο, με τους φίλους σου!»
"Take care, Pinocchio, with your friends!"
«Αυτοί οι κακοί συμμαθητές σου είναι μπελάδες»
"Those bad school-fellows of yours are trouble"
«Θα σε κάνουν να χάσεις την αγάπη σου για τη μελέτη»
"they will make you lose your love of study"
«Μπορεί ακόμη και να σας φέρουν κάποια μεγάλη δυστυχία»
"they may even bring upon you some great misfortune"
«Δεν υπάρχει φόβος γι' αυτό!» απάντησε η μαριονέτα
"There is no fear of that!" answered the puppet
Και σήκωσε τους ώμους του και άγγιξε το μέτωπό του
and he shrugged his shoulders and touched his forehead
"Υπάρχει τόσο πολύ νόημα εδώ!"
"There is so much sense here!"

Μια ωραία μέρα ο Πινόκιο πήγαινε στο σχολείο
one fine day Pinocchio was on his way to school

Και συνάντησε αρκετούς από τους συνηθισμένους
συντρόφους του
and he met several of his usual companions
Πλησιάζοντάς τον, τον ρώτησαν:
coming up to him, they asked:
«Έχετε ακούσει τα υπέροχα νέα;»
"Have you heard the great news?"
«Όχι, δεν έχω ακούσει τα σπουδαία νέα»
"No, I have not heard the great news"
"Στη θάλασσα εδώ κοντά έχει εμφανιστεί ένα
σκυλόψαρο"
"In the sea near here a Dog-Fish has appeared"
«Είναι τόσο μεγάλος όσο ένα βουνό»
"he is as big as a mountain"
«Είναι αλήθεια;» ρώτησε ο Πινόκιο
"Is it true?" asked Pinocchio
"Μπορεί να είναι το ίδιο σκυλόψαρο;"
"Can it be the same Dog-Fish?"
"Ο σκύλος-ψάρι που ήταν εκεί όταν πνίγηκε ο μπαμπάς
μου"
"The Dog-Fish that was there when my papa drowned"
«Πάμε στην ακτή να τον δούμε»
"We are going to the shore to see him"
«Θα έρθεις μαζί μας;»
"Will you come with us?"
«Όχι. Πάω σχολείο»
"No; I am going to school"
«Τι μεγάλη σημασία έχει το σχολείο;»
"of what great importance is school?"
«Μπορούμε να πάμε σχολείο αύριο»
"We can go to school tomorrow"
"Ένα μάθημα λίγο πολύ δεν έχει σημασία"
"one lesson more or less doesn't matter"
«Θα παραμείνουμε πάντα τα ίδια γαϊδούρια»
"we shall always remain the same donkeys"
«Μα τι θα πει ο δάσκαλος;»
"But what will the master say?"

«Ο δάσκαλος μπορεί να λέει ό,τι θέλει»
"The master may say what he likes"
«Πληρώνεται για να γκρινιάζει όλη μέρα»
"He is paid to grumble all day"
«Και τι θα πει η μαμά μου;»
"And what will my mamma say?"
«Οι μαμάδες δεν ξέρουν τίποτα», απάντησαν τα κακά μικρά αγόρια
"Mammas know nothing," answered the bad little boys
«Ξέρεις τι θα κάνω;» είπε ο Πινόκιο
"Do you know what I will do?" said Pinocchio
"Έχω λόγους να επιθυμώ να δω το σκυλόψαρο"
"I have reasons for wishing to see the Dog-Fish"
«αλλά θα πάω να τον δω όταν τελειώσει το σχολείο»
"but I will go and see him when school is over"
«Καημένο γαϊδούρι!» αναφώνησε ένα από τα αγόρια
"Poor donkey!" exclaimed one of the boys
"Υποθέτετε ότι ένα ψάρι αυτού του μεγέθους θα περιμένει την ευκολία σας;"
"Do you suppose a fish of that size will wait your convenience?"
«Όταν κουραστεί να είναι εδώ, θα πάει σε άλλο μέρος»
"when he is tired of being here he will go another place"
«Και τότε θα είναι πολύ αργά»
"and then it will be too late"
η μαριονέτα έπρεπε να το σκεφτεί αυτό
the Puppet had to think about this
"Πόσος χρόνος χρειάζεται για να φτάσετε στην ακτή;"
"How long does it take to get to the shore?"
«Μπορούμε να είμαστε εκεί και πίσω σε μια ώρα»
"We can be there and back in an hour"
«Τότε φύγαμε!» φώναξε ο Πινόκιο
"Then off we go!" shouted Pinocchio
«Και αυτός που τρέχει πιο γρήγορα είναι ο καλύτερος!»
"and he who runs fastest is the best!"
Και τα αγόρια έτρεξαν στα χωράφια
and the boys rushed off across the fields

και ο Πινόκιο ήταν πάντα ο πρώτος
and Pinocchio was always the first
Φαινόταν να έχει φτερά στα πόδια του
he seemed to have wings on his feet
Από καιρό σε καιρό γύριζε να χλευάζει τους συντρόφους του
From time to time he turned to jeer at his companions
Ήταν κάποια απόσταση πίσω
they were some distance behind
Τους είδε να λαχανιάζουν για ανάσα
he saw them panting for breath
και ήταν καλυμμένοι με σκόνη
and they were covered with dust
και οι γλώσσες τους κρέμονταν από το στόμα τους
and their tongues were hanging out of their mouths
και ο Πινόκιο γέλασε εγκάρδια με το θέαμα
and Pinocchio laughed heartily at the sight
Το άτυχο αγόρι δεν ήξερε τι επρόκειτο να ακολουθήσει
The unfortunate boy did not know what was to come
Ο τρόμος και οι τρομερές καταστροφές που έρχονταν!
the terrors and horrible disasters that were coming!

Ο Πινόκιο συλλαμβάνεται από τους χωροφύλακες
Pinocchio is Arrested by the Gendarmes

Ο Πινόκιο έφτασε στην ακτή
Pinocchio arrived at the shore
Και κοίταξε προς τη θάλασσα
and he looked out to sea
αλλά δεν είδε κανένα σκυλόψαρο
but he saw no Dog-Fish
Η θάλασσα ήταν λεία σαν ένας μεγάλος κρυστάλλινος καθρέφτης
The sea was as smooth as a great crystal mirror
«Πού είναι το σκυλόψαρο;» ρώτησε
"Where is the Dog-Fish?" he asked

Και στράφηκε προς τους συντρόφους του
and he turned to his companions
Όλα τα αγόρια γέλασαν μαζί
all the boys laughed together
«Πρέπει να πήγε να πάρει το πρωινό του»
"He must have gone to have his breakfast"
«Ή έχει πέσει στο κρεβάτι του»
"Or he has thrown himself on to his bed"
«Ναι, παίρνει έναν μικρό υπνάκο»
"yes, he's having a little nap"
και γέλασαν ακόμα πιο δυνατά
and they laughed even louder
Οι απαντήσεις τους φαίνονταν ιδιαίτερα παράλογες
their answers seemed particularly absurd
και το γέλιο τους ήταν πολύ ανόητο
and their laughter was very silly
Ο Πινόκιο κοίταξε γύρω του τους φίλους του
Pinocchio looked around at his friends
Οι σύντροφοί του έμοιαζαν να τον κοροϊδεύουν
his companions seemed to be making a fool of him
Τον είχαν κάνει να πιστέψει μια ιστορία
they had induced him to believe a tale
Αλλά δεν υπήρχε αλήθεια στην ιστορία
but there was no truth to the tale
Ο Πινόκιο δεν πήρε καλά το αστείο
Pinocchio did not take the joke well
Και μίλησε θυμωμένα με τα αγόρια
and he spoke angrily with the boys
«Και τώρα;;» φώναξε
"And now??" he shouted
«Μου είπες μια ιστορία του Σκύλου-Ψαριού»
"you told me a story of the Dog-Fish"
«Μα τι πλάκα βρήκες στο να με εξαπατήσεις;»
"but what fun did you find in deceiving me?"
«Ω, ήταν πολύ διασκεδαστικό!» απάντησαν οι μικροί κακοποιοί
"Oh, it was great fun!" answered the little rascals

"Και σε τι συνίστατο αυτή η διασκέδαση;"
"And in what did this fun consist of?"
«Σε κάναμε να χάσεις μια μέρα από το σχολείο»
"we made you miss a day of school"
«Και σε πείσαμε να έρθεις μαζί μας»
"and we persuaded you to come with us"
«Δεν ντρέπεσαι για τη διαγωγή σου;»
"Are you not ashamed of your conduct?"
"Είσαι πάντα τόσο ακριβής στο σχολείο"
"you are always so punctual to school"
"Και είσαι πάντα τόσο επιμελής στην τάξη"
"and you are always so diligent in class"
«Δεν ντρέπεσαι που μελετάς τόσο σκληρά;»
"Are you not ashamed of studying so hard?"
"Τι γίνεται λοιπόν αν μελετήσω σκληρά;"
"so what if I study hard?"
"Τι ανησυχία είναι δική σου;"
"what concern is it of yours?"
«Μας αφορά υπερβολικά»
"It concerns us excessively"
"Επειδή μας κάνει να φαινόμαστε σε κακό φως"
"because it makes us appear in a bad light"
"Γιατί σε κάνει να φαίνεσαι σε κακό φως;"
"Why does it make you appear in a bad light?"
"Υπάρχουν εκείνοι από εμάς που δεν έχουν καμία επιθυμία να σπουδάσουν"
"there are those of us who have no wish to study"
«Δεν έχουμε καμία επιθυμία να μάθουμε τίποτα»
"we have no desire to learn anything"
«Τα καλά παιδιά μας κάνουν να φαινόμαστε χειρότεροι συγκριτικά»
"good boys make us seem worse by comparison"
"Και αυτό είναι πολύ κακό για σένα"
"And that is too bad for you"
«Κι εμείς έχουμε την περηφάνια μας!»
"We, too, have our pride!"
«Τότε τι πρέπει να κάνω για να σε ευχαριστήσω;»

"Then what must I do to please you?"
"Πρέπει να ακολουθήσετε το παράδειγμά μας"
"You must follow our example"
«Πρέπει να μισείς το σχολείο σαν κι εμάς»
"you must hate school like us"
«Πρέπει να επαναστατήσεις στα μαθήματα»
"you must rebel in the lessons"
«Και πρέπει να παρακούσεις τον κύριο»
"and you must disobey the master"
«Αυτοί είναι οι τρεις μεγαλύτεροι εχθροί μας»
"those are our three greatest enemies"
"Και αν θέλω να συνεχίσω τις σπουδές μου;"
"And if I wish to continue my studies?"
"Σε αυτή την περίπτωση δεν θα έχουμε τίποτα περισσότερο να κάνουμε μαζί σας"
"In that case we will have nothing more to do with you"
"Και με την πρώτη ευκαιρία θα σας κάνουμε να πληρώσετε για αυτό"
"and at the first opportunity we will make you pay for it"
«Πραγματικά», είπε η μαριονέτα, κουνώντας το κεφάλι του
"Really," said the puppet, shaking his head
«Με κάνεις να γελάω»
"you make me inclined to laugh"
«Ε, Πινόκιο», φώναξε το μεγαλύτερο από τα αγόρια
"Eh, Pinocchio," shouted the biggest of the boys
και αντιμετώπισε ευθέως τον Πινόκιο
and he confronted Pinocchio directly
"Καμία από τις ανωτερότητές σας δεν λειτουργεί εδώ"
"None of your superiority works here"
«Μην έρχεσαι εδώ να μας κοροϊδεύεις»
"don't come here to crow over us"
«Αν δεν μας φοβάσαι, δεν σε φοβόμαστε»
"if you are not afraid of us, we are not afraid of you"
«Να θυμάσαι ότι είσαι ένας εναντίον επτά»
"Remember that you are one against seven"
«Επτά, όπως τα επτά θανάσιμα αμαρτήματα», είπε ο

Πινόκιο
"Seven, like the seven deadly sins," said Pinocchio
και φώναξε με γέλια
and he shouted with laughter
«Ακούστε τον! Μας έχει προσβάλει όλους!»
"Listen to him! He has insulted us all!"
«Μας αποκάλεσε τα επτά θανάσιμα αμαρτήματα!»
"He called us the seven deadly sins!"
«Πάρτε το για αρχή», είπε ένα από τα αγόρια
"Take that to begin with," said one of the boys
«Και κράτα το για το δείπνο σου απόψε»
"and keep it for your supper tonight"
Και, λέγοντας αυτά, τον γρονθοκόπησε στο κεφάλι
And, so saying, he punched him on the head
Αλλά ήταν ένα δούναι και λαβείν
But it was a give and take
επειδή η μαριονέτα επέστρεψε αμέσως το χτύπημα
because the puppet immediately returned the blow
Αυτό δεν ήταν μεγάλη έκπληξη
this was no big surprise
Και ο αγώνας γρήγορα έγινε απελπισμένος
and the fight quickly got desperate
είναι αλήθεια ότι ο Πινόκιο ήταν μόνος
it is true that Pinocchio was alone
Αλλά υπερασπίστηκε τον εαυτό του σαν ήρωα
but he defended himself like a hero
Χρησιμοποίησε τα πόδια του, τα οποία ήταν από το σκληρότερο ξύλο
He used his feet, which were of the hardest wood
Και κρατούσε τους εχθρούς του σε απόσταση σεβασμού
and he kept his enemies at a respectful distance
Όπου άγγιξαν τα πόδια του, άφησαν μώλωπες
Wherever his feet touched they left a bruise
Τα αγόρια έγιναν έξαλλα μαζί του
The boys became furious with him
Χέρι με χέρι δεν μπορούσαν να ταιριάξουν με την μαριονέτα

hand to hand they couldn't match the puppet
Έτσι πήραν άλλα όπλα στα χέρια τους
so they took other weapons into their hands
Τα αγόρια χαλάρωσαν τα σακίδια τους
the boys loosened their satchels
Και του πέταξαν τα σχολικά τους βιβλία
and they threw their school-books at him
γραμματικές, λεξικά και βιβλία ορθογραφίας
grammars, dictionaries, and spelling-books
Βιβλία γεωγραφίας και άλλα σχολικά έργα
geography books and other scholastic works
Αλλά ο Πινόκιο αντέδρασε γρήγορα
But Pinocchio was quick to react
Και είχε κοφτερά μάτια γι' αυτά τα πράγματα
and he had sharp eyes for these things
Πάντα κατάφερνε να σκύψει εγκαίρως
he always managed to duck in time
Έτσι τα βιβλία πέρασαν πάνω από το κεφάλι του
so the books passed over his head

Και αντ' αυτού τα βιβλία έπεσαν στη θάλασσα
and instead the books fell into the sea
Φανταστείτε την έκπληξη των ψαριών!
Imagine the astonishment of the fish!
Νόμιζαν ότι τα βιβλία ήταν κάτι για φαγητό
they thought the books were something to eat
Και όλοι έφτασαν σε μεγάλα κοπάδια ψαριών
and they all arrived in large shoals of fish
Αλλά δοκίμασαν μερικές από τις σελίδες
but they tasted a couple of the pages
Και γρήγορα έφτυσαν ξανά το χαρτί
and they quickly spat the paper out again
και το ψάρι έκανε σκυθρωπά πρόσωπα
and the fish made wry faces
"Αυτό δεν είναι καθόλου φαγητό για εμάς"
"this isn't food for us at all"
"Είμαστε συνηθισμένοι σε κάτι πολύ καλύτερο!"
"we are accustomed to something much better!"
Η μάχη εν τω μεταξύ είχε γίνει πιο σκληρή από ποτέ
The battle meantime had become fiercer than ever
Ένα μεγάλο καβούρι είχε βγει από το νερό
a big crab had come out of the water
Και είχε ανέβει αργά στην ακτή
and he had climbed slowly up on the shore
φώναξε με βραχνή φωνή
he called out in a hoarse voice
Ακουγόταν σαν τρομπέτα με κακό κρυολόγημα
it sounded like a trumpet with a bad cold
«Αρκετά με τις μάχες σας, εσείς οι νεαροί ρουφιάνοι»
"enough of your fighting, you young ruffians"
«Γιατί δεν είσαι τίποτα άλλο από ρουφιάνους!»
"because you are nothing other than ruffians!"
«Αυτοί οι καβγάδες μεταξύ αγοριών σπάνια τελειώνουν καλά»
"These fights between boys seldom finish well"
«Κάποια καταστροφή είναι βέβαιο ότι θα συμβεί!»
"Some disaster is sure to happen!"

Αλλά ο καημένος ο κάβουρας θα έπρεπε να είχε γλιτώσει τον κόπο
but the poor crab should have saved himself the trouble
Θα μπορούσε κάλλιστα να είχε κηρύξει στον άνεμο
He might as well have preached to the wind
Ακόμα κι αυτός ο νεαρός απατεώνας, ο Πινόκιο, γύρισε
Even that young rascal, Pinocchio, turned around
Τον κοίταξε κοροϊδευτικά και είπε με αγένεια:
he looked at him mockingly and said rudely:
«Κράτα τη γλώσσα σου, κουραστικό καβούρι!»
"Hold your tongue, you tiresome crab!"
"Καλύτερα να πιπιλίσεις μερικές παστίλιες γλυκόριζας"
"You had better suck some liquorice lozenges"
"Θεραπεύστε αυτό το κρύο στο λαιμό σας"
"cure that cold in your throat"
Ακριβώς τότε τα αγόρια δεν είχαν άλλα βιβλία
Just then the boys had no more books
Τουλάχιστον, δεν είχαν δικά τους βιβλία
at least, they had no books of their own
κατασκόπευαν σε μικρή απόσταση την τσάντα του Πινόκιο
they spied at a little distance Pinocchio's bag
Και πήραν στην κατοχή τους τα πράγματά του
and they took possession of his things
Ανάμεσα στα βιβλία του υπήρχε ένα δεμένο σε κάρτα
Amongst his books there was one bound in card
Ήταν μια Πραγματεία Αριθμητικής
It was a Treatise on Arithmetic
Ένα από τα αγόρια άρπαξε αυτόν τον τόμο
One of the boys seized this volume
και στόχευσε το βιβλίο στο κεφάλι του Πινόκιο
and he aimed the book at Pinocchio's head
Του το πέταξε με όλη του τη δύναμη
he threw it at him with all his strength
Αλλά το βιβλίο δεν χτύπησε την μαριονέτα
but the book did not hit the puppet
Αντ 'αυτού, το βιβλίο χτύπησε έναν σύντροφο στο

κεφάλι
instead the book hit a companion on the head
Το αγόρι έγινε άσπρο σαν σεντόνι
the boy turned as white as a sheet
«Ω, μητέρα! βοήθεια, πεθαίνω!»
"Oh, mother! help, I am dying!"
και έπεσε όλο το μήκος του στην άμμο
and he fell his whole length on the sand
Τα αγόρια πρέπει να νόμιζαν ότι ήταν νεκρός
the boys must have thought he was dead
Και έφυγαν όσο πιο γρήγορα μπορούσαν να τρέξουν τα πόδια τους
and they ran off as fast as their legs could run
Σε λίγα λεπτά ήταν εκτός οπτικού πεδίου
in a few minutes they were out of sight
Αλλά ο Πινόκιο παρέμεινε με το αγόρι
But Pinocchio remained with the boy
αν και θα προτιμούσε να φύγει και αυτός
although he would have rather ran off too
γιατί και ο φόβος του ήταν μεγάλος
because his fear was also great
Παρ'όλα αυτά, έτρεξε στη θάλασσα
nevertheless, he ran over to the sea
Και μούσκεψε το μαντήλι του στο νερό
and he soaked his handkerchief in the water
Έτρεξε πίσω στον φτωχό συμμαθητή του
he ran back to his poor school-fellow
και άρχισε να λούζει το μέτωπό του
and he began to bathe his forehead
Έκλαψε πικρά από απελπισία
he cried bitterly in despair
Και συνέχισε να τον φωνάζει με το όνομά του
and he kept calling him by name
Και του είπε πολλά:
and he said many things to him:
«Ευγένιος! καημένε μου Ευγένιο!»
"Eugene! my poor Eugene!"

«Άνοιξε τα μάτια σου και κοίταξέ με!»
"Open your eyes and look at me!"
«Γιατί δεν απαντάς;»
"Why do you not answer?"
«Δεν σου το έκανα»
"I did not do it to you"
«Δεν ήμουν εγώ που σε πλήγωσα τόσο!»
"it was not I that hurt you so!"
«Πιστέψτε με, δεν ήμουν εγώ!»
"believe me, it was not me!"
«Άνοιξε τα μάτια σου, Ευγένιος»
"Open your eyes, Eugene"
«Αν κρατήσεις τα μάτια σου κλειστά, θα πεθάνω κι εγώ»
"If you keep your eyes shut I shall die, too"
«Ω! Τι να κάνω;»
"Oh! what shall I do?"
«Πώς θα επιστρέψω ποτέ στο σπίτι;»
"how shall I ever return home?"
«Πώς μπορώ ποτέ να έχω το θάρρος να επιστρέψω στην καλή μου μαμά;»
"How can I ever have the courage to go back to my good mamma?"
«Τι θα απογίνω εγώ;»
"What will become of me?"
«Πού μπορώ να πετάξω;»
"Where can I fly to?"
«Είχα πάει μόνο σχολείο!»
"had I only gone to school!"
«Γιατί άκουσα τους συντρόφους μου;»
"Why did I listen to my companions?"
«Ήταν η καταστροφή μου»
"they have been my ruin"
«Ο δάσκαλος μου το είπε»
"The master said it to me"
«Και η μαμά μου το επαναλάμβανε συχνά»
"and my mamma repeated it often"

"Προσέξτε τους κακούς συντρόφους!"
'Beware of bad companions!'

«Ω, αγαπητέ! Τι θα απογίνω εγώ;»
"Oh, dear! what will become of me?"

Και ο Πινόκιο άρχισε να κλαίει και να κλαίει
And Pinocchio began to cry and sob

Και χτύπησε το κεφάλι του με τις γροθιές του
and he struck his head with his fists

Ξαφνικά άκουσε τον ήχο των βημάτων
Suddenly he heard the sound of footsteps

Γύρισε και είδε δύο στρατιώτες
He turned and saw two soldiers

«Τι κάνεις εκεί;»
"What are you doing there?"

«Γιατί είσαι ξαπλωμένος στο έδαφος;»
"why are you lying on the ground?"

«Βοηθάω τον συμμαθητή μου»
"I am helping my school-fellow"

«Έχει πληγωθεί;»
"Has he been hurt?"

«Φαίνεται ότι έχει πληγωθεί»
"It seems he has been hurt"

«Πονάω πραγματικά!» είπε ένας από αυτούς
"Hurt indeed!" said one of them

Και έσκυψε για να εξετάσει προσεκτικά τον Ευγένιο
and he stooped down to examine Eugene closely

«Αυτό το αγόρι έχει τραυματιστεί στο κεφάλι»
"This boy has been wounded on the head"

«Ποιος τον τραυμάτισε;» ρώτησαν τον Πινόκιο
"Who wounded him?" they asked Pinocchio

«Όχι εγώ», τραύλισε η μαριονέτα με κομμένη την ανάσα
"Not I," stammered the puppet breathlessly

«Αν δεν ήσουν εσύ, ποιος το έκανε;»
"If it was not you, who then did it?"

«Όχι εγώ», επανέλαβε ο Πινόκιο
"Not I," repeated Pinocchio

«Και με τι τραυματίστηκε;»

"And with what was he wounded?"
«Πληγώθηκε με αυτό το βιβλίο»
"he was hurt with this book"
Και η μαριονέτα πήρε από το έδαφος το βιβλίο του
And the puppet picked up from the ground his book
την Αριθμητική Πραγματεία
the Treatise on Arithmetic
Και έδειξε το βιβλίο στον στρατιώτη
and he showed the book to the soldier
«Και σε ποιον ανήκει αυτό;»
"And to whom does this belong?"
«Ανήκει σε μένα», απάντησε ειλικρινά ο Πινόκιο
"It belongs to me," answered Pinocchio, honestly
"Αυτό είναι αρκετό, τίποτα περισσότερο δεν είναι επιθυμητό"
"That is enough, nothing more is wanted"
"Σηκωθείτε και ελάτε μαζί μας αμέσως"
"Get up and come with us at once"
«Μα εγώ...» Ο Πινόκιο προσπάθησε να φέρει αντίρρηση
"But I..." Pinocchio tried to object
«Ελάτε μαζί μας!» επέμεναν
"Come along with us!" they insisted
«Αλλά είμαι αθώος», παρακάλεσε.
"But I am innocent" he pleaded
Αλλά δεν άκουσαν. «Ελάτε μαζί μας!»
but they didn't listen. "Come along with us!"
Πριν φύγουν, οι στρατιώτες κάλεσαν έναν περαστικό ψαρά
Before they left, the soldiers called a passing fishermen
«Σου δίνουμε αυτό το πληγωμένο αγόρι»
"We give you this wounded boy"
«Τον αφήνουμε στη φροντίδα σας»
"we leave him in your care"
«Φέρτε τον στο σπίτι σας και περιποιηθείτε τον»
"Carry him to your house and nurse him"
«Αύριο θα έρθουμε να τον δούμε»
"Tomorrow we will come and see him"

Στη συνέχεια στράφηκαν στον Πινόκιο
They then turned to Pinocchio
«Εμπρός! και περπατήστε γρήγορα"
"Forward! and walk quickly"
"ή θα είναι το χειρότερο για σένα"
"or it will be the worse for you"
Ο Πινόκιο δεν χρειάστηκε να το πει δύο φορές
Pinocchio did not need to be told twice
Η μαριονέτα ξεκίνησε κατά μήκος του δρόμου που οδηγεί στο χωριό
the puppet set out along the road leading to the village
Αλλά ο καημένος ο μικρός διάβολος δεν ήξερε πού ήταν
But the poor little Devil hardly knew where he was
Νόμιζε ότι πρέπει να ονειρεύεται
He thought he must be dreaming
Και τι φοβερό όνειρο ήταν!
and what a dreadful dream it was!
Είδε διπλό και τα πόδια του έτρεμαν
He saw double and his legs shook
Η γλώσσα του προσκολλήθηκε στην οροφή του στόματός του
his tongue clung to the roof of his mouth
Και δεν μπορούσε να αρθρώσει λέξη
and he could not utter a word
Κι όμως, εν μέσω της κατάπληξης και της απάθειάς του
And yet, in the midst of his stupefaction and apathy
Η καρδιά του τρυπήθηκε από ένα σκληρό αγκάθι
his heart was pierced by a cruel thorn
Ήξερε από πού έπρεπε να περάσει
he knew where he had to walk past
κάτω από τα παράθυρα του σπιτιού της καλής νεράιδας
under the windows of the good Fairy's house
Και πήγαινε να τον δει με τους στρατιώτες
and she was going see him with the soldiers
Θα προτιμούσε να είχε πεθάνει
He would rather have died
Σύντομα έφτασαν στο χωριό

soon they reached the village
μια ριπή ανέμου φύσηξε το καπάκι του Πινόκιο από το κεφάλι του
a gust of wind blew Pinocchio's cap off his head
«Θα μου επιτρέψετε;» είπε η μαριονέτα στους στρατιώτες
"Will you permit me?" said the puppet to the soldiers
"Μπορώ να πάω να πάρω το καπέλο μου;"
"can I go and get my cap?"
«Πήγαινε, λοιπόν. αλλά να είστε γρήγοροι γι 'αυτό"
"Go, then; but be quick about it"
Η μαριονέτα πήγε και πήρε το καπέλο του
The puppet went and picked up his cap
Αλλά δεν έβαλε το καπάκι στο κεφάλι του
but he didn't put the cap on his head
Έβαλε το καπάκι ανάμεσα στα δόντια του
he put the cap between his teeth
και άρχισε να τρέχει όσο πιο γρήγορα μπορούσε
and began to run as fast as he could
Έτρεχε πίσω προς την ακτή!
he was running back towards the seashore!
Οι στρατιώτες πίστευαν ότι θα ήταν δύσκολο να τον προσπεράσουν
The soldiers thought it would be difficult to overtake him
Έτσι έστειλαν μετά από αυτόν ένα μεγάλο μαστίγιο
so they sent after him a large mastiff
Είχε κερδίσει τα πρώτα βραβεία σε όλους τους αγώνες σκύλων
he had won the first prizes at all the dog races
Ο Πινόκιο έτρεξε, αλλά ο σκύλος έτρεξε πιο γρήγορα
Pinocchio ran, but the dog ran faster
Οι άνθρωποι ήρθαν στα παράθυρά τους
The people came to their windows
και συνωστίστηκαν στο δρόμο
and they crowded into the street
Ήθελαν να δουν το τέλος του απελπισμένου αγώνα
they wanted to see the end of the desperate race

Ο Πινόκιο διατρέχει τον κίνδυνο να τηγανιστεί σε τηγάνι σαν ψάρι
Pinocchio Runs the Danger of being Fried in a Pan like a Fish

Ο αγώνας δεν πήγαινε καλά για την μαριονέτα
the race was not going well for the puppet
και ο Πινόκιο νόμιζε ότι είχε χάσει
and Pinocchio thought he had lost
Ο Αλιδόρο, ο μαστίφος, είχε τρέξει γρήγορα
Alidoro, the mastiff, had run swiftly
Και κόντεψε να τον προλάβει
and he had nearly caught up with him
Το φοβερό θηρίο ήταν πολύ κοντά πίσω του
the dreadful beast was very close behind him
Μπορούσε να ακούσει το λαχάνιασμα του σκύλου
he could hear the panting of the dog
Δεν υπήρχε ούτε ένα χέρι πλάτος μεταξύ τους
there was not a hand's breadth between them
Μπορούσε ακόμη και να αισθανθεί την καυτή αναπνοή του σκύλου
he could even feel the dog's hot breath
Ευτυχώς η ακτή ήταν κοντά
Fortunately the shore was close
και η θάλασσα ήταν μόνο λίγα βήματα μακριά
and the sea was but a few steps off
Σύντομα έφτασαν στην άμμο της παραλίας
soon they reached the sands of the beach
Έφτασαν εκεί σχεδόν ταυτόχρονα
they got there almost at the same time
Αλλά η μαριονέτα έκανε ένα υπέροχο άλμα
but the puppet made a wonderful leap
Ένας βάτραχος δεν θα μπορούσε να κάνει τίποτα καλύτερο
a frog could have done no better
και βούτηξε στο νερό
and he plunged into the water
Ο Αλιδόρο, αντίθετα, ήθελε να σταματήσει τον εαυτό

του
Alidoro, on the contrary, wished to stop himself
Αλλά παρασύρθηκε από την ώθηση του αγώνα
but he was carried away by the impetus of the race
Πήγε επίσης στη θάλασσα
he also went into the sea
Ο άτυχος σκύλος δεν μπορούσε να κολυμπήσει
The unfortunate dog could not swim
Αλλά έκανε μεγάλες προσπάθειες για να κρατηθεί στη ζωή
but he made great efforts to keep himself afloat
Και κολύμπησε όσο καλύτερα μπορούσε με τα πόδια του
and he swam as well as he could with his paws
Αλλά όσο περισσότερο αγωνιζόταν, τόσο πιο μακριά βυθιζόταν
but the more he struggled the farther he sank
Και σύντομα το κεφάλι του ήταν κάτω από το νερό
and soon his head was under the water
Το κεφάλι του σηκώθηκε πάνω από το νερό για μια στιγμή
his head rose above the water for a moment
Και τα μάτια του κυλούσαν από τρόμο
and his eyes were rolling with terror
Και ο καημένος ο σκύλος γάβγισε:
and the poor dog barked out:
«Πνίγομαι! Πνίγομαι!»
"I am drowning! I am drowning!"
«Πνίγηκε!» φώναξε ο Πινόκιο από απόσταση
"Drown!" shouted Pinocchio from a distance
Ήξερε ότι δεν διέτρεχε πλέον κίνδυνο
he knew that he was in no more danger
«Βοήθησέ με, αγαπητέ Πινόκιο!»
"Help me, dear Pinocchio!"
«Σώσε με από το θάνατο!»
"Save me from death!"
στην πραγματικότητα ο Πινόκιο είχε εξαιρετική καρδιά

in reality Pinocchio had an excellent heart
Άκουσε την αγωνιώδη κραυγή από το σκυλί
he heard the agonizing cry from the dog
Και η μαριονέτα συγκινήθηκε με συμπόνια
and the puppet was moved with compassion
Γύρισε στο σκυλί και είπε:
he turned to the dog, and said:
«Θα σε σώσω», είπε ο Πινόκιο
"I will save you," said Pinocchio
"Αλλά υπόσχεσαι να μην μου δώσεις άλλη ενόχληση;"
"but do you promise to give me no further annoyance?"
«Το υπόσχομαι! Το υπόσχομαι!» γάβγισε ο σκύλος
"I promise! I promise!" barked the dog
«Να είσαι γρήγορος, για χάρη του οίκτου»
"Be quick, for pity's sake"
«Αν καθυστερήσεις άλλο μισό λεπτό, θα είμαι νεκρός»
"if you delay another half-minute I shall be dead"
Ο Πινόκιο δίστασε για μια στιγμή
Pinocchio hesitated for a moment
Αλλά τότε θυμήθηκε τι του είχε πει συχνά ο πατέρας του
but then he remembered what his father had often told him
"Μια καλή πράξη δεν χάνεται ποτέ"
"a good action is never lost"
κολύμπησε γρήγορα στο Αλιδόρο
he quickly swam over to Alidoro
Και έπιασε την ουρά του και με τα δύο χέρια
and he took hold of his tail with both hands
Σύντομα βρέθηκαν ξανά στην ξηρά
soon they were on dry land again
και ο Αλιδόρο ήταν σώος και αβλαβής
and Alidoro was safe and sound
Ο καημένος ο σκύλος δεν άντεχε
The poor dog could not stand
Είχε πιει πολύ αλμυρό νερό
He had drunk a lot of salt water
Και τώρα ήταν σαν μπαλόνι
and now he was like a balloon

Η μαριονέτα, ωστόσο, δεν τον εμπιστευόταν απόλυτα
The puppet, however, didn't entirely trust him
Θεώρησε πιο συνετό να πηδήξει ξανά στο νερό
he thought it more prudent to jump again into the water
Κολύμπησε μια μικρή απόσταση μέσα στο νερό
he swam a little distance into the water
Και φώναξε τον φίλο του που είχε σώσει
and he called out to his friend he had rescued
«Αντίο, Αλιντόρο. Καλό ταξίδι σε σένα"
"Good-bye, Alidoro; a good journey to you"
"Και πάρτε τα συγχαρητήριά μου σε όλους στο σπίτι"
"and take my compliments to all at home"
«Αντίο, Πινόκιο», απάντησε ο σκύλος
"Good-bye, Pinocchio," answered the dog
«Χίλιες ευχαριστίες που μου έσωσες τη ζωή»
"a thousand thanks for having saved my life"
"Μου έχετε κάνει μια μεγάλη υπηρεσία"
"You have done me a great service"
«Και σ' αυτόν τον κόσμο ό,τι δίνεται, επιστρέφεται»
"and in this world what is given is returned"
"Αν μια περίσταση προσφέρει δεν θα το ξεχάσω"
"If an occasion offers I shall not forget it"
Ο Πινόκιο κολύμπησε κατά μήκος της ακτής
Pinocchio swam along the shore
Επιτέλους νόμιζε ότι είχε φτάσει σε ασφαλές μέρος
At last he thought he had reached a safe place
Έτσι έριξε μια ματιά κατά μήκος της ακτής
so he gave a look along the shore
Είδε ανάμεσα στα βράχια ένα είδος σπηλιάς
he saw amongst the rocks a kind of cave
Από το σπήλαιο υπήρχε ένα σύννεφο καπνού
from the cave there was a cloud of smoke
«Σ' αυτή τη σπηλιά πρέπει να υπάρχει φωτιά»
"In that cave there must be a fire"
«Τόσο το καλύτερο», σκέφτηκε ο Πινόκιο
"So much the better," thought Pinocchio
«Θα πάω να στεγνώσω και να ζεσταθώ»

"I will go and dry and warm myself"
«Και μετά;» Ο Πινόκιο αναρωτήθηκε
"and then?" Pinocchio wondered
«Και τότε θα δούμε», κατέληξε
"and then we shall see," he concluded
Έχοντας πάρει την απόφαση, κολύμπησε προς την ξηρά
Having taken the resolution he swam landwards
Ήταν έτοιμος να σκαρφαλώσει στα βράχια
he was was about to climb up the rocks
Αλλά ένιωσε κάτι κάτω από το νερό
but he felt something under the water
Ό,τι κι αν ήταν, ανέβαινε όλο και ψηλότερα
whatever it was rose higher and higher
Και τον μετέφερε στον αέρα
and it carried him into the air
Προσπάθησε να ξεφύγει από αυτό
He tried to escape from it
Αλλά ήταν πολύ αργά για να ξεφύγουμε
but it was too late to get away
Ήταν εξαιρετικά έκπληκτος όταν είδε τι ήταν
he was extremely surprised when he saw what it was
Βρέθηκε κλεισμένος σε ένα μεγάλο δίχτυ
he found himself enclosed in a great net
Ήταν με ένα σμήνος ψαριών κάθε μεγέθους και σχήματος
he was with a swarm of fish of every size and shape
Χτυπούσαν και πάλευαν τριγύρω
they were flapping and struggling around
σαν ένα σμήνος απελπισμένων ψυχών
like a swarm of despairing souls
Την ίδια στιγμή ένας ψαράς βγήκε από τη σπηλιά
At the same moment a fisherman came out of the cave
Ο ψαράς ήταν φρικτά άσχημος
the fisherman was horribly ugly
Και έμοιαζε με θαλάσσιο τέρας
and he looked like a sea monster
Το κεφάλι του δεν ήταν καλυμμένο με μαλλιά

his head was not covered in hair
Αντ 'αυτού είχε ένα παχύ θάμνο πράσινου γρασιδιού
instead he had a thick bush of green grass
Το δέρμα του ήταν πράσινο και τα μάτια του πράσινα
his skin was green and his eyes were green
και η μακριά γενειάδα του έπεσε στο έδαφος
and his long beard came down to the ground
Και φυσικά η γενειάδα του ήταν επίσης πράσινη
and of course his beard was also green
Είχε την εμφάνιση μιας τεράστιας σαύρας
He had the appearance of an immense lizard
μια σαύρα που στέκεται στα πίσω πόδια της
a lizard standing on its hind-paws

Ο ψαράς έβγαλε το δίχτυ του από τη θάλασσα
the fisherman pulled his net out of the sea
«Δόξα τω Θεώ!» αναφώνησε πολύ ικανοποιημένος
"Thank Heaven!" he exclaimed greatly satisfied
«Και πάλι σήμερα θα έχω μια υπέροχη γιορτή ψαριών!»

"Again today I shall have a splendid feast of fish!"
Ο Πινόκιο σκέφτηκε για μια στιγμή
Pinocchio thought to himself for a moment
«Τι έλεος που δεν είμαι ψάρι!»
"What a mercy that I am not a fish!"
Και ξαναβρήκε λίγο θάρρος
and he regained a little courage
Η χούφτα των ψαριών μεταφέρθηκε στη σπηλιά
The netful of fish was carried into the cave
και η σπηλιά ήταν σκοτεινή και καπνιστή
and the cave was dark and smoky
Στη μέση της σπηλιάς υπήρχε ένα μεγάλο τηγάνι
In the middle of the cave was a large frying-pan
και το τηγάνι ήταν γεμάτο λάδι
and the frying-pan was full of oil
υπήρχε μια ασφυκτική μυρωδιά μανιταριών
there was a suffocating smell of mushrooms
Αλλά ο ψαράς ήταν πολύ ενθουσιασμένος
but the fisherman was very excited
«Τώρα θα δούμε τι ψάρια έχουμε πάρει!»
"Now we will see what fish we have taken!"
Και έβαλε στο δίχτυ ένα τεράστιο χέρι
and he put into the net an enormous hand
Το χέρι του είχε τις αναλογίες ενός φτυαριού φούρναρη
his hand had the proportions of a baker's shovel
Και έβγαλε μια χούφτα ψάρια
and he pulled out a handful of fish
«Αυτά τα ψάρια είναι καλά!» είπε
"These fish are good!" he said
Και μύρισε τα ψάρια αυτάρεσκα
and he smelled the fish complacently
Και τότε έριξε τα ψάρια σε μια κατσαρόλα χωρίς νερό
And then he threw the fish into a pan without water
Επανέλαβε την ίδια λειτουργία πολλές φορές
He repeated the same operation many times
Και καθώς έβγαλε το ψάρι, το στόμα του πότισε
and as he drew out the fish his mouth watered

και ο ψαράς γέλασε στον εαυτό του
and the Fisherman chuckled to himself
«Τι εξαίσιες σαρδέλες έχω πιάσει!»
"What exquisite sardines I've caught!"
"Αυτό το σκουμπρί θα είναι νόστιμο!"
"These mackerel are going to be delicious!"
"Και αυτά τα καβούρια θα είναι εξαιρετικά!"
"And these crabs will be excellent!"
"Τι αγαπητός μικρός γαύρος είναι!"
"What dear little anchovies they are!"
Ο τελευταίος που έμεινε στα δίχτυα του ψαρά ήταν ο Πινόκιο
The last to remain in the fisher's net was Pinocchio
Τα μεγάλα πράσινα μάτια του άνοιξαν με έκπληξη
his big green eyes opened with astonishment
"Τι είδους ψάρι είναι αυτό;;"
"What species of fish is this??"
"Ψάρια αυτού του είδους δεν θυμάμαι να έχω φάει"
"Fish of this kind I don't remember to have eaten"
Και τον κοίταξε ξανά προσεκτικά
And he looked at him again attentively
Και τον εξέτασε καλά παντού
and he examined him well all over
«Ξέρω: πρέπει να είναι καραβίδα»
"I know: he must be a craw-fish"
Ο Πινόκιο εξευτελίστηκε που τον μπέρδεψαν με καραβίδα-ψάρι
Pinocchio was mortified at being mistaken for a craw-fish
«Με πας για καραβίδα;»
"Do you take me for a craw-fish?"
"Αυτός δεν είναι τρόπος να φερθείτε στους καλεσμένους σας!"
"that's no way to treat your guests!"
«Άσε με να σου πω ότι είμαι μαριονέτα»
"Let me tell you that I am a puppet"
«Μια μαριονέτα;» απάντησε ο ψαράς
"A puppet?" replied the fisherman

«τότε πρέπει να σου πω την αλήθεια»
"then I must tell you the truth"
"**Μια μαριονέτα είναι ένα αρκετά νέο ψάρι για μένα**"
"a puppet is quite a new fish to me"
"**Αλλά αυτό είναι ακόμα καλύτερο!**"
"but that is even better!"
«Θα σε φάω με μεγαλύτερη ευχαρίστηση»
"I shall eat you with greater pleasure"
«Μπορείς να με φας όσο θέλεις»
"you can eat me all you want"
«Μα θα καταλάβεις ότι δεν είμαι ψάρι;»
"but will you understand that I am not a fish?"
«Δεν ακούς ότι μιλάω;»
"Do you not hear that I talk?"
«Δεν βλέπεις ότι σκέφτομαι όπως εσύ;»
"can you not see that I reason as you do?"
«**Αυτό είναι αλήθεια**», είπε ο ψαράς
"That is quite true," said the fisherman
"**Είσαι πράγματι ένα ψάρι με το ταλέντο να μιλάς**"
"you are indeed a fish with the talent of talking"
"**και είσαι ένα ψάρι που μπορεί να λογικευτεί όπως εγώ**"
"and you are a fish that can reason as I do"
"**Πρέπει να σας φερθώ με την κατάλληλη προσοχή**"
"I must treat you with appropriate attention"
"**Και ποια θα ήταν αυτή η προσοχή;**"
"And what would this attention be?"
«Άσε με να σου δώσω ένα δείγμα της φιλίας μου»
"let me give you a token of my friendship"
«Και επιτρέψτε μου να δείξω την ιδιαίτερη εκτίμησή μου»
"and let me show my particular regard"
«Θα σε αφήσω να επιλέξεις πώς θα ήθελες να μαγειρευτείς»
"I will let you choose how you would like to be cooked"
«Θα ήθελες να τηγανιστείς στο τηγάνι;
"Would you like to be fried in the frying-pan?
"**Η θα προτιμούσατε να μαγειρευτείτε με σάλτσα**

ντομάτας;"
"or would you prefer to be stewed with tomato sauce?"
«Άσε με να σου πω την αλήθεια», απάντησε ο Πινόκιο
"let me tell you the truth," answered Pinocchio
«Αν έπρεπε να διαλέξω, θα ήθελα να αφεθώ ελεύθερος»
"if I had to choose, I would like to be set free"
«Αστειεύεσαι!» γέλασε ο ψαράς
"You are joking!" laughed the fisherman
"Γιατί να χάσω την ευκαιρία να δοκιμάσω ένα τόσο σπάνιο ψάρι;"
"why would I lose the opportunity to taste such a rare fish?"
"Μπορώ να σας διαβεβαιώσω ότι τα ψάρια μαριονέτας είναι σπάνια εδώ"
"I can assure you puppet fish are rare here"
"Δεν πιάνει κανείς ένα ψάρι μαριονέτας κάθε μέρα"
"one does not catch a puppet fish every day"
"Άσε με να κάνω την επιλογή για σένα"
"Let me make the choice for you"
"Θα είσαι με το άλλο ψάρι"
"you will be with the other fish"
«Θα σε τηγανίσω στο τηγάνι»
"I will fry you in the frying-pan"
"και θα είστε αρκετά ικανοποιημένοι"
"and you will be quite satisfied"
"Είναι πάντα παρηγοριά να τηγανίζεσαι με παρέα"
"It is always consolation to be fried in company"
Σε αυτή την ομιλία ο δυστυχισμένος Πινόκιο άρχισε να κλαίει
At this speech the unhappy Pinocchio began to cry
Ούρλιαζε και ικέτευε για έλεος
he screamed and implored for mercy
«Πόσο καλύτερα θα ήταν αν είχα πάει σχολείο!»
"How much better it would have been if I had gone to school!"
«Δεν έπρεπε να ακούσω τους συντρόφους μου»
"I shouldn't have listened to my companions"
"και τώρα το πληρώνω"
"and now I am paying for it"

Και στριφογύρισε σαν χέλι
And he wriggled like an eel
Και έκανε απερίγραπτες προσπάθειες να ξεγλιστρήσει
and he made indescribable efforts to slip out
Αλλά ήταν σφιχτός στα νύχια του πράσινου ψαρά
but he was tight in clutches of the green fisherman
και όλες οι προσπάθειες του Πινόκιο ήταν άχρηστες
and all of Pinocchio's efforts were useless
Ο ψαράς πήρε μια μεγάλη λωρίδα βιασύνης
the fisherman took a long strip of rush
Και έδεσε τις μαριονέτες, τα χέρια και τα πόδια.
and he bound the puppets hands and feet
Ο καημένος ο Πινόκιο ήταν δεμένος σαν λουκάνικο
Poor Pinocchio was tied up like a sausage
Και τον έριξε στο τηγάνι μαζί με τα άλλα ψάρια
and he threw him into the pan with the other fish
Στη συνέχεια έφερε ένα ξύλινο μπολ γεμάτο αλεύρι
He then fetched a wooden bowl full of flour
Και ένας-ένας άρχισε να αλευρώνει κάθε ψάρι
and one by one he began to flour each fish
Σύντομα όλα τα μικρά ψάρια ήταν έτοιμα
soon all the little fish were ready
Και τα πέταξε στο τηγάνι
and he threw them into the frying-pan
Οι πρώτοι που χόρεψαν στο καυτό λάδι ήταν τα φτωχά ντaούκια του Ατλαντικού
The first to dance in the boiling oil were the poor whitings
Τα καβούρια ήταν δίπλα για να ακολουθήσουν το χορό
the crabs were next to follow the dance
Και μετά ήρθαν και οι σαρδέλες
and then the sardines came too
και τελικά οι αντσούγιες ρίχτηκαν μέσα
and finally the anchovies were thrown in
επιτέλους είχε έρθει η σειρά του Πινόκιο
at last it had come to Pinocchio's turn
Είδε τον φρικτό θάνατο να τον περιμένει
he saw the horrible death waiting for him

Και μπορείτε να φανταστείτε πόσο φοβισμένος ήταν
and you can imagine how frightened he was
Έτρεμε βίαια και με μεγάλη προσπάθεια
he trembled violently and with great effort
Και δεν είχε ούτε φωνή ούτε ανάσα για περαιτέρω ικεσίες
and he had neither voice nor breath left for further entreaties
Αλλά το καημένο το αγόρι ικέτευσε με τα μάτια του!
But the poor boy implored with his eyes!
Ο πράσινος ψαράς, ωστόσο, δεν νοιάστηκε καθόλου
The green fisherman, however, didn't care the least
Και τον βύθισε πέντε ή έξι φορές στο αλεύρι
and he plunged him five or six times in the flour
Τελικά ήταν λευκός από το κεφάλι μέχρι τα πόδια
finally he was white from head to foot
Και έμοιαζε με μαριονέτα από γύψο
and he looked like a puppet made of plaster

Ο Πινόκιο επιστρέφει στο σπίτι της νεράιδας
Pinocchio Returns to the Fairy's House

Ο Πινόκιο κρεμόταν πάνω από το τηγάνι
Pinocchio was dangling over the frying pan
Ο ψαράς ήταν έτοιμος να τον ρίξει μέσα
the fisherman was just about to throw him in
Αλλά τότε ένας μεγάλος σκύλος μπήκε στη σπηλιά
but then a large dog entered the cave
Ο σκύλος είχε μυρίσει την αλμυρή μυρωδιά του τηγανητού ψαριού
the dog had smelled the savoury odour of fried fish
Και είχε δελεαστεί μέσα στη σπηλιά
and he had been enticed into the cave
«Φύγε!» φώναξε ο ψαράς
"Get out!" shouted the fisherman
Κρατούσε την αλευρωμένη μαριονέτα στο ένα χέρι
he was holding the floured puppet in one hand

Και απείλησε τον σκύλο με το άλλο χέρι
and he threatened the dog with the other hand
Αλλά ο καημένος ο σκύλος ήταν τόσο πεινασμένος όσο ένας λύκος
But the poor dog was as hungry as a wolf
Και κλαψούρισε και κούνησε την ουρά του
and he whined and wagged his tail
Αν μπορούσε να μιλήσει, θα έλεγε:
if he could have talked he would have said:
«Δώσε μου λίγο ψάρι και θα σε αφήσω ήσυχο»
"Give me some fish and I will leave you in peace"
«Φύγε, σου λέω!» επανέλαβε ο ψαράς
"Get out, I tell you!" repeated the fisherman
Και άπλωσε το πόδι του για να του δώσει μια κλωτσιά
and he stretched out his leg to give him a kick
Αλλά ο σκύλος δεν θα σταθεί ασήμαντος
But the dog would not stand trifling
Ήταν πολύ πεινασμένος για να του αρνηθούν το φαγητό
he was too hungry to be denied the food
Άρχισε να γρυλίζει στον ψαρά
he started growling at the fisherman
Και έδειξε τα τρομερά δόντια του
and he showed his terrible teeth
Εκείνη τη στιγμή μια μικρή αδύναμη φωνή φώναξε
At that moment a little feeble voice called out
«Σώσε με, Αλιντόρο, σε παρακαλώ!»
"Save me, Alidoro, please!"
«Αν δεν με σώσεις, θα τηγανιστώ!»
"If you do not save me I shall be fried!"
Ο σκύλος αναγνώρισε τη φωνή του Πινόκιο
The dog recognized Pinocchio's voice
Το μόνο που είδε ήταν το αλευρωμένο δέμα στο χέρι του ψαρά
all he saw was the floured bundle in the fisherman's hand
Από εκεί πρέπει να προήλθε η φωνή
that must be where the voice had come from

Λοιπόν, τι νομίζετε ότι έκανε;
So what do you think he did?
Ο Αλιντόρο ξεπήδησε στον ψαρά
Alidoro sprung up to the fisherman
Και άρπαξε το δέμα στο στόμα του
and he seized the bundle in his mouth
Κράτησε τη δέσμη απαλά στα δόντια του
he held the bundle gently in his teeth
Και έτρεξε πάλι έξω από τη σπηλιά
and he rushed out of the cave again
Και μετά έφυγε σαν αστραπή
and then he was gone like a flash of lightning
Ο ψαράς ήταν έξαλλος
The fisherman was furious
Το σπάνιο ψάρι μαριονέτα του είχε αρπάξει
the rare puppet fish had been snatched from him
και έτρεξε πίσω από το σκυλί
and he ran after the dog
Προσπάθησε να πάρει πίσω τα ψάρια του
he tried to get his fish back
Αλλά ο ψαράς δεν έτρεξε μακριά
but the fisherman did not run far
επειδή είχε καταληφθεί από βήχα
because he had been taken by a fit of coughing

Ο Αλιδώρος έτρεξε σχεδόν στο χωριό
Alidoro ran almost to the village
Όταν έφτασε στο μονοπάτι σταμάτησε
when he got to the path he stopped
έβαλε τον φίλο του Πινόκιο απαλά στο έδαφος
he put his friend Pinocchio gently on the ground
«Πόσο πρέπει να σε ευχαριστήσω!» είπε η μαριονέτα
"How much I have to thank you for!" said the puppet
«Δεν υπάρχει ανάγκη», απάντησε ο σκύλος
"There is no necessity," replied the dog
«Με έσωσες και τώρα το επέστρεψα»
"You saved me and I have now returned it"
«Ξέρετε ότι πρέπει όλοι να βοηθήσουμε ο ένας τον άλλον σε αυτόν τον κόσμο»
"You know that we must all help each other in this world"
Ο Πινόκιο ήταν χαρούμενος που έσωσε τον Αλιντόρο
Pinocchio was happy to have saved Alidoro
«Μα πώς μπήκες στη σπηλιά;»
"But how did you get into the cave?"
«Ήμουν ξαπλωμένος στην ακτή περισσότερο νεκρός παρά ζωντανός»
"I was lying on the shore more dead than alive"
"Τότε ο άνεμος μου έφερε τη μυρωδιά του τηγανητού

ψαριού"
"then the wind brought to me the smell of fried fish"
"Η μυρωδιά μου άνοιξε την όρεξη"
"The smell excited my appetite"
"και ακολούθησα τη μύτη μου"
"and I followed my nose"
«Αν είχα φτάσει ένα δευτερόλεπτο αργότερα...»
"If I had arrived a second later..."
«Μην το αναφέρεις!» αναστέναξε ο Πινόκιο
"Do not mention it!" sighed Pinocchio
Έτρεμε ακόμα από τρόμο
he was still trembling with fright
«Θα ήμουν μια τηγανητή μαριονέτα μέχρι τώρα»
"I would be a fried puppet by now"
«Ανατριχιάζω μόνο και μόνο όταν το σκέφτομαι!»
"It makes me shudder just to think of it!"
Ο Αλιδόρο γέλασε λίγο με την ιδέα
Alidoro laughed a little at the idea
Αλλά άπλωσε το δεξί του πόδι στην μαριονέτα
but he extended his right paw to the puppet
Ο Πινόκιο κούνησε το πόδι του εγκάρδια
Pinocchio shook his paw heartily
Και μετά πήραν χωριστούς δρόμους
and then they went their separate ways
Ο σκύλος πήρε το δρόμο για το σπίτι
The dog took the road home
και ο Πινόκιο πήγε σε ένα εξοχικό σπίτι όχι πολύ μακριά
and Pinocchio went to a cottage not far off
Υπήρχε ένας μικρός γέρος που ζεσταινόταν στον ήλιο
there was a little old man warming himself in the sun
Ο Πινόκιο μίλησε στον μικρό γέρο
Pinocchio spoke to the little old man
«Πες μου, καλέ άνθρωπε», άρχισε
"Tell me, good man," he started
«Ξέρεις τίποτα για ένα φτωχό αγόρι που το έλεγαν Ευγένιο;»

"do you know anything of a poor boy called Eugene?"
«Τραυματίστηκε στο κεφάλι»
"he was wounded in the head"
"Το αγόρι το έφεραν κάποιοι ψαράδες σε αυτό το εξοχικό σπίτι"
"The boy was brought by some fishermen to this cottage"
"και τώρα δεν ξέρω τι συνέβη σε αυτόν"
"and now I do not know what happened to him"
«Και τώρα είναι νεκρός!» διέκοψε ο Πινόκιο με μεγάλη θλίψη
"And now he is dead!" interrupted Pinocchio with great sorrow
«Όχι, είναι ζωντανός», διέκοψε ο ψαράς
"No, he is alive," interrupted the fisherman
«Και έχει επιστρέψει στο σπίτι του»
"and he has been returned to his home"
«Είναι αλήθεια;» φώναξε η μαριονέτα
"Is it true?" cried the puppet
και ο Πινόκιο χόρεψε με χαρά
and Pinocchio danced with delight
«Τότε η πληγή δεν ήταν σοβαρή;»
"Then the wound was not serious?"
ο μικρός γέρος απάντησε στον Πινόκιο
the little old man answered Pinocchio
«Μπορεί να ήταν πολύ σοβαρό»
"It might have been very serious"
«Θα μπορούσε να ήταν ακόμη και θανατηφόρο»
"it could even have been fatal"
«Του πέταξαν ένα χοντρό βιβλίο στο κεφάλι»
"they threw a thick book at his head"
«Και ποιος του το πέταξε;»
"And who threw it at him?"
«Ένας από τους συμμαθητές του, με το όνομα Πινόκιο»
"One of his school-fellows, by the name of Pinocchio"
«Και ποιος είναι αυτός ο Πινόκιο;» ρώτησε η μαριονέτα
"And who is this Pinocchio?" asked the puppet
Και προσποιήθηκε την άγνοιά του όσο καλύτερα

μπορούσε
and he pretended his ignorance as best he could
«Λένε ότι είναι κακό παιδί»
"They say that he is a bad boy"
"ένας αλήτης, ένας κανονικός καλός για το τίποτα"
"a vagabond, a regular good-for-nothing"
«Συκοφαντίες! όλες συκοφαντίες!»
"Calumnies! all calumnies!"
«Τον ξέρεις αυτόν τον Πινόκιο;»
"Do you know this Pinocchio?"
«Εξ όψεως!» απάντησε η μαριονέτα
"By sight!" answered the puppet
«Και ποια είναι η γνώμη σου γι' αυτόν;» ρώτησε ο μικρός
"And what is your opinion of him?" asked the little man
«Μου φαίνεται πολύ καλό παιδί»
"He seems to me to be a very good boy"
«Ανυπομονεί να μάθει», πρόσθεσε ο Πινόκιο
"he is anxious to learn," added Pinocchio
«Και είναι υπάκουος και στοργικός στον πατέρα και την οικογένειά του»
"and he is obedient and affectionate to his father and family"
Η μαριονέτα εκτόξευσε ένα σωρό ψέματα
the puppet fired off a bunch of lies
Αλλά τότε θυμήθηκε να αγγίξει τη μύτη του
but then he remembered to touch his nose
Η μύτη του φαινόταν να έχει μεγαλώσει περισσότερο από ένα χέρι
his nose seemed to have grown by more than a hand
Πολύ θορυβημένος άρχισε να φωνάζει:
Very much alarmed he began to cry:
«Μη με πιστεύεις, καλέ άνθρωπε»
"Don't believe me, good man"
«Αυτά που είπα ήταν όλα ψέματα»
"what I said were all lies"
«Ξέρω πολύ καλά τον Πινόκιο»
"I know Pinocchio very well"

«και μπορώ να σας διαβεβαιώσω ότι είναι ένα πολύ κακό παιδί»
"and I can assure you that he is a very bad boy"
«Είναι ανυπάκουος και αργόσχολος»
"he is disobedient and idle"
«Αντί να πάει σχολείο, φεύγει με τους συντρόφους του»
"instead of going to school, he runs off with his companions"
Είχε μόλις τελειώσει την ομιλία του όταν η μύτη του έγινε πιο κοντή
He had hardly finished speaking when his nose became shorter
και τελικά η μύτη του επέστρεψε στο παλιό μέγεθος
and finally his nose returned to the old size
Ο μικρός γέρος παρατήρησε το χρώμα των αγοριών
the little old man noticed the boys' colour
"Και γιατί είστε όλοι καλυμμένοι με λευκό;"
"And why are you all covered with white?"
«Θα σου πω γιατί», είπε ο Πινόκιο
"I will tell you why," said Pinocchio
«Χωρίς να το παρατηρήσω, έτριψα τον εαυτό μου σε έναν τοίχο»
"Without observing it I rubbed myself against a wall"
«Δεν ήξερα ότι ο τοίχος ήταν φρεσκοασβεστωμένος»
"little did I know that the wall had been freshly whitewashed"
Ντρεπόταν να ομολογήσει την αλήθεια
he was ashamed to confess the truth
Στην πραγματικότητα είχε αλευρωθεί σαν ψάρι
in fact he had been floured like a fish
«Και τι έκανες με το σακάκι σου;»
"And what have you done with your jacket?"
«Πού είναι το παντελόνι σου και το καπέλο σου;»
"where are your trousers, and your cap?"
«Συνάντησα κάποιους ληστές στο ταξίδι μου»
"I met some robbers on my journey"
«Και μου πήραν όλα μου τα πράγματα»
"and they took all my things from me"
«Καλέ γέροντα, έχω μια χάρη να ρωτήσω»

"Good old man, I have a favour to ask"
«Θα μπορούσες ίσως να μου δώσεις μερικά ρούχα για να επιστρέψω σπίτι;»
"could you perhaps give me some clothes to return home in?"
«Αγόρι μου, θα ήθελα να σε βοηθήσω»
"My boy, I would like to help you"
"αλλά δεν έχω τίποτα άλλο παρά ένα μικρό σάκο"
"but I have nothing but a little sack"
"δεν είναι παρά ένα σακί μέσα στο οποίο κρατάω φασόλια"
"it is but a sack in which I keep beans"
"Αλλά αν το έχετε ανάγκη, πάρτε το"
"but if you have need of it, take it"
Ο Πινόκιο δεν περίμενε να ερωτηθεί δύο φορές
Pinocchio did not wait to be asked twice
Πήρε αμέσως το σάκο
He took the sack at once
και δανείστηκε ένα ψαλίδι
and he borrowed a pair of scissors
και έκοψε μια τρύπα στην άκρη του σάκου
and he cut a hole at the end of the sack
Σε κάθε πλευρά, έκοψε μικρές τρύπες για τα χέρια του
at each side, he cut out small holes for his arms
Και έβαλε το σάκο σαν πουκάμισο
and he put the sack on like a shirt
Και με τα καινούργια του ρούχα ξεκίνησε για το χωριό
And with his new clothing he set off for the village
Αλλά καθώς πήγαινε δεν ένιωθε καθόλου άνετα
But as he went he did not feel at all comfortable
Για κάθε βήμα προς τα εμπρός έκανε ένα ακόμη βήμα προς τα πίσω
for each step forward he took another step backwards
«Πώς θα παρουσιαστώ ποτέ στην καλή μου νεράιδα;»
"How shall I ever present myself to my good little Fairy?"
«Τι θα πει όταν με δει;»
"What will she say when she sees me?"
«Θα μου συγχωρήσει αυτή τη δεύτερη απόδραση;»

"Will she forgive me this second escapade?"
«Ω, είμαι σίγουρος ότι δεν θα με συγχωρήσει!»
"Oh, I am sure that she will not forgive me!"
«Και με εξυπηρετεί σωστά, γιατί είμαι παλιάνθρωπος»
"And it serves me right, because I am a rascal"
«Πάντα υπόσχομαι να διορθώσω τον εαυτό μου»
"I am always promising to correct myself"
«αλλά ποτέ δεν κρατάω το λόγο μου!»
"but I never keep my word!"
Όταν έφτασε στο χωριό ήταν νύχτα
When he reached the village it was night
Και είχε σκοτεινιάσει πολύ
and it had gotten very dark
Μια καταιγίδα είχε έρθει από την ακτή
A storm had come in from the shore
και η βροχή έπεφτε σε χείμαρρους
and the rain was coming down in torrents
πήγε κατευθείαν στο σπίτι της νεράιδας
he went straight to the Fairy's house
Ήταν αποφασισμένος να χτυπήσει την πόρτα
he was resolved to knock at the door
Αλλά όταν ήταν εκεί, το θάρρος του τον εγκατέλειψε
But when he was there his courage failed him
Αντί να χτυπήσει, έτρεξε μακριά περίπου είκοσι βήματα
instead of knocking he ran away some twenty paces
Επέστρεψε στην πόρτα για δεύτερη φορά
He returned to the door a second time
Και κράτησε το ρόπτρο της πόρτας στο χέρι του
and he held the door knocker in his hand
Τρέμοντας, χτύπησε λίγο την πόρτα
trembling, he gave a little knock at the door
Περίμενε και περίμενε τη μητέρα του να ανοίξει την πόρτα
He waited and waited for his mother to open the door
Ο Πινόκιο πρέπει να περίμενε τουλάχιστον μισή ώρα
Pinocchio must have waited no less than half an hour
Επιτέλους άνοιξε ένα παράθυρο στον τελευταίο όροφο

At last a window on the top floor was opened
Το σπίτι ήταν τετραώροφο
the house was four stories high
και ο Πινόκιο είδε ένα μεγάλο σαλιγκάρι
and Pinocchio saw a big Snail
Είχε ένα αναμμένο κερί στο κεφάλι της για να κοιτάζει έξω
it had a lighted candle on her head to look out
"Ποιος είναι εκεί αυτή την ώρα;"
"Who is there at this hour?"
«Είναι η νεράιδα στο σπίτι;» ρώτησε η μαριονέτα
"Is the Fairy at home?" asked the puppet
«Η νεράιδα κοιμάται», απάντησε το σαλιγκάρι
"The Fairy is asleep," answered the snail
«Και δεν πρέπει να αφυπνιστεί»
"and she must not be awakened"
«Μα ποιος είσαι;» ρώτησε το σαλιγκάρι
"but who are you?" asked the Snail
«Εγώ είμαι», απάντησε ο Πινόκιο
"It is I," answered Pinocchio
«Ποιος είμαι;» ρώτησε το σαλιγκάρι
"Who is I?" asked the Snail
«Εγώ είμαι, ο Πινόκιο», απάντησε ο Πινόκιο
"It is I, Pinocchio," answered Pinocchio
«Και ποιος είναι ο Πινόκιο;» ρώτησε το σαλιγκάρι
"And who is Pinocchio?" asked the Snail
"Η μαριονέτα που ζει στο σπίτι της νεράιδας"
"The puppet who lives in the Fairy's house"
«Α, καταλαβαίνω!» είπε το σαλιγκάρι
"Ah, I understand!" said the Snail
"Περίμενε με εκεί"
"Wait for me there"
«Θα κατέβω κάτω και θα ανοίξω την πόρτα»
"I will come down and open the door"
«Να είσαι γρήγορος, για χάρη του οίκτου»
"Be quick, for pity's sake"
«γιατί πεθαίνω από το κρύο»

"because I am dying of cold"
«Αγόρι μου, είμαι σαλιγκάρι»
"My boy, I am a snail"
"και τα σαλιγκάρια δεν βιάζονται ποτέ"
"and snails are never in a hurry"
Πέρασε μια ώρα και μετά δύο
An hour passed, and then two
και η πόρτα δεν είχε ανοίξει ακόμα
and the door was still not opened
Ο Πινόκιο ήταν βρεγμένος πέρα για πέρα
Pinocchio was wet through and through
Και έτρεμε από το κρύο και το φόβο
and he was trembling from cold and fear
Επιτέλους είχε το θάρρος να ξαναχτυπήσει
at last he had the courage to knock again
Αυτή τη φορά χτύπησε πιο δυνατά από πριν
this time he knocked louder than before
Σε αυτό το δεύτερο χτύπημα άνοιξε ένα παράθυρο στον κάτω όροφο
At this second knock a window on the lower story opened
και το ίδιο σαλιγκάρι εμφανίστηκε στο παράθυρο
and the same Snail appeared at the window
«Όμορφο σαλιγκάρι», φώναξε ο Πινόκιο
"Beautiful little Snail," cried Pinocchio
«Περίμενα δύο ώρες!»
"I have been waiting for two hours!"
"Δύο ώρες σε μια τέτοια νύχτα φαίνεται περισσότερο από δύο χρόνια"
"two hours on such a night seems longer than two years"
«Να είσαι γρήγορος, για χάρη του οίκτου»
"Be quick, for pity's sake"
«Αγόρι μου», απάντησε το ήρεμο ζωάκι
"My boy," answered the calm little animal
«Ξέρεις ότι είμαι σαλιγκάρι»
"you know that I am a snail"
"και τα σαλιγκάρια δεν βιάζονται ποτέ"
"and snails are never in a hurry"

Και το παράθυρο έκλεισε ξανά
And the window was shut again
Λίγο αργότερα χτύπησαν τα μεσάνυχτα
Shortly afterwards midnight struck
Μετά μία η ώρα, μετά δύο η ώρα
then one o'clock, then two o'clock
Και η πόρτα παρέμενε άνοιχτη
and the door still remained unopened
Ο Πινόκιο έχασε τελικά κάθε υπομονή
Pinocchio finally lost all patience
Άρπαξε το ρόπτρο της πόρτας οργισμένος
he seized the door knocker in a rage
Σκόπευε να χτυπήσει την πόρτα όσο πιο δυνατά μπορούσε
he intended bang the door as hard as he could
Ένα χτύπημα που θα αντηχούσε μέσα από το σπίτι
a blow that would resound through the house
Το ρόπτρο της πόρτας ήταν κατασκευασμένο από σίδερο
the door knocker was made from iron
Αλλά ξαφνικά μετατράπηκε σε χέλι
but suddenly it turned into an eel
και το χέλι γλίστρησε από το χέρι του Πινόκιο
and the eel slipped out of Pinocchio's hand
Κάτω από το δρόμο ήταν ένα ρεύμα νερού
down the street was a stream of water
και το χέλι εξαφανίστηκε κάτω από το ρέμα
and the eel disappeared down the stream
Ο Πινόκιο τυφλώθηκε από οργή
Pinocchio was blinded with rage
«Αχ! Έτσι είναι;»
"Ah! so that's the way it is?"
«τότε θα κλωτσήσω με όλη μου τη δύναμη»
"then I will kick with all my might"
Ο Πινόκιο έτρεξε λίγο μέχρι την πόρτα
Pinocchio took a little run up to the door
Και κλώτσησε την πόρτα με όλη του τη δύναμη

and he kicked the door with all his might
Ήταν πράγματι ένα ισχυρό δυνατό λάκτισμα
it was indeed a mighty strong kick
Και το πόδι του πέρασε την πόρτα
and his foot went through the door
Ο Πινόκιο προσπάθησε να τραβήξει το πόδι του έξω
Pinocchio tried to pull his foot out
Αλλά τότε συνειδητοποίησε τη δύσκολη θέση του
but then he realized his predicament
Ήταν σαν να είχε καρφωθεί το πόδι του
it was as if his foot had been nailed down
Σκεφτείτε την κατάσταση του καημένου του Πινόκιο!
Think of poor Pinocchio's situation!
Έπρεπε να περάσει το υπόλοιπο της νύχτας στο ένα πόδι
He had to spend the rest of the night on one foot
και το άλλο πόδι ήταν στον αέρα
and the other foot was in the air
Μετά από πολλές ώρες ήρθε τελικά το ξημέρωμα
after many hours daybreak finally came
Και επιτέλους η πόρτα άνοιξε
and at last the door was opened
είχε πάρει μόνο το σαλιγκάρι εννέα ώρες
it had only taken the Snail nine hours
Είχε έρθει από την τέταρτη ιστορία
he had come all the way from the fourth story
Είναι προφανές ότι οι προσπάθειές της πρέπει να ήταν μεγάλες
It is evident that her exertions must have been great
αλλά ήταν εξίσου μπερδεμένη από τον Πινόκιο
but she was equally confused by Pinocchio
«Τι κάνεις με το πόδι σου στην πόρτα;»
"What are you doing with your foot in the door?"
«Ήταν ατύχημα», απάντησε η μαριονέτα
"It was an accident," answered the puppet
"Ω όμορφο σαλιγκάρι, παρακαλώ βοηθήστε με"
"oh beautiful snail, please help me"
"Προσπάθησε να βγάλεις το πόδι μου από την πόρτα"

"try and get my foot out the door"
"Αγόρι μου, αυτό είναι το έργο ενός ξυλουργού""
"My boy, that is the work of a carpenter""
"και δεν υπήρξα ποτέ ξυλουργός"
"and I have never been a carpenter"
"σε αυτή την περίπτωση παρακαλώ πάρτε τη νεράιδα για μένα!"
"in that case please get the Fairy for me!"
«Η νεράιδα κοιμάται ακόμα»
"The Fairy is still asleep"
«Και δεν πρέπει να αφυπνιστεί»
"and she must not be awakened"
"Αλλά τι μπορώ να κάνω με το πόδι μου κολλημένο στην πόρτα;"
"But what can I do with me foot stuck in the door?"
"Υπάρχουν πολλά μυρμήγκια σε αυτόν τον τομέα"
"there are many ants in this area"
"Διασκεδάστε μετρώντας όλα τα μικρά μυρμήγκια"
"Amuse yourself by counting all the little ants"
"Φέρτε μου τουλάχιστον κάτι να φάω"
"Bring me at least something to eat"
«γιατί είμαι αρκετά εξαντλημένος και πεινασμένος»
"because I am quite exhausted and hungry"
«Αμέσως», είπε το σαλιγκάρι
"At once," said the Snail
Στην πραγματικότητα, ήταν σχεδόν τόσο γρήγορο όσο είχε πει
it was in fact almost as fast as she had said
μετά από τρεις ώρες επέστρεψε στον Πινόκιο
after three hours she returned to Pinocchio
και στο κεφάλι της ήταν ένας ασημένιος δίσκος
and on her head was a silver tray
Ο δίσκος περιείχε ένα καρβέλι ψωμί
The tray contained a loaf of bread
και υπήρχε ένα ψητό κοτόπουλο
and there was a roast chicken
και υπήρχαν τέσσερα ώριμα βερίκοκα

and there were four ripe apricots
"Εδώ είναι το πρωινό που σας έστειλε η νεράιδα"
"Here is the breakfast that the Fairy has sent you"
Όλα αυτά ήταν πράγματα που άρεσε στον Πινόκιο να τρώει
these were all things Pinocchio liked to eat
Η μαριονέτα αισθάνθηκε πολύ παρηγορημένη στο θέαμα
The puppet felt very much comforted at the sight
Αλλά τότε άρχισε να τρώει το φαγητό
But then he began to eat the food
Και ήταν πιο αηδιασμένος από τη γεύση
and he was most disgusted by the taste
Ανακάλυψε ότι το ψωμί ήταν γύψος
he discovered that the bread was plaster
Το κοτόπουλο ήταν φτιαγμένο από χαρτόνι
the chicken was made of cardboard
και τα τέσσερα βερίκοκα ήταν αλάβαστρο
and the four apricots were alabaster
Ο καημένος ο Πινόκιο ήθελε να κλάψει
Poor Pinocchio wanted to cry
Μέσα στην απελπισία του προσπάθησε να πετάξει το δίσκο
In his desperation he tried to throw away the tray
Ίσως ήταν λόγω της θλίψης του
perhaps it was because of his grief
ή θα μπορούσε να ήταν ότι ήταν εξαντλημένος
or it could have been that he was exhausted
Και η μικρή μαριονέτα λιποθύμησε από την προσπάθεια
and the little puppet fainted from the effort
Τελικά ανέκτησε τις αισθήσεις του
eventually he regained consciousness
Και διαπίστωσε ότι ήταν ξαπλωμένος σε έναν καναπέ
and he found that he was lying on a sofa
και η καλή νεράιδα ήταν δίπλα του
and the good Fairy was beside him

«Θα σε συγχωρήσω για άλλη μια φορά», είπε η νεράιδα
"I will pardon you once more," the Fairy said
«Αλλά αλίμονο σε σένα αν συμπεριφερθείς άσχημα για τρίτη φορά!»
"but woe to you if you behave badly a third time!"
Ο Πινόκιο υποσχέθηκε και ορκίστηκε ότι θα σπουδάσει
Pinocchio promised and swore that he would study
Και ορκίστηκε ότι θα συμπεριφερόταν πάντα καλά
and he swore he would always conduct himself well
Και κράτησε το λόγο του για το υπόλοιπο του έτους
And he kept his word for the remainder of the year
Ο Πινόκιο πήρε πολύ καλούς βαθμούς στο σχολείο
Pinocchio got very good grades at school
και είχε την τιμή να είναι ο καλύτερος μαθητής
and he had the honour of being the best student
Η συμπεριφορά του γενικά ήταν πολύ αξιέπαινη
his behaviour in general was very praiseworthy
και η νεράιδα ήταν πολύ ευχαριστημένη μαζί του
and the Fairy was very much pleased with him
«Αύριο η επιθυμία σου θα ικανοποιηθεί»
"Tomorrow your wish shall be gratified"
«Τι ευχή ήταν αυτή;» ρώτησε ο Πινόκιο
"what wish was that?" asked Pinocchio
«Αύριο θα πάψεις να είσαι ξύλινη μαριονέτα»
"Tomorrow you shall cease to be a wooden puppet"
«Και τελικά θα γίνεις αγόρι»
"and you shall finally become a boy"
δεν μπορούσες να φανταστείς τη χαρά του Πινόκιο
you could not have imagined Pinocchio's joy
και επετράπη στον Πινόκιο να κάνει πάρτι
and Pinocchio was allowed to have a party
Όλοι οι συμμαθητές του έπρεπε να προσκληθούν
All his school-fellows were to be invited
θα υπήρχε ένα μεγάλο πρωινό στο σπίτι της νεράιδας
there would be a grand breakfast at the Fairy's house
Μαζί θα γιόρταζαν το μεγάλο γεγονός
together they would celebrate the great event

Η νεράιδα είχε ετοιμάσει διακόσια φλιτζάνια καφέ και γάλα
The Fairy had prepared two hundred cups of coffee and milk
και τετρακόσια ψωμιά κόπηκαν
and four hundred rolls of bread were cut
και όλο το ψωμί ήταν βουτυρωμένο σε κάθε πλευρά
and all the bread was buttered on each side
Η μέρα υποσχέθηκε να είναι πιο χαρούμενη και ευχάριστη
The day promised to be most happy and delightful
Αλλά...
but...
Δυστυχώς στη ζωή των μαριονετών υπάρχει πάντα ένα "αλλά" που χαλάει τα πάντα
Unfortunately in the lives of puppets there is always a "but" that spoils everything

Η χώρα των πουλιών Μπούμπι
The Land of the Boobie Birds

Φυσικά ο Πινόκιο ζήτησε την άδεια της νεράιδας
Of course Pinocchio asked the Fairy's permission
"Μπορώ να πάω γύρω από την πόλη για να μοιράσω τις προσκλήσεις;"
"may I go round the town to give out the invitations?"
Και η Νεράιδα του είπε:
and the Fairy said to him:
"Πήγαινε, αν θέλεις, έχεις την άδειά μου"
"Go, if you like, you have my permission"
"Προσκαλέστε τους συντρόφους σας για το πρωινό αύριο"
"invite your companions for the breakfast tomorrow"
"Αλλά θυμηθείτε να επιστρέψετε στο σπίτι πριν νυχτώσει"
"but remember to return home before dark"
«Κατάλαβες;» έλεγξε

"Have you understood?" she checked
«Υπόσχομαι να επιστρέψω σε μια ώρα»
"I promise to be back in an hour"
«Πρόσεχε, Πινόκιο!» τον προειδοποίησε
"Take care, Pinocchio!" she cautioned him
«Τα αγόρια είναι πάντα πολύ έτοιμα να υποσχεθούν»
"Boys are always very ready to promise"
"Αλλά γενικά τα αγόρια αγωνίζονται να κρατήσουν το λόγο τους"
"but generally boys struggle to keep their word"
«Αλλά δεν είμαι σαν τα άλλα αγόρια»
"But I am not like other boys"
«Όταν λέω κάτι, το κάνω»
"When I say a thing, I do it"
«Θα δούμε αν θα τηρήσετε την υπόσχεσή σας»
"We shall see if you will keep your promise"
«Αν είσαι ανυπάκουος, τόσο το χειρότερο για σένα»
"If you are disobedient, so much the worse for you"
"Γιατί να είναι τόσο το χειρότερο για μένα;"
"Why would it be so much the worse for me?"
«Υπάρχουν αγόρια που δεν ακούν τις συμβουλές»
"there are boys who do not listen to the advice"
"συμβουλές από ανθρώπους που γνωρίζουν περισσότερα από αυτούς"
"advice from people who know more than them"
"και πάντα συναντούν κάποια ατυχία ή άλλη"
"and they always meet with some misfortune or other"
«Το έχω βιώσει αυτό», είπε ο Πινόκιο
"I have experienced that," said Pinocchio
«αλλά δεν θα ξανακάνω ποτέ αυτό το λάθος»
"but I shall never make that mistake again"
«Θα δούμε αν αυτό είναι αλήθεια»
"We shall see if that is true"
και η μαριονέτα άφησε την καλή του Νεράιδα
and the puppet took leave of his good Fairy
η καλή νεράιδα ήταν τώρα σαν μαμά γι 'αυτόν
the good Fairy was now like a mamma to him

Και βγήκε από το σπίτι τραγουδώντας και χορεύοντας
and he went out of the house singing and dancing
Σε λιγότερο από μία ώρα όλοι οι φίλοι του προσκλήθηκαν
In less than an hour all his friends were invited
Μερικοί δέχτηκαν αμέσως εγκάρδια
Some accepted at once heartily
Άλλοι στην αρχή απαιτούσαν κάποια πειθώ
others at first required some convincing
Αλλά τότε άκουσαν ότι θα υπήρχε καφές
but then they heard that there would be coffee
Και το ψωμί επρόκειτο να βουτυρωθεί και από τις δύο πλευρές
and the bread was going to be buttered on both sides
"Θα έρθουμε επίσης, για να σας κάνουμε μια χαρά"
"We will come also, to do you a pleasure"

Τώρα πρέπει να σας πω ότι ο Πινόκιο είχε πολλούς

φίλους
Now I must tell you that Pinocchio had many friends
Και υπήρχαν πολλά αγόρια με τα οποία πήγαινε σχολείο
and there were many boys he went to school with
Αλλά υπήρχε ένα αγόρι που του άρεσε ιδιαίτερα
but there was one boy he especially liked
Το όνομα αυτού του αγοριού ήταν Ρωμαίος
This boy's name was Romeo
Αλλά πάντα πήγαινε με το ψευδώνυμό του
but he always went by his nickname
όλα τα αγόρια τον αποκαλούσαν Φιτίλι κεριού
all the boys called him Candle-wick
επειδή ήταν τόσο λεπτός, ίσιος και φωτεινός
because he was so thin, straight and bright
σαν το νέο φυτίλι ενός μικρού νυχτερινού φωτός
like the new wick of a little nightlight
Το φυτίλι κεριών ήταν το πιο τεμπέλης από τα αγόρια
Candle-wick was the laziest of the boys
Και ήταν πιο άτακτος και από τα άλλα αγόρια
and he was naughtier than the other boys too
αλλά ο Πινόκιο ήταν αφοσιωμένος σε αυτόν
but Pinocchio was devoted to him
είχε πάει στο σπίτι του Φιτίλι κεριού πριν από τους άλλους
he had gone to Candle-wick's house before the others
Αλλά δεν τον είχε βρει
but he had not found him
Επέστρεψε για δεύτερη φορά, αλλά το Φιτίλι κεριού δεν ήταν εκεί
He returned a second time, but Candle-wick was not there
Πήγε για τρίτη φορά, αλλά μάταια
He went a third time, but it was in vain
Πού θα μπορούσε να τον ψάξει;
Where could he search for him?
Κοίταξε εδώ, εκεί και παντού
He looked here, there, and everywhere

και επιτέλους βρήκε τον φίλο του Φιτίλι κεριού
and at last he found his friend Candle-wick
Κρυβόταν στη βεράντα του εξοχικού ενός αγρότη
he was hiding on the porch of a peasant's cottage
«Τι κάνεις εκεί;» ρώτησε ο Πινόκιο
"What are you doing there?" asked Pinocchio
«Περιμένω μεσάνυχτα»
"I am waiting for midnight"
«Θα το σκάσω»
"I am going to run away"
«Και πού πας;»
"And where are you going?"
«Θα ζήσω σε άλλη χώρα»
"I am going to live in another country"
"Η πιο όμορφη χώρα στον κόσμο"
"the most delightful country in the world"
"Μια πραγματική χώρα γλυκών!"
"a real land of sweetmeats!"
"Και πώς λέγεται;"
"And what is it called?"
"Ονομάζεται η χώρα των βυζιών"
"It is called the Land of Boobies"
«Γιατί δεν έρχεσαι κι εσύ;»
"Why do you not come, too?"
«Εγώ; Όχι, ακόμα κι αν ήθελα!»
"I? No, even if I wanted to!"
«Κάνεις λάθος, Πινόκιο»
"You are wrong, Pinocchio"
«Αν δεν έρθεις, θα μετανοήσεις»
"If you do not come you will repent it"
"Πού θα μπορούσατε να βρείτε μια καλύτερη χώρα για τα αγόρια;"
"Where could you find a better country for boys?"
«Δεν υπάρχουν σχολεία εκεί»
"There are no schools there"
«Δεν υπάρχουν αφέντες εκεί»
"there are no masters there"

«Και δεν υπάρχουν βιβλία εκεί»
"and there are no books there"
"Σε αυτή την όμορφη γη κανείς δεν μελετά ποτέ"
"In that delightful land nobody ever studies"
«Το Σάββατο δεν υπάρχει ποτέ σχολείο»
"On Saturday there is never school"
"κάθε εβδομάδα αποτελείται από έξι Σάββατα"
"every week consists of six Saturdays"
"και το υπόλοιπο της εβδομάδας είναι Κυριακές"
"and the remainder of the week are Sundays"
"Σκέψου όλη την ώρα που υπάρχει για να παίξεις"
"think of all the time there is to play"
"οι φθινοπωρινές διακοπές αρχίζουν την πρώτη Ιανουαρίου"
"the autumn holidays begin on the first of January"
"και τελειώνουν την τελευταία ημέρα του Δεκεμβρίου"
"and they finish on the last day of December"
«Αυτή είναι η χώρα για μένα!»
"That is the country for me!"
«Έτσι πρέπει να είναι όλες οι πολιτισμένες χώρες!»
"That is what all civilized countries should be like!"
"Αλλά πώς είναι οι μέρες που περνούν στη χώρα των βυζιών;"
"But how are the days spent in the Land of Boobies?"
"Οι μέρες περνούν στο παιχνίδι και τη διασκέδαση"
"The days are spent in play and amusement"
"Διασκεδάζεις από το πρωί μέχρι το βράδυ"
"you enjoy yourself from morning till night"
«Και όταν έρθει η νύχτα πας για ύπνο»
"and when night comes you go to bed"
"και μετά ξαναρχίζεις τη διασκέδαση την επόμενη μέρα"
"and then you recommence the fun the next day"
«Ποια είναι η γνώμη σου γι' αυτό;»
"What do you think of it?"
«Βουητό!» είπε ο Πινόκιο σκεπτόμενος
"Hum!" said Pinocchio thoughtfully

και κούνησε ελαφρά το κεφάλι του
and he shook his head slightly
Η χειρονομία φάνηκε να λέει κάτι
the gesture did seem to say something
«Αυτή είναι μια ζωή που επίσης θα ζούσα πρόθυμα»
"That is a life that I also would willingly lead"
Αλλά δεν είχε αποδεχθεί ακόμα την πρόσκληση
but he had not accepted the invitation yet
«Λοιπόν, θα πας μαζί μου;»
"Well, will you go with me?"
«Ναι ή όχι; Επιλύστε γρήγορα"
"Yes or no? Resolve quickly"
«Όχι, όχι, όχι και πάλι όχι»
"No, no, no, and no again"
«Υποσχέθηκα στην καλή μου νεράιδα να είναι καλό παιδί»
"I promised my good Fairy to be good boy"
«και θα κρατήσω το λόγο μου»
"and I will keep my word"
«Ο ήλιος σύντομα θα δύει»
"the sun will soon be setting"
«Πρέπει λοιπόν να σε αφήσω και να φύγω»
"so I must leave you and run away"
"Αντίο και καλό ταξίδι σε σας"
"Good-bye, and a pleasant journey to you"
«Πού βιάζεσαι τόσο βιαστικά;»
"Where are you rushing off to in such a hurry?"
«Πάω σπίτι», είπε ο Πινόκιο
"I am going home," said Pinocchio
"Η καλή μου νεράιδα μου εύχεται να επιστρέψω πριν νυχτώσει"
"My good Fairy wishes me to be back before dark"
"Περιμένετε άλλα δύο λεπτά"
"Wait another two minutes"
«Θα με κάνει πολύ αργά»
"It will make me too late"
«Μόνο δύο λεπτά», παρακάλεσε ο Φιτίλι κεριού

"Only two minutes," Candle-wick pleaded
"Και αν η νεράιδα με μαλώνει;"
"And if the Fairy scolds me?"
«Αφήστε την να σας μαλώσει», πρότεινε
"Let her scold you," he suggested
Το φυτίλι κεριών ήταν αρκετά πειστικό rascal
Candle-wick was quite a persuasive rascal
"Όταν έχει επιπλήξει καλά, θα κρατήσει τη γλώσσα της"
"When she has scolded well she will hold her tongue"
«Και τι θα κάνεις;»
"And what are you going to do?"
«Πας μόνος ή με συντρόφους;»
"Are you going alone or with companions?"
«Ω, μην ανησυχείς γι' αυτόν τον Πινόκιο»
"oh don't worry about that Pinocchio"
"Δεν θα είμαι μόνος στη χώρα των βυζιών"
"I will not be alone in the Land of Boobies"
«Θα υπάρχουν περισσότερα από εκατό αγόρια»
"there will be more than a hundred boys"
«Και κάνεις το ταξίδι με τα πόδια;»
"And do you make the journey on foot?"
"Ένας προπονητής θα περάσει σύντομα"
"A coach will pass by shortly"
«Η άμαξα θα με πάει σε αυτή την ευτυχισμένη χώρα»
"the carriage will take me to that happy country"
«Τι δεν θα έδινα για να περάσει ο προπονητής τώρα!»
"What would I not give for the coach to pass by now!"
«Γιατί θέλεις να έρθει τόσο άσχημα ο προπονητής;»
"Why do you want the coach to come by so badly?"
«για να σας δω όλους μαζί»
"so that I can see you all go together"
«Μείνε εδώ λίγο ακόμα, Πινόκιο»
"Stay here a little longer, Pinocchio"
"Μείνε λίγο ακόμα και θα μας δεις"
"stay a little longer and you will see us"
«Όχι, όχι, πρέπει να πάω σπίτι»

"No, no, I must go home"
"Απλά περιμένετε άλλα δύο λεπτά"
"just wait another two minutes"
"Έχω ήδη καθυστερήσει πάρα πολύ"
"I have already delayed too long"
«Η νεράιδα θα ανησυχεί για μένα»
"The Fairy will be anxious about me"
«Φοβάται ότι οι νυχτερίδες θα σε φάνε;»
"Is she afraid that the bats will eat you?"
Ο Πινόκιο είχε γίνει λίγο περίεργος
Pinocchio had grown a little curious
«Είστε σίγουροι ότι δεν υπάρχουν σχολεία;»
"are you certain that there are no schools?"
«Δεν υπάρχει καν η σκιά ενός σχολείου»
"there is not even the shadow of a school"
«Και δεν υπάρχουν ούτε αφέντες;»
"And are there no masters either?"
"η χώρα των Μπούμπις είναι απαλλαγμένη από αφέντες"
"the Land of the Boobies is free of masters"
"Και κανείς δεν αναγκάζεται ποτέ να μελετήσει;"
"And no one is ever made to study?"
«Ποτέ, ποτέ και ποτέ ξανά!»
"Never, never, and never again!"
Το στόμα του Πινόκιο ποτίστηκε στην ιδέα
Pinocchio's mouth watered at the idea
«Τι υπέροχη χώρα!» είπε ο Πινόκιο
"What a delightful country!" said Pinocchio
«Δεν έχω πάει ποτέ εκεί», είπε ο Φιτίλι κεριού
"I have never been there," said Candle-wick
"αλλά μπορώ να το φανταστώ πολύ καλά"
"but I can imagine it perfectly well"
«Γιατί δεν θα έρθεις κι εσύ;»
"Why will you not come also?"
«Είναι ανώφελο να με δελεάζεις»
"It is useless to tempt me"
«Έδωσα μια υπόσχεση στην καλή μου νεράιδα»

"I made a promise to my good Fairy"
«Θα γίνω λογικό αγόρι»
"I will become a sensible boy"
«και δεν θα αθετήσω το λόγο μου»
"and I will not break my word"
«Αντίο, λοιπόν», είπε ο Φιτίλι κεριού
"Good-bye, then," said Candle-wick
«Δώστε τα συγχαρητήριά μου σε όλα τα αγόρια στο σχολείο»
"give my compliments to all the boys at school"
«Αντίο, Φιτίλι κεριού. Ένα ευχάριστο ταξίδι για εσάς"
"Good-bye, Candle-wick; a pleasant journey to you"
"Διασκεδάστε σε αυτή την ευχάριστη γη"
"amuse yourself in this pleasant land"
"και σκέψου μερικές φορές τους φίλους σου"
"and think sometimes of your friends"
Λέγοντας αυτά, η μαριονέτα έκανε δύο βήματα για να πάει
Thus saying, the puppet made two steps to go
Αλλά στη συνέχεια σταμάτησε στα μισά του δρόμου
but then he stopped halfway in his track
Και, γυρίζοντας στον φίλο του, ρώτησε:
and, turning to his friend, he inquired:
"Αλλά είστε σίγουροι για όλα αυτά;"
"But are you quite certain about all this?"
"Σε αυτή τη χώρα όλες οι εβδομάδες αποτελούνται από έξι Σάββατα;"
"in that country all the weeks consist of six Saturdays?"
"και η υπόλοιπη εβδομάδα αποτελείται από Κυριακές;"
"and the rest of the week consists of Sundays?"
"όλες οι καθημερινές αποτελούνται σίγουρα από έξι Σάββατα"
"all the weekdays most certainly consist of six Saturdays"
"και οι υπόλοιπες ημέρες είναι πράγματι Κυριακές"
"and the rest of the days are indeed Sundays"
"Και είσαι σίγουρος για τις διακοπές;"
"and are you quite sure about the holidays?"

"οι διακοπές αρχίζουν σίγουρα την πρώτη Ιανουαρίου;"
"the holidays definitely begin on the first of January?"
"και είστε σίγουροι ότι οι διακοπές τελειώνουν την τελευταία ημέρα του Δεκεμβρίου;"
"and you're sure the holidays finish on the last day of December?"
«Είμαι βέβαιος ότι έτσι είναι»
"I am assuredly certain that this is how it is"
«Τι υπέροχη χώρα!» επανέλαβε ο Πινόκιο
"What a delightful country!" repeated Pinocchio
Και μαγεύτηκε από όλα όσα είχε ακούσει
and he was enchanted by all that he had heard
αυτή τη φορά ο Πινόκιο μίλησε πιο αποφασιστικά
this time Pinocchio spoke more resolute
«Αυτή τη φορά πραγματικά αντίο»
"This time really good-bye"
"Σας εύχομαι καλό ταξίδι και ζωή"
"I wish you pleasant journey and life"
«Αντίο, φίλε μου», υποκλίθηκε ο Φιτίλι κεριού
"Good-bye, my friend," bowed Candle-wick
«Πότε ξεκινάς;» ρώτησε ο Πινόκιο
"When do you start?" inquired Pinocchio
«Θα φύγω πολύ σύντομα»
"I will be leaving very soon"
«Τι κρίμα που πρέπει να φύγεις τόσο σύντομα!»
"What a pity that you must leave so soon!"
«Θα έμπαινα σχεδόν στον πειρασμό να περιμένω»
"I would almost be tempted to wait"
«Και η νεράιδα;» ρώτησε ο Φιτίλι κεριού
"And the Fairy?" asked Candle-wick
«Είναι ήδη αργά», επιβεβαίωσε ο Πινόκιο
"It is already late," confirmed Pinocchio
«Μπορώ να επιστρέψω σπίτι μια ώρα νωρίτερα»
"I can return home an hour sooner"
"ή μπορώ να επιστρέψω σπίτι μια ώρα αργότερα"
"or I can return home an hour later"
"Πραγματικά θα είναι όλα τα ίδια"

"really it will be all the same"
"αλλά τι γίνεται αν η νεράιδα σας επιπλήξει;"
"but what if the Fairy scolds you?"
«Πρέπει να έχω υπομονή!»
"I must have patience!"
«Θα την αφήσω να με μαλώσει»
"I will let her scold me"
"Όταν έχει επιπλήξει καλά, θα κρατήσει τη γλώσσα της"
"When she has scolded well she will hold her tongue"
Εν τω μεταξύ είχε έρθει η νύχτα
In the meantime night had come on
Και μέχρι τώρα είχε σκοτεινιάσει αρκετά
and by now it had gotten quite dark
Ξαφνικά είδαν στο βάθος ένα μικρό φως να κινείται
Suddenly they saw in the distance a small light moving

Άκουσαν ένα θόρυβο ομιλίας
they heard a noise of talking

Και ακούστηκε ο ήχος μιας τρομπέτας
and there was the sound of a trumpet
Αλλά ο ήχος ήταν ακόμα μικρός και αδύναμος
but the sound was still small and feeble
Έτσι ο ήχος εξακολουθούσε να μοιάζει με το βουητό ενός κουνούπι
so the sound still resembled the hum of a mosquito
«Εδώ είναι!» φώναξε ο Φιτίλι κεριού, πηδώντας στα πόδια του
"Here it is!" shouted Candle-wick, jumping to his feet
«Τι είναι αυτό;» ρώτησε ψιθυριστά ο Πινόκιο
"What is it?" asked Pinocchio in a whisper
«Είναι η άμαξα που έρχεται να με πάρει»
"It is the carriage coming to take me"
«Θα έρθεις λοιπόν, ναι ή όχι;»
"so will you come, yes or no?"
«Μα είναι αλήθεια;» ρώτησε η μαριονέτα
"But is it really true?" asked the puppet
«Σε αυτή τη χώρα τα αγόρια δεν είναι ποτέ υποχρεωμένα να σπουδάσουν;»
"in that country boys are never obliged to study?"
«Ποτέ, ποτέ και ποτέ ξανά!»
"Never, never, and never again!"
"Τι υπέροχη χώρα!"
"What a delightful country!"

Ο Πινόκιο απολαμβάνει έξι μήνες ευτυχίας
Pinocchio Enjoys Six Months of Happiness

Επιτέλους έφτασε το βαγόνι
At last the wagon finally arrived
και έφτασε χωρίς να κάνει τον παραμικρό θόρυβο
and it arrived without making the slightest noise
επειδή οι τροχοί του ήταν δεμένοι με λινάρι και κουρέλια
because its wheels were bound with flax and rags

Το σχεδίαζαν δώδεκα ζευγάρια γαϊδούρια
It was drawn by twelve pairs of donkeys
όλα τα γαϊδούρια είχαν το ίδιο μέγεθος
all the donkeys were the same size
Αλλά κάθε γαϊδούρι είχε διαφορετικό χρώμα
but each donkey was a different colour
Μερικά από τα γαϊδούρια ήταν γκρίζα
Some of the donkeys were gray
και μερικά από τα γαϊδούρια ήταν λευκά
and some of the donkeys were white
Και μερικά γαϊδούρια ήταν γεμάτα πιπέρι και αλάτι
and some donkeys were brindled like pepper and salt
και άλλα γαϊδούρια είχαν μεγάλες λωρίδες κίτρινου και μπλε
and other donkeys had large stripes of yellow and blue
Αλλά υπήρχε κάτι πολύ εξαιρετικό γι 'αυτούς
But there was something most extraordinary about them
Δεν ήταν παπουτσωμένοι όπως τα άλλα υποζύγια
they were not shod like other beasts of burden
Στα πόδια τους τα γαϊδούρια είχαν ανδρικές μπότες
on their feet the donkeys had men's boots
«Και ο αμαξάς;» μπορεί να ρωτήσετε
"And the coachman?" you may ask
Φανταστείτε στον εαυτό σας έναν μικρό άνθρωπο ευρύτερο από το μακρύ
Picture to yourself a little man broader than long
πλαδαρό και λιπαρό σαν κομμάτι βούτυρο
flabby and greasy like a lump of butter
με ένα μικρό στρογγυλό πρόσωπο σαν πορτοκαλί
with a small round face like an orange
Ένα μικρό στόμα που πάντα γελούσε
a little mouth that was always laughing
και μια απαλή, χαϊδεμένη φωνή μιας γάτας
and a soft, caressing voice of a cat
Όλα τα αγόρια πάλεψαν για τη θέση τους στο πούλμαν
All the boys fought for their place in the coach
όλοι ήθελαν να οδηγηθούν στη Χώρα των Βυζιών

they all wanted to be conducted to the Land of Boobies
Η άμαξα ήταν, στην πραγματικότητα, αρκετά γεμάτη αγόρια
The carriage was, in fact, quite full of boys
Και όλα τα αγόρια ήταν μεταξύ οκτώ και δεκατεσσάρων ετών
and all the boys were between eight and fourteen years
Τα αγόρια στοιβάζονταν το ένα πάνω στο άλλο
the boys were heaped one upon another
Ακριβώς όπως οι ρέγγες συμπιέζονται σε ένα βαρέλι
just like herrings are squeezed into a barrel
Ήταν άβολα και στοιβαγμένα στενά μεταξύ τους
They were uncomfortable and packed closely together
και μετά βίας μπορούσαν να αναπνεύσουν
and they could hardly breathe
Αλλά κανένα από τα αγόρια δεν σκέφτηκε να γκρινιάξει
but not one of the boys thought of grumbling
Παρηγορήθηκαν από τις υποσχέσεις του προορισμού τους
they were consoled by the promises of their destination
Ένα μέρος χωρίς βιβλία, χωρίς σχολεία και χωρίς δασκάλους
a place with no books, no schools, and no masters
Τους έκανε τόσο χαρούμενους και παραιτημένους
it made them so happy and resigned
Και δεν ένιωθαν ούτε κούραση ούτε ενόχληση
and they felt neither fatigue nor inconvenience
ούτε πείνα, ούτε δίψα, ούτε έλλειψη ύπνου
neither hunger, nor thirst, nor want of sleep
Σύντομα το βαγόνι τους είχε φτάσει
soon the wagon had reached them
ο μικρός άνδρας γύρισε κατευθείαν στο Φιτίλι κεριού
the little man turned straight to Candle-wick
Είχε χίλια χαμόγελα και μορφασμούς
he had a thousand smirks and grimaces
«Πες μου, καλό μου αγόρι».

"Tell me, my fine boy;"
"Θα θέλατε επίσης να πάτε στην τυχερή χώρα;"
"would you also like to go to the fortunate country?"
"Σίγουρα θέλω να πάω"
"I certainly wish to go"
«Αλλά πρέπει να σε προειδοποιήσω, αγαπητό μου παιδί»
"But I must warn you, my dear child"
«Δεν έχει μείνει θέση στο βαγόνι»
"there is not a place left in the wagon"
"Μπορείτε να δείτε μόνοι σας ότι είναι αρκετά γεμάτο"
"You can see for yourself that it is quite full"
«Δεν πειράζει», απάντησε ο Φιτίλι κεριού
"No matter," replied Candle-wick
"Δεν χρειάζεται να καθίσω στο βαγόνι"
"I do not need to sit in the wagon"
«Θα καθίσω στην καμάρα του τροχού»
"I will sit on the arch of the wheel"
Και με ένα άλμα κάθισε πάνω από τον τροχό
And with a leap he sat above the wheel
«Κι εσύ, αγάπη μου!» είπε ο μικρός
"And you, my love!" said the little man
και γύρισε με κολακευτικό τρόπο στον Πινόκιο
and he turned in a flattering manner to Pinocchio
«Τι σκοπεύεις να κάνεις;»
"what do you intend to do?"
«Έρχεσαι μαζί μας;
"Are you coming with us?
«Ή θα μείνεις πίσω;»
"or are you going to remain behind?"
«Θα μείνω πίσω», απάντησε ο Πινόκιο
"I will remain behind," answered Pinocchio
«Πάω σπίτι», απάντησε περήφανα
"I am going home," he answered proudly
«Σκοπεύω να σπουδάσω, όπως κάνουν όλα τα αγόρια με καλή συμπεριφορά»
"I intend to study, as all well conducted boys do"

"Πολύ καλό μπορεί να σας κάνει!"
"Much good may it do you!"
«Πινόκιο!» φώναξε ο Φιτίλι κεριού
"Pinocchio!" called out Candle-wick
"Ελάτε μαζί μας και θα διασκεδάσουμε τόσο πολύ"
"come with us and we shall have such fun"
«Όχι, όχι, και όχι πάλι!» απάντησε ο Πινόκιο
"No, no, and no again!" answered Pinocchio
Μια χορωδία εκατό φωνών φώναξε από το πούλμαν
a chorus of hundred voices shouted from the the coach
"Ελάτε μαζί μας και θα διασκεδάσουμε τόσο πολύ"
"Come with us and we shall have so much fun"
Αλλά η μαριονέτα δεν ήταν καθόλου σίγουρη
but the puppet was not at all sure
«Αν έρθω μαζί σου, τι θα πει η καλή μου νεράιδα;»
"if I come with you, what will my good Fairy say?"
Και είχε αρχίσει να υποχωρεί
and he was beginning to yield
"Μην ενοχλείτε το κεφάλι σας με μελαγχολικές σκέψεις"
"Do not trouble your head with melancholy thoughts"
"Σκεφτείτε μόνο πόσο ευχάριστο θα είναι"
"consider only how delightful it will be"
«πάμε στη Χώρα των Βυζιών»
"we are going to the Land of the Boobies"
«Όλη μέρα θα είμαστε ελεύθεροι να κάνουμε ταραχές»
"all day we shall be at liberty to run riot"
Ο Πινόκιο δεν απάντησε, αλλά αναστέναξε
Pinocchio did not answer, but he sighed
Αναστέναξε ξανά και μετά αναστέναξε για τρίτη φορά
he sighed again, and then sighed for the third time
τελικά ο Πινόκιο αποφάσισε
finally Pinocchio made up his mind
"Κάνε λίγο χώρο για μένα"
"Make a little room for me"
«γιατί θα ήθελα κι εγώ να έρθω»
"because I would like to come, too"
«Τα μέρη είναι όλα γεμάτα», απάντησε ο μικρός

"The places are all full," replied the little man
"Αλλά, επιτρέψτε μου να σας δείξω πόσο ευπρόσδεκτοι είστε"
"but, let me show you how welcome you are"
«Θα σε αφήσω να έχεις τη θέση μου στο κουτί»
"I will let you have my seat on the box"
«Και πού θα καθίσεις;»
"And where will you sit?"
«Ω, θα πάω με τα πόδια»
"Oh, I will go on foot"
«Όχι, πράγματι, δεν θα μπορούσα να το επιτρέψω αυτό»
"No, indeed, I could not allow that"
"Θα προτιμούσα να βάλω ένα από αυτά τα γαϊδούρια"
"I would rather mount one of these donkeys"
έτσι ο Πινόκιο ανέβηκε στο πρώτο γαϊδούρι
so Pinocchio went up the the first donkey
και προσπάθησε να ανεβάσει το ζώο
and he attempted to mount the animal
Αλλά ο μικρός γάιδαρος στράφηκε εναντίον του
but the little donkey turned on him
Και ο γάιδαρος του έδωσε ένα μεγάλο χτύπημα στο στομάχι
and the donkey gave him a great blow in the stomach
Και τον αναποδογύρισε με τα πόδια στον αέρα
and it rolled him over with his legs in the air
Όλα τα αγόρια το παρακολουθούσαν αυτό
all the boys had been watching this
Έτσι μπορείτε να φανταστείτε το γέλιο από το βαγόνι
so you can imagine the laughter from the wagon
Αλλά ο μικρός άνθρωπος δεν γέλασε
But the little man did not laugh
Πλησίασε το επαναστατικό γαϊδούρι
He approached the rebellious donkey
Και στην αρχή προσποιήθηκε ότι τον φίλησε
and at first he pretended to kiss him
Αλλά τότε έκοψε το μισό αυτί του
but then he bit off half of his ear

Ο Πινόκιο, εν τω μεταξύ, είχε σηκωθεί από το έδαφος
Pinocchio in the meantime had gotten up from the ground
Ήταν ακόμα πολύ σταυρωμένος με το ζώο
he was still very cross with the animal
Αλλά με ένα ελατήριο πήδηξε πάνω του
but with a spring he jumped onto him
Και κάθισε στην πλάτη του φτωχού ζώου
and he seated himself on the poor animal's back
Και ξεπήδησε τόσο καλά που τα αγόρια σταμάτησαν να γελούν
And he sprang so well that the boys stopped laughing
και άρχισαν να φωνάζουν: «Ζήτω, Πινόκιο!»
and they began to shout: "Hurrah, Pinocchio!"
Και χειροκρότησαν τα χέρια τους και τον χειροκρότησαν
and they clapped their hands and applauded him
Σύντομα τα γαϊδούρια κάλπαζαν στην πίστα
soon the donkeys were galloping down the track
Και η άμαξα κουδουνιζόταν πάνω από τις πέτρες
and the wagon was rattling over the stones
Αλλά η μαριονέτα σκέφτηκε ότι άκουσε μια χαμηλή φωνή
but the puppet thought that he heard a low voice
«Καημένε ανόητε! Θα έπρεπε να είχατε ακολουθήσει το δικό σας δρόμο»
"Poor fool! you should have followed your own way"
«Αλλά θα μετανοήσεις που ήρθες!»
"but but you will repent having come!"
Ο Πινόκιο ήταν λίγο φοβισμένος από αυτά που είχε ακούσει
Pinocchio was a little frightened by what he had heard
Κοίταξε από τη μια πλευρά στην άλλη για να δει τι ήταν
he looked from side to side to see what it was
Προσπάθησε να δει από πού θα μπορούσαν να προέρχονται αυτά τα λόγια
he tried to see where these words could have come from
Αλλά ανεξάρτητα από το πού κοίταξε, δεν είδε κανέναν

but regardless of of where he looked he saw nobody
Τα γαϊδούρια κάλπαζαν και η άμαξα κουδουνιζόταν
The donkeys galloped and the wagon rattled
Και όλο αυτό το διάστημα τα αγόρια μέσα κοιμόντουσαν
and all the while the boys inside slept
Το φυτίλι κεριών ροχαλίζει σαν τυφλοπόντικας
Candle-wick snored like a dormouse
Και ο μικρός άνδρας κάθισε στο κουτί
and the little man seated himself on the box
Και τραγούδησε τραγούδια ανάμεσα στα δόντια του
and he sang songs between his teeth
"Κατά τη διάρκεια της νύχτας όλοι κοιμούνται"
"During the night all sleep"
«Μα δεν κοιμάμαι ποτέ»
"But I sleep never"
Σύντομα είχαν διανύσει άλλο ένα μίλι
soon they had gone another mile
Ο Πινόκιο άκουσε ξανά την ίδια χαμηλή φωνή
Pinocchio heard the same little low voice again
"Έχε το κατά νου, απλό!"
"Bear it in mind, simpleton!"
«Υπάρχουν αγόρια που αρνούνται να σπουδάσουν»
"there are boys who refuse to study"
«Γυρίζουν την πλάτη τους στα βιβλία»
"they turn their backs upon books"
«Νομίζουν ότι είναι πολύ καλοί για να πάνε στο σχολείο
"they think they're too good to go to school
«Και δεν υπακούν στους κυρίους τους»
"and they don't obey their masters"
"Περνούν την ώρα τους στο παιχνίδι και τη διασκέδαση"
"they pass their time in play and amusement"
"Αλλά αργά ή γρήγορα έρχονται σε κακό τέλος"
"but sooner or later they come to a bad end"
"Το ξέρω από την εμπειρία μου"
"I know it from my experience"

"και μπορώ να σας πω πώς τελειώνει πάντα"
"and I can tell you how it always ends"
«Θα έρθει μια μέρα που θα κλαις»
"A day will come when you will weep"
«Θα κλάψεις όπως κλαίω κι εγώ τώρα»
"you will weep just as I am weeping now"
«Αλλά τότε θα είναι πολύ αργά!»
"but then it will be too late!"
Οι λέξεις είχαν ψιθυριστεί πολύ απαλά
the words had been whispered very softly
αλλά ο Πινόκιο μπορούσε να είναι σίγουρος για αυτά που είχε ακούσει
but Pinocchio could be sure of what he had heard
Η μαριονέτα ήταν πιο φοβισμένη από ποτέ
the puppet was more frightened than ever
Ξεπήδησε από την πλάτη του γαϊδουριού του
he sprang down from the back of his donkey
Και πήγε και έπιασε το στόμα του γαϊδάρου
and he went and took hold of the donkey's mouth
μπορείτε να φανταστείτε την έκπληξη του Πινόκιο με αυτό που είδε
you can imagine Pinocchio's surprise at what he saw
Ο γάιδαρος έκλαιγε σαν αγόρι!
the donkey was crying just like a boy!
«Ε! Κύριε Αμαξάς», φώναξε ο Πινόκιο
"Eh! Sir Coachman," cried Pinocchio
"Εδώ είναι ένα εξαιρετικό πράγμα!"
"here is an extraordinary thing!"
«Αυτός ο γάιδαρος κλαίει»
"This donkey is crying"
«Αφήστε τον να κλάψει», είπε ο αμαξάς
"Let him cry," said the coachman
«Θα γελάσει όταν γίνει γαμπρός»
"he will laugh when he is a bridegroom"
«Μα τυχαία τον έμαθες να μιλάει;»
"But have you by chance taught him to talk?"
«Όχι. αλλά πέρασε τρία χρόνια με μορφωμένα σκυλιά»

"No; but he spent three years with learned dogs"
«Και έμαθε να μουρμουρίζει λίγα λόγια»
"and he learned to mutter a few words"
«Καημένο κτήνος!» πρόσθεσε ο αμαξάς
"Poor beast!" added the coachman
«Μα μην ανησυχείς», είπε ο μικρός
"but don't you worry," said the little man
«Μη μας αφήσεις να χάσουμε χρόνο βλέποντας ένα γαϊδούρι να κλαίει»
"don't let us waste time in seeing a donkey cry"
«Βάλε τον και άσε μας να συνεχίσουμε»
"Mount him and let us go on"
"Η νύχτα είναι κρύα και ο δρόμος μακρύς"
"the night is cold and the road is long"
Ο Πινόκιο υπάκουσε χωρίς άλλη λέξη
Pinocchio obeyed without another word

Το πρωί γύρω στο ξημέρωμα έφτασαν.
In the morning about daybreak they arrived
ήταν τώρα ασφαλείς στη χώρα των Μπούμπι Birds
they were now safely in the Land of Boobie Birds

Ήταν μια χώρα που δεν έμοιαζε με καμία άλλη χώρα στον κόσμο
It was a country unlike any other country in the world
Ο πληθυσμός αποτελούνταν εξ ολοκλήρου από αγόρια
The population was composed entirely of boys
Το μεγαλύτερο από τα αγόρια ήταν δεκατεσσάρων
The oldest of the boys were fourteen
Και οι νεότεροι ήταν μόλις οκτώ ετών
and the youngest were scarcely eight years old
Στους δρόμους υπήρχε μεγάλη ευθυμία
In the streets there was great merriment
Η θέα του ήταν αρκετή για να γυρίσει το κεφάλι κανενός
the sight of it was enough to turn anybody's head
Υπήρχαν στρατεύματα αγοριών παντού
There were troops of boys everywhere
Κάποιοι έπαιζαν με ξηρούς καρπούς που είχαν βρει
Some were playing with nuts they had found
Μερικοί έπαιζαν παιχνίδια με **battledores**
some were playing games with battledores
Πολλά αγόρια έπαιζαν ποδόσφαιρο
lots of boys were playing football
Κάποιοι καβάλησαν βελοσιπέδες, άλλοι ξύλινα άλογα
Some rode velocipedes, others wooden horses
Μια παρέα αγοριών έπαιζε κρυφτό
A party of boys were playing hide and seek
Μερικά αγόρια κυνηγούσαν το ένα το άλλο
a few boys were chasing each other
Κάποιοι απήγγειλαν και τραγουδούσαν τραγούδια
Some were reciting and singing songs
άλλοι απλώς πηδούσαν στον αέρα
others were just leaping into the air
Μερικοί διασκέδαζαν περπατώντας στα χέρια τους
Some amused themselves with walking on their hands
Άλλοι ποδοπατούσαν στεφάνια κατά μήκος του δρόμου
others were trundling hoops along the road
Και μερικοί περιφέρονταν ντυμένοι στρατηγοί

and some were strutting about dressed as generals
Φορούσαν κράνη φτιαγμένα από φύλλα
they were wearing helmets made from leaves
Και διοικούσαν μια μοίρα στρατιωτών από χαρτόνι
and they were commanding a squadron of cardboard soldiers
Κάποιοι γελούσαν και κάποιοι φώναζαν
Some were laughing and some shouting
Και μερικοί φώναζαν ανόητα πράγματα
and some were calling out silly things
Άλλοι χτυπούσαν τα χέρια τους ή σφύριζαν
others clapped their hands, or whistled
Μερικοί μαδήθηκαν σαν κότα που μόλις έβαλε ένα αυγό
some clucked like a hen who has just laid an egg
Σε κάθε πλατεία είχαν στηθεί θέατρα από καμβά
In every square, canvas theatres had been erected
Και ήταν γεμάτα με αγόρια όλη την ημέρα
and they were crowded with boys all day long
Στους τοίχους των σπιτιών υπήρχαν επιγραφές
On the walls of the houses there were inscriptions
"Ζήτω τα παιχνίδια"
"Long live the playthings"
«Δεν θα έχουμε άλλα σχολεία»
"we will have no more schools"
"Κάτω από την τουαλέτα με αριθμητική"
"down the toilet with arithmetic"
και παρόμοια άλλα ωραία συναισθήματα γράφτηκαν.
and similar other fine sentiments were written
Φυσικά όλα τα συνθήματα ήταν σε κακή ορθογραφία
of course all the slogans were in bad spelling
Ο Πινόκιο, ο Φιτίλι κεριού και τα άλλα αγόρια πήγαν στην πόλη
Pinocchio, Candle-wick and the other boys went to the town
Ήταν στο πάχος της αναταραχής
they were in the thick of the tumult
και δεν χρειάζεται να σας πω πόσο διασκεδαστικό ήταν
and I need not tell you how fun it was

Μέσα σε λίγα λεπτά εξοικειώθηκαν με όλους
within minutes they acquainted themselves with everybody
Πού θα μπορούσαν να βρεθούν πιο ευτυχισμένα ή πιο ικανοποιημένα αγόρια;
Where could happier or more contented boys be found?
Οι ώρες, οι μέρες και οι εβδομάδες περνούσαν σαν αστραπή
the hours, days and weeks passed like lightning
Ο χρόνος κυλάει όταν διασκεδάζετε
time flies when you're having fun
«Ω, τι υπέροχη ζωή!» είπε ο Πινόκιο
"Oh, what a delightful life!" said Pinocchio
«Βλέπεις, λοιπόν, δεν είχα δίκιο;» απάντησε ο Φιτίλι κεριού
"See, then, was I not right?" replied Candle-wick
«Και να σκέφτεσαι ότι δεν ήθελες να έρθεις!»
"And to think that you did not want to come!"
«φαντάσου ότι είχες επιστρέψει σπίτι στη Νεράιδα σου»
"imagine you had returned home to your Fairy"
«Ήθελες να χάσεις το χρόνο σου στη μελέτη!»
"you wanted to lose your time in studying!"
«Τώρα είσαι ελεύθερος από τον κόπο των βιβλίων»
"now you are free from the bother of books"
«Πρέπει να αναγνωρίσεις ότι μου το χρωστάς»
"you must acknowledge that you owe it to me"
"Μόνο οι φίλοι ξέρουν πώς να προσφέρουν τόσο μεγάλες υπηρεσίες"
"only friends know how to render such great services"
«Είναι αλήθεια, Φιτίλι κεριού!» επιβεβαίωσε ο Πινόκιο
"It is true, Candle-wick!" confirmed Pinocchio
«Αν είμαι τώρα ένα ευτυχισμένο αγόρι, είναι όλα όσα κάνεις εσύ»
"If I am now a happy boy, it is all your doing"
«Μα ξέρεις τι έλεγε ο δάσκαλος;»
"But do you know what the master used to say?"
"Μην συνδέεστε με αυτό το κακοποιό Φιτίλι κεριού"
"Do not associate with that rascal Candle-wick"

«Γιατί είναι κακός σύντροφος για σένα»
"because he is a bad companion for you"
«Και θα σε οδηγήσει μόνο σε αταξίες!»
"and he will only lead you into mischief!"
«Καημένε αφέντη!» απάντησε ο άλλος, κουνώντας το κεφάλι του
"Poor master!" replied the other, shaking his head
«Ξέρω πολύ καλά ότι με αντιπαθούσε»
"I know only too well that he disliked me"
«Και διασκέδαζε κάνοντας τη ζωή μου δύσκολη»
"and he amused himself by making my life hard"
«Αλλά είμαι γενναιόδωρος και τον συγχωρώ!»
"but I am generous, and I forgive him!"
«Είσαι μια ευγενής ψυχή!» είπε ο Πινόκιο
"you are a noble soul!" said Pinocchio
Και αγκάλιασε στοργικά τον φίλο του
and he embraced his friend affectionately
και τον φίλησε ανάμεσα στα μάτια
and he kissed him between the eyes
Αυτή η ευχάριστη ζωή είχε διαρκέσει πέντε μήνες
This delightful life had gone on for five months
Οι μέρες είχαν περάσει εξ ολοκλήρου στο παιχνίδι και τη διασκέδαση
The days had been entirely spent in play and amusement
Ούτε μια σκέψη δεν δαπανήθηκε για βιβλία ή σχολείο
not a thought was spent on books or school
αλλά ένα πρωί ο Πινόκιο ξύπνησε με μια πολύ δυσάρεστη έκπληξη
but one morning Pinocchio awoke to a most disagreeable surprise
Αυτό που είδε τον έβαλε σε ένα πολύ κακό χιούμορ
what he saw put him into a very bad humour

Ο Πινόκιο μετατρέπεται σε γάιδαρο
Pinocchio Turns into a Donkey

όταν ο Πινόκιο ξύπνησε έξυσε το κεφάλι του
when Pinocchio awoke he scratched his head
Όταν ξύνει το κεφάλι του ανακάλυψε κάτι...
when scratching his head he discovered something...
Τα αυτιά του είχαν μεγαλώσει περισσότερο από ένα χέρι!
his ears had grown more than a hand!
Μπορείτε να φανταστείτε την έκπληξή του
You can imagine his surprise
επειδή είχε πάντα πολύ μικρά αυτιά
because he had always had very small ears
Πήγε αμέσως αναζητώντας έναν καθρέφτη
He went at once in search of a mirror
Έπρεπε να κοιτάξει καλύτερα τον εαυτό του
he had to have a better look at himself
Αλλά δεν μπόρεσε να βρει κανένα είδος καθρέφτη
but he was not able to find any kind of mirror
Έτσι γέμισε τη λεκάνη με νερό
so he filled the basin with water
Και είδε μια αντανάκλαση που ποτέ δεν ήθελε να δει
and he saw a reflection he never wished to see
Ένα υπέροχο ζευγάρι αυτιά γαϊδουριού στόλισε το κεφάλι του!
a magnificent pair of donkey's ears embellished his head!
σκεφτείτε τη θλίψη, την ντροπή και την απελπισία του καημένου Πινόκιο!
think of poor Pinocchio's sorrow, shame and despair!
Άρχισε να κλαίει και να βρυχάται
He began to cry and roar
και χτύπησε το κεφάλι του στον τοίχο
and he beat his head against the wall
Αλλά όσο περισσότερο έκλαιγε τόσο περισσότερο μεγάλωναν τα αυτιά του
but the more he cried the longer his ears grew
Και τα αυτιά του μεγάλωσαν, και μεγάλωσαν, και μεγάλωσαν
and his ears grew, and grew, and grew

και τα αυτιά του έγιναν τριχωτά προς τα σημεία
and his ears became hairy towards the points
μια μικρή μαρμότα άκουσε τις δυνατές κραυγές του Πινόκιο
a little Marmot heard Pinocchio's loud cries
Βλέποντας την μαριονέτα σε τέτοια θλίψη ρώτησε ένθερμα:
Seeing the puppet in such grief she asked earnestly:
«Τι σου συνέβη, αγαπητέ μου συγκάτοικο;»
"What has happened to you, my dear fellow-lodger?"
«Είμαι άρρωστος, αγαπητή μου μικρή Μαρμότα»
"I am ill, my dear little Marmot"
«Πολύ άρρωστος και η ασθένειά μου με τρομάζει»
"very ill, and my illness frightens me"
"Καταλαβαίνετε το μέτρημα ενός σφυγμού;"
"Do you understand counting a pulse?"
«Λίγο», είπε με λυγμούς ο Πινόκιο
"A little," sobbed Pinocchio
"Τότε νιώστε και δείτε αν κατά τύχη έχω πυρετό"
"Then feel and see if by chance I have got fever"
Η μικρή Μαρμότα σήκωσε το δεξί της μπροστινό πόδι
The little Marmot raised her right fore-paw
και η μικρή Μαρμότα ένιωσε τον παλμό του Πινόκιο
and the little Marmot felt Pinocchio's pulse
Και του είπε, αναστενάζοντας:
and she said to him, sighing:
«Φίλε μου, με θλίβει πάρα πολύ»
"My friend, it grieves me very much"
«Αλλά είμαι υποχρεωμένος να σας δώσω άσχημα νέα!»
"but I am obliged to give you bad news!"
«Τι είναι αυτό;» ρώτησε ο Πινόκιο
"What is it?" asked Pinocchio
«Έχεις πολύ άσχημο πυρετό!»
"You have got a very bad fever!"
"Τι πυρετός είναι;"
"What fever is it?"
"Έχετε ένα κρούσμα γαϊδουριού πυρετού"

"you have a case of donkey fever"
«Αυτός είναι ένας πυρετός που δεν καταλαβαίνω»
"That is a fever that I do not understand"
Αλλά το κατάλαβε πολύ καλά
but he understood it only too well
«Τότε θα σου το εξηγήσω», είπε η Μαρμότα
"Then I will explain it to you," said the Marmot
«Σύντομα δεν θα είσαι πια μαριονέτα»
"soon you will no longer be a puppet"
«Δεν θα διαρκέσει περισσότερο από δύο ή τρεις ώρες»
"it won't take longer than two or three hours"
«Ούτε θα γίνεις αγόρι»
"nor will you be a boy either"
«Τότε τι θα είμαι;»
"Then what shall I be?"
"Θα είσαι πραγματικά ένα μικρό γαϊδουράκι"
"you will well and truly be a little donkey"
"ένα γαϊδούρι σαν αυτά που τραβούν τα κάρα"
"a donkey like those that draw the carts"
"ένα γαϊδούρι που μεταφέρει λάχανα στην αγορά"
"a donkey that carries cabbages to market"
«Ω, πόσο άτυχος είμαι!» φώναξε ο Πινόκιο
"Oh, how unfortunate I am!" cried Pinocchio
Και άρπαξε τα δύο αυτιά του με τα χέρια του
and he seized his two ears with his hands
Και τράβηξε και έσκισε τα αυτιά του με μανία
and he pulled and tore at his ears furiously
Τράβηξε σαν να ήταν τα αυτιά κάποιου άλλου
he pulled as if they had been someone else's ears
«Αγαπητό μου αγόρι», είπε η Μαρμότα
"My dear boy," said the Marmot
Και έκανε ό,τι μπορούσε για να τον παρηγορήσει
and she did her best to console him
"Δεν μπορείτε να κάνετε τίποτα γι 'αυτό"
"you can do nothing about it"
«Είναι το πεπρωμένο σου να γίνεις γάιδαρος»
"It is your destiny to become a donkey"

«Είναι γραμμένο στα διατάγματα της σοφίας»
"It is written in the decrees of wisdom"
«Συμβαίνει σε όλα τα αγόρια που είναι τεμπέληδες»
"it happens to all boys who are lazy"
«Συμβαίνει στα αγόρια που αντιπαθούν τα βιβλία»
"it happens to the boys that dislike books"
«Συμβαίνει στα αγόρια που δεν πηγαίνουν στα σχολεία»
"it happens to the boys that don't go to schools"
"Και συμβαίνει σε αγόρια που δεν υπακούουν στα αφεντικά τους"
"and it happens to boys who disobey their masters"
«Όλα τα αγόρια που περνούν την ώρα τους διασκεδάζοντας»
"all boys who pass their time in amusement"
"Όλα τα αγόρια που παίζουν παιχνίδια όλη μέρα"
"all the boys who play games all day"
«Αγόρια που αποσπούν την προσοχή τους με εκτροπές»
"boys who distract themselves with diversions"
«Η ίδια μοίρα περιμένει όλα αυτά τα αγόρια»
"the same fate awaits all those boys"
«Αργά ή γρήγορα γίνονται μικρά γαϊδουράκια»
"sooner or later they become little donkeys"
«Μα είναι πραγματικά έτσι;» ρώτησε η μαριονέτα, κλαίγοντας με λυγμούς
"But is it really so?" asked the puppet, sobbing
«Είναι πράγματι πάρα πολύ αληθινό!»
"It is indeed only too true!"
«Και τα δάκρυα είναι πλέον άχρηστα»
"And tears are now useless"
«Θα έπρεπε να το είχατε σκεφτεί νωρίτερα!»
"You should have thought of it sooner!"
«Αλλά δεν ήταν δικό μου λάθος. πίστεψέ με, μικρή Μαρμότα»
"But it was not my fault; believe me, little Marmot"
"το σφάλμα ήταν όλο του Φιτίλι κεριού!"
"the fault was all Candle-wick's!"
"Και ποιος είναι αυτός ο Φιτίλι κεριού;"

"And who is this Candle-wick?"
"Ο Φιτίλι κεριού είναι ένας από τους συμμαθητές μου"
"Candle-wick is one of my school-fellows"
«Ήθελα να επιστρέψω σπίτι και να είμαι υπάκουος»
"I wanted to return home and be obedient"
«Ήθελα να σπουδάσω και να γίνω καλό παιδί»
"I wished to study and be a good boy"
"αλλά το Φιτίλι κεριού με έπεισε για το αντίθετο"
"but Candle-wick convinced me otherwise"
"Γιατί πρέπει να ασχολείσαι με τη μελέτη;"
'Why should you bother yourself by studying?'
«Γιατί να πας σχολείο;»
'Why should you go to school?'
«Ελάτε μαζί μας στη χώρα των Μπούμπις Birds»
'Come with us instead to the Land of Boobies Birds'
«Εκεί δεν θα χρειαστεί να μάθει κανείς μας»
'there we shall none of us have to learn'
«Θα διασκεδάσουμε από το πρωί μέχρι το βράδυ»
'we will amuse ourselves from morning to night'
«Και θα είμαστε πάντα χαρούμενοι»
'and we shall always be merry'
«Αυτός ο φίλος σου ήταν ψεύτικος»
"that friend of yours was false"
«Γιατί ακολούθησες τη συμβουλή του;»
"why did you follow his advice?"
«Γιατί, αγαπητή μου μικρή Μαρμότα, είμαι μαριονέτα»
"Because, my dear little Marmot, I am a puppet"
«Δεν έχω λογική και καρδιά»
"I have no sense and no heart"
«Αν είχα καρδιά δεν θα είχα φύγει ποτέ»
"if I had had a heart I would never have left"
«Άφησα την καλή μου νεράιδα που με αγαπούσε σαν μαμά»
"I left my good Fairy who loved me like a mamma"
«η καλή νεράιδα που είχε κάνει τόσα πολλά για μένα!»
"the good Fairy who had done so much for me!"
«Και δεν θα ήμουν πια μαριονέτα»

"And I was going to be a puppet no longer"
«Μέχρι τότε θα είχα γίνει μικρό αγόρι»
"I would by this time have become a little boy"
«και θα ήμουν σαν τα άλλα αγόρια»
"and I would be like the other boys"
«Αλλά αν συναντήσω τον Φιτίλι κεριού, αλίμονο σε αυτόν!»
"But if I meet Candle-wick, woe to him!"
«Θα ακούσει τι σκέφτομαι γι' αυτόν!»
"He shall hear what I think of him!"
Και γύρισε να βγει έξω
And he turned to go out
Αλλά τότε θυμήθηκε ότι είχε αυτιά γαϊδάρου
But then he remembered he had donkey's ears
Φυσικά ντρεπόταν να δείξει τα αυτιά του δημόσια
of course he was ashamed to show his ears in public
Τι νομίζετε λοιπόν ότι έκανε;
so what do you think he did?
Πήρε ένα μεγάλο βαμβακερό καπέλο
He took a big cotton hat
και έβαλε το βαμβακερό καπέλο στο κεφάλι του
and he put the cotton hat on his head
Και τράβηξε το καπέλο καλά κάτω από τη μύτη του
and he pulled the hat well down over his nose
Στη συνέχεια ξεκίνησε για να αναζητήσει το Φιτίλι κεριού
He then set out in search of Candle-wick
Τον έψαχνε στους δρόμους
He looked for him in the streets
Και τον έψαχνε στα μικρά θέατρα
and he looked for him in the little theatres
Κοίταξε σε κάθε πιθανό μέρος
he looked in every possible place
Αλλά δεν μπορούσε να τον βρει όπου κι αν έψαχνε
but he could not find him wherever he looked
Τον ρώτησε για όλους όσους συναντούσε
He inquired for him of everybody he met

Αλλά κανείς δεν φαινόταν να τον έχει δει
but no one seemed to have seen him
Στη συνέχεια πήγε να τον αναζητήσει στο σπίτι του
He then went to seek him at his house
Και, αφού έφτασε στην πόρτα, χτύπησε
and, having reached the door, he knocked
«Ποιος είναι εκεί;» ρώτησε ο Φιτίλι κεριού από μέσα
"Who is there?" asked Candle-wick from within
«Εγώ είμαι!» απάντησε η μαριονέτα
"It is I!" answered the puppet
«Περίμενε μια στιγμή και θα σε αφήσω να μπεις»
"Wait a moment and I will let you in"
Μετά από μισή ώρα η πόρτα άνοιξε
After half an hour the door was opened
τώρα μπορείτε να φανταστείτε το συναίσθημα του Πινόκιο σε αυτό που είδε
now you can imagine Pinocchio's feeling at what he saw
Ο φίλος του είχε επίσης ένα μεγάλο βαμβακερό καπέλο στο κεφάλι του
his friend also had a big cotton hat on his head
Στη θέα του καπακιού, ο Πινόκιο ένιωσε σχεδόν παρηγορημένος
At the sight of the cap Pinocchio felt almost consoled
Και ο Πινόκιο σκέφτηκε:
and Pinocchio thought to himself:
"Έχει ο φίλος μου την ίδια ασθένεια που έχω εγώ;"
"Has my friend got the same illness that I have?"
«Πάσχει κι αυτός από πυρετό γαϊδουριού;»
"Is he also suffering from donkey fever?"
αλλά στην αρχή ο Πινόκιο προσποιήθηκε ότι δεν το είχε παρατηρήσει
but at first Pinocchio pretended not to have noticed
Απλώς του έκανε μια ερώτηση, χαμογελώντας:
he just casually asked him a question, smiling:
«Πώς είσαι, αγαπητέ μου Φιτίλι κεριού;»
"How are you, my dear Candle-wick?"
"καθώς και ένα ποντίκι σε τυρί παρμεζάνα"

"as well as a mouse in a Parmesan cheese"
«Το λες σοβαρά;»
"Are you saying that seriously?"
«Γιατί να σου πω ένα ψέμα;»
"Why should I tell you a lie?"
«Μα γιατί, λοιπόν, φοράς βαμβακερό καπέλο;»
"but why, then, do you wear a cotton hat?"
"καλύπτει όλα τα αυτιά σας"
"is covers up all of your ears"
«Ο γιατρός με διέταξε να το φορέσω»
"The doctor ordered me to wear it"
«γιατί έχω πονέσει αυτό το γόνατο»
"because I have hurt this knee"
«Και εσύ, αγαπητή μαριονέτα», ρώτησε ο Φιτίλι κεριού
"And you, dear puppet," asked Candle-wick
«Γιατί τράβηξες αυτό το βαμβακερό καπέλο που πέρασε από τη μύτη σου;»
"why have you pulled that cotton hat passed your nose?"
"Ο γιατρός το συνταγογράφησε επειδή έχω βόσκει το πόδι μου"
"The doctor prescribed it because I have grazed my foot"
"Ω, καημένε Πινόκιο!" - "Ω, καημένο Φιτίλι κεριού!"
"Oh, poor Pinocchio!" - "Oh, poor Candle-wick!"
Μετά από αυτά τα λόγια ακολούθησε μακρά σιωπή
After these words a long silence followed
Οι δύο φίλοι δεν έκαναν τίποτα άλλο από το να κοιτάζουν κοροϊδευτικά ο ένας τον άλλον
the two friends did nothing but look mockingly at each other
Επιτέλους η μαριονέτα είπε με απαλή φωνή στον σύντροφό του:
At last the puppet said in a soft voice to his companion:
"Ικανοποίησε την περιέργειά μου, αγαπητέ μου Φιτίλι κεριού"
"Satisfy my curiosity, my dear Candle-wick"
"Έχετε υποφέρει ποτέ από ασθένεια των αυτιών;"
"have you ever suffered from disease of the ears?"
"Δεν έχω υποφέρει ποτέ από ασθένεια των αυτιών!"

"I have never suffered from disease of the ears!"
«Κι εσύ, Πινόκιο;» ρώτησε ο Φιτίλι κεριού
"And you, Pinocchio?" asked Candle-wick
"Έχετε υποφέρει ποτέ από ασθένεια των αυτιών;"
"have you ever suffered from disease of the ears?"
«Δεν έχω υποφέρει ποτέ ούτε από αυτή την ασθένεια»
"I have never suffered from that disease either"
"Μόνο από σήμερα το πρωί ένα από τα αυτιά μου πονάει"
"Only since this morning one of my ears aches"
«Με πονάει και το αυτί μου»
"my ear is also paining me"
«Και ποιο από τα αυτιά σου σε πονάει;»
"And which of your ears hurts you?"
«Και τα δύο αυτιά μου τυχαίνει να πονάνε»
"Both of my ears happen to hurt"
"Και τι γίνεται με σένα;"
"And what about you?"
«Και τα δύο αυτιά μου τυχαίνει να πονάνε επίσης»
"Both of my ears happen to hurt too"
Μπορούμε να έχουμε την ίδια ασθένεια;»
Can we have got the same illness?"
«Φοβάμαι ότι μπορεί να έχουμε πιάσει πυρετό»
"I fear we might have caught a fever"
«Θα μου κάνεις καλοσύνη, Φιτίλι κεριού;»
"Will you do me a kindness, Candle-wick?"
«Πρόθυμα! Με όλη μου την καρδιά»
"Willingly! With all my heart"
«Θα με αφήσεις να δω τ' αυτιά σου;»
"Will you let me see your ears?"
"Γιατί να αρνηθώ το αίτημά σας;"
"Why would I deny your request?"
«Αλλά πρώτα, αγαπητέ μου Πινόκιο, θα ήθελα να δω τη δική σου»
"But first, my dear Pinocchio, I should like to see yours"
«Όχι: πρέπει πρώτα να το κάνεις»
"No: you must do so first"

«Όχι, αγαπητέ. Πρώτα εσύ κι μετά εγώ!»
"No, dear. First you and then I!"

«Λοιπόν», είπε η μαριονέτα
"Well," said the puppet

«Ας έρθουμε σε συμφωνία σαν καλοί φίλοι»
"let us come to an agreement like good friends"

«Επιτρέψτε μου να ακούσω ποια είναι αυτή η συμφωνία»
"Let me hear what this agreement is"

«Θα βγάλουμε και οι δύο τα καπέλα μας την ίδια στιγμή»
"We will both take off our hats at the same moment"

"Συμφωνείτε να το κάνετε;"
"Do you agree to do it?"

"Συμφωνώ, και έχετε το λόγο μου"
"I agree, and you have my word"

Και ο Πινόκιο άρχισε να μετράει με δυνατή φωνή:
And Pinocchio began to count in a loud voice:

«Ένα, δύο, τρία!» μέτρησε
"One, two, three!" he counted

Στο «Τρία!» τα δύο αγόρια έβγαλαν τα καπέλα τους
At "Three!" the two boys took off their hats

και πέταξαν τα καπέλα τους στον αέρα
and they threw their hats into the air

Και θα έπρεπε να είχες δει τη σκηνή που ακολούθησε
and you should have seen the scene that followed

Θα φαινόταν απίστευτο αν δεν ήταν αλήθεια
it would seem incredible if it were not true

Είδαν ότι και οι δύο χτυπήθηκαν από την ίδια ατυχία
they saw they were both struck by the same misfortune

Αλλά δεν ένιωθαν ούτε ταπείνωση ούτε θλίψη
but they felt neither mortification nor grief

Αντ' αυτού, άρχισαν να τρυπούν τα άχαρα αυτιά τους
instead they began to prick their ungainly ears

Και άρχισαν να κάνουν χίλιες γελοιότητες
and they began to make a thousand antics

Τελείωσαν με εκρήξεις γέλιου

they ended by going into bursts of laughter
Και γέλασαν, και γέλασαν, και γέλασαν
And they laughed, and laughed, and laughed
μέχρι που έπρεπε να κρατηθούν ενωμένοι
until they had to hold themselves together

Αλλά μέσα στη χαρά τους κάτι συνέβη
But in the midst of their merriment something happened
Το φυτίλι των κεριών σταμάτησε ξαφνικά να γελάει και να αστειεύεται
Candle-wick suddenly stopped laughing and joking
Παραπατούσε και άλλαζε χρώμα
he staggered around and changed colour
«Βοήθεια, βοήθεια, Πινόκιο!» φώναξε
"Help, help, Pinocchio!" he cried
"Τι συμβαίνει με σένα;"
"What is the matter with you?"
«Αλίμονο, δεν μπορώ πια να σταθώ όρθιος»
"Alas, I cannot any longer stand upright"
«Ούτε κι εγώ μπορώ», αναφώνησε ο Πινόκιο
"Neither can I," exclaimed Pinocchio

Και άρχισε να τρέμει και να κλαίει
and he began to totter and cry
Και ενώ μιλούσαν, διπλασιάστηκαν και οι δύο
And whilst they were talking, they both doubled up
Και άρχισαν να τρέχουν γύρω από το δωμάτιο με τα χέρια και τα πόδια τους
and they began to run round the room on their hands and feet
Και καθώς έτρεχαν, τα χέρια τους έγιναν οπλές
And as they ran, their hands became hoofs
Τα πρόσωπά τους επιμηκύνθηκαν σε φίμωτρα
their faces lengthened into muzzles
και οι πλάτες τους καλύφθηκαν με ανοιχτό γκρι τρίχες
and their backs became covered with a light gray hairs
και τα μαλλιά τους ήταν πασπαλισμένα με μαύρο
and their hair was sprinkled with black
Αλλά ξέρετε ποια ήταν η χειρότερη στιγμή;
But do you know what was the worst moment?
Μια στιγμή ήταν χειρότερη από όλες τις άλλες
one moment was worse than all the others
Και τα δύο αγόρια μεγάλωσαν ουρές γαϊδουριών
both of the boys grew donkey tails
Τα αγόρια νικήθηκαν από ντροπή και θλίψη
the boys were vanquished by shame and sorrow
Και έκλαιγαν και θρηνούσαν για τη μοίρα τους
and they wept and lamented their fate
Ω, αν είχαν, αλλά ήταν σοφότεροι!
Oh, if they had but been wiser!
Αλλά δεν μπορούσαν να θρηνήσουν τη μοίρα τους
but they couldn't lament their fate
επειδή μπορούσαν μόνο να ξεφτίσουν σαν γαϊδούρια
because they could only bray like asses
και φώναζαν δυνατά εν χορώ: «Hee-haw!»
and they brayed loudly in chorus: "Hee-haw!"
Ενώ συνέβαινε αυτό, κάποιος χτύπησε την πόρτα
Whilst this was going on someone knocked at the door
Και υπήρχε μια φωνή στο εξωτερικό που έλεγε:
and there was a voice on the outside that said:

«Άνοιξε την πόρτα! Είμαι το ανθρωπάκι»
"Open the door! I am the little man"
«Είμαι ο αμαξάς που σε έφερε σε αυτή τη χώρα»
"I am the coachman who brought you to this country"
"Ανοίξτε αμέσως, αλλιώς θα είναι το χειρότερο για εσάς!"
"Open at once, or it will be the worse for you!"

Ο Πινόκιο εκπαιδεύεται για το τσίρκο
Pinocchio gets Trained for the Circus

Η πόρτα δεν άνοιγε κατ' εντολή του
the door wouldn't open at his command
Έτσι, ο μικρός άνδρας έδωσε στην πόρτα μια βίαιη κλωτσιά
so the little man gave the door a violent kick
Και ο αμαξάς όρμησε στο δωμάτιο
and the coachman burst into the room
Μίλησε με το συνηθισμένο μικρό γέλιο του:
he spoke with his usual little laugh:
«Μπράβο, αγόρια! Ξεφτιλίστηκες καλά»
"Well done, boys! You brayed well"
«και σε αναγνώρισα από τις φωνές σου»
"and I recognized you by your voices"
«Γι' αυτό είμαι εδώ»
"That is why I am here"
Τα δύο μικρά γαϊδουράκια έμειναν άναυδα
the two little donkeys were quite stupefied
Στέκονταν με το κεφάλι κάτω
they stood with their heads down
Είχαν χαμηλώσει τα αυτιά τους
they had their ears lowered
και είχαν τις ουρές τους ανάμεσα στα πόδια τους
and they had their tails between their legs
Στην αρχή ο μικρός τους χάιδεψε και τους χάιδεψε
At first the little man stroked and caressed them

Στη συνέχεια έβγαλε μια χτένα κάρυ
then he took out a currycomb
Και χτένισε καλά τα γαϊδούρια
and he currycombed the donkeys well
Με αυτή τη διαδικασία τα είχε γυαλίσει
by this process he had polished them
Και τα δύο γαϊδούρια έλαμπαν σαν δύο καθρέφτες
and the two donkeys shone like two mirrors
Έβαλε ένα φρένο γύρω από το λαιμό τους
he put a halter around their necks
Και τους οδήγησε στην αγορά
and he led them to the market-place

Ήλπιζε να τα πουλήσει
he was in hopes of selling them
Νόμιζε ότι θα μπορούσε να έχει ένα καλό κέρδος
he thought he could get a good profit
Και πράγματι υπήρχαν αγοραστές για τα γαϊδούρια

And indeed there were buyers for the donkeys
Το φυτίλι κεριών αγοράστηκε από έναν αγρότη
Candle-wick was bought by a peasant
Το γαϊδούρι του είχε πεθάνει την προηγούμενη μέρα
his donkey had died the previous day
Ο Πινόκιο πωλήθηκε στον διευθυντή μιας εταιρείας
Pinocchio was sold to the director of a company
Ήταν ένας θίασος βουβουίνων και χορευτών σε τεντωμένο σχοινί
they were a company of buffoons and tight-rope dancers
Τον αγόρασε για να τον μάθει να χορεύει
he bought him so that he might teach him to dance
Μπορούσε να χορέψει με τα άλλα ζώα του τσίρκου
he could dance with the other circus animals
Και τώρα, μικροί μου αναγνώστες, καταλαβαίνετε
And now, my little readers, you understand
Το ανθρωπάκι ήταν απλά ένας επιχειρηματίας
the little man was just a businessman
Και ήταν μια κερδοφόρα επιχείρηση που ηγήθηκε
and it was a profitable business that he led
Το κακό μικρό τέρας με ένα πρόσωπο γάλα και μέλι
The wicked little monster with a face of milk and honey
Έκανε συχνά ταξίδια σε όλο τον κόσμο
he made frequent journeys round the world
Υποσχόταν και κολάκευε όπου κι αν πήγαινε
he promised and flattered wherever he went
Και μάζεψε όλα τα αργόσχολα αγόρια
and he collected all the idle boys
Και υπήρχαν πολλά αργόσχολα αγόρια να μαζέψουν
and there were many idle boys to collect
Όλα τα αγόρια που αντιπαθούσαν τα βιβλία
all the boys who had taken a dislike to books
και όλα τα αγόρια που δεν αγαπούσαν το σχολείο
and all the boys who weren't fond of school
κάθε φορά που η άμαξά του γέμιζε με αυτά τα αγόρια
each time his wagon filled up with these boys
και τους πήρε όλους στη χώρα των Μπούμπι Birds

and he took them all to the Land of Boobie Birds
Εδώ πέρασαν το χρόνο τους παίζοντας παιχνίδια
here they passed their time playing games
Και υπήρχε αναστάτωση και πολλή διασκέδαση
and there was uproar and much amusement
Αλλά η ίδια μοίρα περίμενε όλα τα παραπλανημένα αγόρια
but the same fate awaited all the deluded boys
Πάρα πολύ παιχνίδι και καμία μελέτη τα μετέτρεψε σε γαϊδούρια
too much play and no study turned them into donkeys
Τότε τα κατέλαβε με μεγάλη χαρά
then he took possession of them with great delight
Και τους μετέφερε στα πανηγύρια και τις αγορές
and he carried them off to the fairs and markets
Και με αυτόν τον τρόπο έκανε σωρούς χρημάτων
And in this way he made heaps of money
Τι απέγινε το Φιτίλι κεριού δεν ξέρω
What became of Candle-wick I do not know
αλλά ξέρω τι συνέβη στον καημένο τον Πινόκιο
but I do know what happened to poor Pinocchio
Από την πρώτη κιόλας μέρα έζησε μια πολύ σκληρή ζωή
from the very first day he endured a very hard life
Ο Πινόκιο μπήκε στο στάβλο του
Pinocchio was put into his stall
Και ο κύριός του γέμισε τη φάτνη με άχυρο
and his master filled the manger with straw
αλλά στον Πινόκιο δεν άρεσε καθόλου να τρώει άχυρο
but Pinocchio didn't like eating straw at all
Και ο μικρός γάιδαρος έφτυσε ξανά το άχυρο
and the little donkey spat the straw out again
Τότε ο κύριός του, γκρινιάζοντας, γέμισε τη φάτνη με σανό
Then his master, grumbling, filled the manger with hay
αλλά ούτε ο σανός ευχαρίστησε τον Πινόκιο
but hay did not please Pinocchio either

«Αχ!» αναφώνησε ο δάσκαλός του με πάθος
"Ah!" exclaimed his master in a passion
"Δεν σας ευχαριστεί ούτε ο σανός;"
"Does not hay please you either?"
«Άσε το σε μένα, ωραίο γαϊδουράκι μου»
"Leave it to me, my fine donkey"
«Βλέπω ότι είσαι γεμάτος καπρίτσια»
"I see you are full of caprices"
«Αλλά μην ανησυχείτε, θα βρω έναν τρόπο να σας θεραπεύσω!»
"but worry not, I will find a way to cure you!"
Και χτύπησε τα πόδια του γαϊδάρου με το μαστίγιο του
And he struck the donkey's legs with his whip
Ο Πινόκιο άρχισε να κλαίει και να ξεφτίζει από τον πόνο
Pinocchio began to cry and bray with pain
"Hee-haw! Δεν μπορώ να χωνέψω το άχυρο!»
"Hee-haw! I cannot digest straw!"
«Τότε φάε σανό!» είπε ο κύριός του
"Then eat hay!" said his master
Καταλάβαινε τέλεια την ασιατική διάλεκτο
he understood perfectly the asinine dialect
"Hee-haw! σανό μου δίνει έναν πόνο στο στομάχι μου"
"Hee-haw! hay gives me a pain in my stomach"
"Βλέπω πώς είναι μικρό γαϊδουράκι"
"I see how it is little donkey"
"Θα θέλατε να τραφείτε με καπόνια, σε ζελέ"
"you would like to be fed with capons in jelly"
Και θύμωνε όλο και περισσότερο
and he got more and more angry
και μαστίγωσε ξανά τον καημένο τον Πινόκιο
and he whipped poor Pinocchio again
τη δεύτερη φορά που ο Πινόκιο κράτησε τη γλώσσα του
the second time Pinocchio held his tongue
Και έμαθε να μην λέει τίποτα περισσότερο
and he learned to say nothing more
Ο στάβλος έκλεισε τότε

The stable was then shut
και ο Πινόκιο έμεινε μόνος
and Pinocchio was left alone
Δεν είχε φάει για πολλές ώρες
He had not eaten for many hours
Και άρχισε να χασμουριέται από την πείνα
and he began to yawn from hunger
Τα χασμουρητά του φαίνονταν πλατιά σαν φούρνος
his yawns seemed as wide as an oven
Αλλά δεν βρήκε τίποτα άλλο να φάει
but he found nothing else to eat
Έτσι παραιτήθηκε από τη μοίρα του
so he resigned himself to his fate
Και ενέδωσε και μάσησε λίγο σανό
and he gave in and chewed a little hay
Μάσησε καλά το σανό, επειδή ήταν ξηρό
he chewed the hay well, because it was dry
Και έκλεισε τα μάτια του και το κατάπιε
and he shut his eyes and swallowed it
«Αυτό το σανό δεν είναι κακό», είπε στον εαυτό του
"This hay is not bad," he said to himself
«αλλά καλύτερα θα ήταν αν είχα σπουδάσει!»
"but better would have been if I had studied!"
«Αντί για σανό θα μπορούσα τώρα να τρώω ψωμί»
"Instead of hay I could now be eating bread"
"και ίσως θα έτρωγα ωραία λουκάνικα"
"and perhaps I would have been eating fine sausages"
«Αλλά πρέπει να έχω υπομονή!»
"But I must have patience!"
Το επόμενο πρωί ξύπνησε ξανά
The next morning he woke up again
Κοίταξε στη φάτνη για λίγο περισσότερο σανό
he looked in the manger for a little more hay
Αλλά δεν υπήρχε άλλο σανό για να βρεθεί
but there was no more hay to be found
Γιατί είχε φάει όλο το σανό κατά τη διάρκεια της νύχτας
for he had eaten all the hay during the night

Στη συνέχεια πήρε μια μπουκιά ψιλοκομμένο άχυρο
Then he took a mouthful of chopped straw
Αλλά έπρεπε να αναγνωρίσει τη φρικτή γεύση
but he had to acknowledge the horrible taste
Δεν είχε γεύση ούτε στο ελάχιστο σαν μακαρόνια ή πίτα
it tasted not in the least like macaroni or pie
"Ελπίζω άλλα άτακτα αγόρια να μάθουν από το μάθημά μου"
"I hope other naughty boys learn from my lesson"
«Αλλά πρέπει να έχω υπομονή!»
"But I must have patience!"
Και ο μικρός γάιδαρος συνέχισε να μασάει το άχυρο
and the little donkey kept chewing the straw
«Υπομονή πράγματι!» φώναξε ο αφέντης του
"Patience indeed!" shouted his master
Είχε έρθει εκείνη τη στιγμή στο στάβλο
he had come at that moment into the stable
"Αλλά μην νιώθεις πολύ άνετα, μικρό μου γαϊδουράκι"
"but don't get too comfortable, my little donkey"
«Δεν σε αγόρασα για να σου δώσω φαγητό και ποτό»
"I didn't buy you to give you food and drink"
«Σε αγόρασα για να σε κάνω να δουλέψεις»
"I bought you to make you work"
"Σε αγόρασα για να μου κερδίσεις χρήματα"
"I bought you so that you earn me money"
«Ψηλά, λοιπόν, αμέσως!»
"Up you get, then, at once!"
«Πρέπει να έρθεις μαζί μου στο τσίρκο»
"you must come with me into the circus"
"εκεί θα σε μάθω να πηδάς μέσα από στεφάνια"
"there I will teach you to jump through hoops"
"Θα μάθετε να στέκεστε όρθιοι στα πίσω πόδια σας"
"you will learn to stand upright on your hind legs"
«Και θα μάθεις να χορεύεις βαλς και πόλκες»
"and you will learn to dance waltzes and polkas"
Ο καημένος ο Πινόκιο έπρεπε να μάθει όλα αυτά τα ωραία πράγματα

Poor Pinocchio had to learn all these fine things
και δεν μπορώ να πω ότι ήταν εύκολο να μάθω
and I can't say it was easy to learn
Του πήρε τρεις μήνες για να μάθει τα κόλπα
it took him three months to learn the tricks
Πήρε πολλά μαστίγια που σχεδόν έβγαλαν το δέρμα του
he got many a whipping that nearly took off his skin
Τελικά ο δάσκαλός του έκανε την ανακοίνωση
At last his master made the announcement
πολλά χρωματιστά πλακάτ κολλημένα στις γωνίες των δρόμων
many coloured placards stuck on the street corners
"Μεγάλη πλήρης εκπροσώπηση φόρεμα"
"Great Full Dress Representation"
"ΑΠΟΨΙΝΗ ΑΠΟΨΙΝΗ θα λάβει χώρα τα συνηθισμένα κατορθώματα και εκπλήξεις"
"TONIGHT will Take Place the Usual Feats and Surprises"
«Παραστάσεις από όλους τους καλλιτέχνες και τα άλογα»
"Performances Executed by All the Artists and horses"
"και επιπλέον? Ο διάσημος ΜΙΚΡΟΣ ΓΑΪΔΑΡΟΣ ΠΙΝΌΚΙΟ»
"and moreover; The Famous LITTLE DONKEY PINOCCHIO"
"ΤΟ ΑΣΤΈΡΙ ΤΟΥ ΧΟΡΟΎ"
"THE STAR OF THE DANCE"
«Το θέατρο θα φωτιστεί λαμπρά»
"the theatre will be brilliantly illuminated"
Μπορείτε να φανταστείτε πόσο στριμωγμένο ήταν το θέατρο
you can imagine how crammed the theatre was
Το τσίρκο ήταν γεμάτο από παιδιά όλων των ηλικιών
The circus was full of children of all ages
όλοι ήρθαν να δουν το διάσημο μικρό γαϊδουράκι Πινόκιο χορό
all came to see the famous little donkey Pinocchio dance
Το πρώτο μέρος της παράστασης τελείωσε
the first part of the performance was over

Ο διευθυντής της εταιρείας παρουσιάστηκε στο κοινό
the director of the company presented himself to the public
Ήταν ντυμένος με μαύρο παλτό και λευκά παντελόνια
he was dressed in a black coat and white breeches
και μεγάλες δερμάτινες μπότες που έφταναν πάνω από τα γόνατά του
and big leather boots that came above his knees
Έκανε μια βαθιά υπόκλιση στο πλήθος
he made a profound bow to the crowd
Ξεκίνησε με πολλή επισημότητα μια γελοία ομιλία:
he began with much solemnity a ridiculous speech:
«Αξιοσέβαστο κοινό, κυρίες και κύριοι!»
"Respectable public, ladies and gentlemen!"
"Είναι με μεγάλη τιμή και χαρά"
"it is with great honour and pleasure"
«Στέκομαι εδώ μπροστά σε αυτό το διακεκριμένο ακροατήριο»
"I stand here before this distinguished audience"
"και σας παρουσιάζω το περίφημο μικρό γαϊδουράκι"
"and I present to you the celebrated little donkey"
«Το μικρό γαϊδουράκι που είχε ήδη την τιμή»
"the little donkey who has already had the honour"
«την τιμή να χορέψουμε παρουσία της Αυτού Μεγαλειότητος»
"the honour of dancing in the presence of His Majesty"
«Και, ευχαριστώντας σας, σας ικετεύω να μας βοηθήσετε»
"And, thanking you, I beg of you to help us"
"Βοηθήστε μας με την εμπνευσμένη παρουσία σας"
"help us with your inspiring presence"
"Και παρακαλώ, αξιότιμο κοινό, να είστε επιεικείς μαζί μας"
"and please, esteemed audience, be indulgent to us"
Αυτή η ομιλία έγινε δεκτή με πολύ γέλιο και χειροκροτήματα
This speech was received with much laughter and applause
Αλλά το χειροκρότημα σύντομα ήταν ακόμη πιο δυνατό

από πριν
but the applause soon was even louder than before
ο μικρός γάιδαρος Πινόκιο έκανε την εμφάνισή του
the little donkey Pinocchio made his appearance
Και στάθηκε στη μέση του τσίρκου
and he stood in the middle of the circus
Ήταν στολισμένος για την περίσταση
He was decked out for the occasion
Είχε ένα νέο χαλινάρι από γυαλισμένο δέρμα
He had a new bridle of polished leather
και φορούσε ορειχάλκινες πόρπες και καρφιά
and he was wearing brass buckles and studs
Και είχε δύο λευκές καμέλιες στα αυτιά του
and he had two white camellias in his ears
Η χαίτη του ήταν χωρισμένη και κουλουριασμένη
His mane was divided and curled
και κάθε μπούκλα ήταν δεμένη με φιόγκους χρωματιστής κορδέλας
and each curl was tied with bows of coloured ribbon
Είχε μια περίμετρο χρυσού και αργύρου γύρω από το σώμα του
He had a girth of gold and silver round his body
Η ουρά του ήταν πλεκτή με αμάρανθο και μπλε βελούδινες κορδέλες
his tail was plaited with amaranth and blue velvet ribbons
Ήταν, στην πραγματικότητα, ένα μικρό γαϊδουράκι για να ερωτευτείς!
He was, in fact, a little donkey to fall in love with!
Ο σκηνοθέτης πρόσθεσε αυτές τις λίγες λέξεις:
The director added these few words:
«Αξιοσέβαστοι ελεγκτές μου!»
"My respectable auditors!"
«Δεν είμαι εδώ για να σας πω ψέματα»
"I am not here to tell you falsehoods"
«Υπήρχαν μεγάλες δυσκολίες που έπρεπε να ξεπεράσω»
"there were great difficulties I had to overcome"
«Κατάλαβα και υπέταξα αυτό το μαστίγιο»

"I understood and subjugated this mammifer"
«Έβοσκε ελεύθερος ανάμεσα στα βουνά»
"he was grazing at liberty amongst the mountains"
"Ζούσε στις πεδιάδες της ζώνης Καυστικός "
"he lived in the plains of the torrid zone"
«Σας ικετεύω να παρατηρήσετε το άγριο κύλισμα των ματιών του»
"I beg you will observe the wild rolling of his eyes"
«Μάταια είχαν δοκιμαστεί όλα τα μέσα για να τον δαμάσουν»
"Every means had been tried in vain to tame him"
"Τον έχω συνηθίσει στη ζωή των εγχώριων τετράποδων"
"I have accustomed him to the life of domestic quadrupeds"
"και τον γλίτωσα από το πειστικό επιχείρημα του μαστιγίου"
"and I spared him the convincing argument of the whip"
«Αλλά όλη μου η καλοσύνη αύξησε μόνο την κακία του»
"But all my goodness only increased his viciousness"
«Ωστόσο, ανακάλυψα στο κρανίο του έναν οστεώδη χόνδρο»
"However, I discovered in his cranium a bony cartilage"
«Τον επιθεώρησα από την Ιατρική Σχολή του Παρισιού»
"I had him inspected by the Faculty of Medicine of Paris"
"Δεν φείδεμαι εξόδων για τη θεραπεία του μικρού μου γαϊδουριού"
"I spared no cost for my little donkey's treatment"
«Σε αυτόν οι γιατροί βρήκαν τον αναγεννητικό φλοιό του χορού»
"in him the doctors found the regenerating cortex of dance"
«Γι' αυτό δεν του έμαθα μόνο να χορεύει»
"For this reason I have not only taught him to dance"
"αλλά του έμαθα επίσης να πηδάει μέσα από στεφάνια"
"but I also taught him to jump through hoops"
"Θαυμάστε τον, και στη συνέχεια περάστε τη γνώμη σας γι 'αυτόν!"

"Admire him, and then pass your opinion on him!"
"Αλλά πριν σε αφήσω, επίτρεψέ μου αυτό."
"But before taking my leave of you, permit me this;"
«Κυρίες και κύριοι, αξιότιμα μέλη του πλήθους»
"ladies and gentlemen, esteemed members of the crowd"
«Σας προσκαλώ στην αυριανή καθημερινή παράσταση»
"I invite you to tomorrow's daily performance"
Εδώ ο σκηνοθέτης έκανε μια άλλη βαθιά υπόκλιση
Here the director made another profound bow
και, στη συνέχεια, γυρίζοντας στον Πινόκιο, είπε:
and, then turning to Pinocchio, he said:
«Κουράγιο, Πινόκιο! Αλλά πριν ξεκινήσετε:"
"Courage, Pinocchio! But before you begin:"
"Υποκλιθείτε σε αυτό το διακεκριμένο ακροατήριο"
"bow to this distinguished audience"
Ο Πινόκιο υπάκουσε στις εντολές του κυρίου του
Pinocchio obeyed his master's commands
Και λύγισε και τα δύο γόνατά του μέχρι να αγγίξουν το έδαφος
and he bent both his knees till they touched the ground
Ο σκηνοθέτης έσπασε το μαστίγιο του και φώναξε:
the director cracked his whip and shouted:
«Με ρυθμό ενός ποδιού, Πινόκιο!»
"At a foot's pace, Pinocchio!"
Τότε ο μικρός γάιδαρος σηκώθηκε στα τέσσερα πόδια του
Then the little donkey raised himself on his four legs
Και άρχισε να περπατάει γύρω από το θέατρο
and he began to walk round the theatre
Και όλη την ώρα κρατούσε το ρυθμό ενός ποδιού
and the whole time he kept at a foot's pace
Μετά από λίγη ώρα ο σκηνοθέτης φώναξε ξανά:
After a little time the director shouted again:
«Τροτ!» και ο Πινόκιο, υπάκουσαν στη διαταγή
"Trot!" and Pinocchio, obeyed the order
Και άλλαξε το ρυθμό του σε ένα τρέξιμο

and he changed his pace to a trot
«Καλπασμός!» και ο Πινόκιο ξέσπασε σε καλπασμό
"Gallop!" and Pinocchio broke into a gallop
«Πλήρης καλπασμός!» και ο Πινόκιο κάλπασε ολοταχώς
"Full gallop!" and Pinocchio went full gallop
Έτρεχε γύρω από το τσίρκο σαν άλογο κούρσας
he was running round the circus like a racehorse
Αλλά τότε ο σκηνοθέτης πυροβόλησε ένα πιστόλι
but then the director fired off a pistol
Με πλήρη ταχύτητα έπεσε στο πάτωμα
at full speed he fell to the floor
Και ο μικρός γάιδαρος προσποιήθηκε ότι ήταν πληγωμένος
and the little donkey pretended to be wounded
Σηκώθηκε από το έδαφος εν μέσω ενός ξεσπάσματος χειροκροτημάτων
he got up from the ground amidst an outburst of applause
ακούστηκαν φωνές και παλαμάκια
there were shouts and clapping of hands
Και φυσικά σήκωσε το κεφάλι του και κοίταξε ψηλά
and he naturally raised his head and looked up
Και είδε σε ένα από τα κουτιά μια όμορφη κυρία
and he saw in one of the boxes a beautiful lady
Φορούσε γύρω από το λαιμό της μια χοντρή χρυσή αλυσίδα
she wore round her neck a thick gold chain
και από την αλυσίδα κρεμάστηκε ένα μενταγιόν
and from the chain hung a medallion
Στο μενταγιόν ζωγραφίστηκε το πορτρέτο μιας μαριονέτας
On the medallion was painted the portrait of a puppet
«Αυτό είναι το πορτρέτο μου!» συνειδητοποίησε ο Πινόκιο
"That is my portrait!" realized Pinocchio
«Αυτή η κυρία είναι η νεράιδα!» είπε ο Πινόκιο στον εαυτό του

"That lady is the Fairy!" said Pinocchio to himself
Ο Πινόκιο την αναγνώρισε αμέσως
Pinocchio had recognized her immediately
Και, κυριευμένος από χαρά, προσπάθησε να την καλέσει
and, overcome with delight, he tried to call her
«Ω, μικρή μου νεράιδα! Ω, μικρή μου νεράιδα!»
"Oh, my little Fairy! Oh, my little Fairy!"
Αλλά αντί για αυτά τα λόγια, ένα χτύπημα βγήκε από το λαιμό του
But instead of these words a bray came from his throat
Μια μάχη τόσο παρατεταμένη που όλοι οι θεατές γέλασαν
a bray so prolonged that all the spectators laughed
Και όλα τα παιδιά στο θέατρο γέλασαν ιδιαίτερα
and all the children in the theatre especially laughed
Στη συνέχεια, ο σκηνοθέτης του έδωσε ένα μάθημα
Then the director gave him a lesson
Δεν είναι καλοί τρόποι να μιλάς μπροστά στο κοινό
it is not good manners to bray before the public
Με τη λαβή του μαστιγίου του χτύπησε τη μύτη του γαϊδάρου
with the handle of his whip he smacked the donkey's nose
Το καημένο το γαϊδουράκι έβγαλε τη γλώσσα του μια ίντσα
The poor little donkey put his tongue out an inch
και έγλειψε τη μύτη του για τουλάχιστον πέντε λεπτά
and he licked his nose for at least five minutes
Σκέφτηκε ίσως ότι θα απαλύνει τον πόνο
he thought perhaps that it would ease the pain
Αλλά πώς απελπίστηκε όταν κοίταξε ψηλά για δεύτερη φορά
But how he despaired when looking up a second time
Είδε ότι το κάθισμα ήταν άδειο
he saw that the seat was empty
η καλή νεράιδα του είχε εξαφανιστεί!
the good Fairy of his had disappeared!

Νόμιζε ότι θα πέθαινε
He thought he was going to die
Τα μάτια του γέμισαν δάκρυα και άρχισε να κλαίει
his eyes filled with tears and he began to weep
Κανείς, όμως, δεν πρόσεξε τα δάκρυά του
Nobody, however, noticed his tears
«Κουράγιο, Πινόκιο!» φώναξε ο σκηνοθέτης
"Courage, Pinocchio!" shouted the director
"Δείξτε στο κοινό πόσο χαριτωμένα μπορείτε να πηδήξετε μέσα από τα στεφάνια"
"show the audience how gracefully you can jump through the hoops"
Ο Πινόκιο προσπάθησε δύο ή τρεις φορές
Pinocchio tried two or three times
Αλλά το να περάσει από το στεφάνι δεν είναι εύκολο για ένα γαϊδούρι
but going through the hoop is not easy for a donkey
Και το βρήκε πιο εύκολο να πάει κάτω από το στεφάνι
and he found it easier to go under the hoop
Επιτέλους έκανε ένα άλμα και πέρασε από το στεφάνι
At last he made a leap and went through the hoop
Αλλά το δεξί του πόδι δυστυχώς πιάστηκε στο στεφάνι
but his right leg unfortunately caught in the hoop
Και αυτό τον έκανε να πέσει στο έδαφος
and that caused him to fall to the ground
Διπλασιάστηκε σε ένα σωρό από την άλλη πλευρά
he was doubled up in a heap on the other side
Όταν σηκώθηκε ήταν κουτσός
When he got up he was lame
Μόνο με μεγάλη δυσκολία επέστρεψε στο στάβλο
only with great difficulty did he return to the stable
«Φέρτε έξω τον Πινόκιο!» φώναζαν όλα τα αγόρια
"Bring out Pinocchio!" shouted all the boys
«Θέλουμε το μικρό γαϊδουράκι!» βρυχήθηκε το θέατρο
"We want the little donkey!" roared the theatre
Συγκινήθηκαν και λυπήθηκαν για το θλιβερό ατύχημα
they were touched and sorry for the sad accident

Αλλά το μικρό γαϊδουράκι δεν το είδαν πια εκείνο το βράδυ
But the little donkey was seen no more that evening
Το επόμενο πρωί ο κτηνίατρος τον επισκέφτηκε
The following morning the veterinary paid him a visit
Οι κτηνίατροι είναι γιατροί για τα ζώα
the vets are doctors to the animals
Και δήλωσε ότι θα παραμείνει κουτσός για όλη του τη ζωή
and he declared that he would remain lame for life
Ο σκηνοθέτης τότε είπε στο στάβλο:
The director then said to the stable-boy:
"Τι υποθέτεις ότι μπορώ να κάνω με ένα κουτσό γαϊδούρι;"
"What do you suppose I can do with a lame donkey?"
«Θα φάει φαγητό χωρίς να το κερδίσει»
"He will eat food without earning it"
«Βγάλτε τον στην αγορά και πουλήστε τον»
"Take him to the market and sell him"
Όταν έφτασαν στην αγορά, βρέθηκε αμέσως ένας αγοραστής
When they reached the market a purchaser was found at once
Ρώτησε τον στάβλο:
He asked the stable-boy:
«Πόσα θέλεις γι' αυτό το κουτσό γαϊδούρι;»
"How much do you want for that lame donkey?"
«Είκοσι δολάρια και θα σου τον πουλήσω»
"Twenty dollars and I'll sell him to you"
«Θα σου δώσω δύο δολάρια»
"I will give you two dollars"
"αλλά μην υποθέσετε ότι θα τον χρησιμοποιήσω"
"but don't suppose that I will make use of him"
«Τον αγοράζω αποκλειστικά για το δέρμα του»
"I am buying him solely for his skin"
«Βλέπω ότι το δέρμα του είναι πολύ σκληρό»
"I see that his skin is very hard"
«Σκοπεύω να φτιάξω ένα τύμπανο μαζί του»

"I intend to make a drum with him"
Άκουσε ότι ήταν προορισμένος να γίνει τύμπανο!
he heard that he was destined to become a drum!
μπορείτε να φανταστείτε τα συναισθήματα του φτωχού Πινόκιο
you can imagine poor Pinocchio's feelings
Τα δύο δολάρια παραδόθηκαν
the two dollars were handed over
Και στον άνθρωπο δόθηκε το γαϊδούρι του
and the man was given his donkey
Οδήγησε το μικρό γαϊδουράκι στην παραλία
he led the little donkey to the seashore
Στη συνέχεια έβαλε μια πέτρα γύρω από το λαιμό του
he then put a stone round his neck
Και του έδωσε μια ξαφνική ώθηση στο νερό
and he gave him a sudden push into the water
Ο Πινόκιο βαραίνει κάτω από την πέτρα
Pinocchio was weighted down by the stone
Και πήγε κατευθείαν στο βυθό της θάλασσας
and he went straight to the bottom of the sea
Ο ιδιοκτήτης του κρατούσε σφιχτά το κορδόνι
his owner kept tight hold of the cord
Κάθισε ήσυχα σε ένα κομμάτι βράχου
he sat down quietly on a piece of rock
Και περίμενε μέχρι να πνιγεί το μικρό γαϊδουράκι
and he waited until the little donkey was drowned
Και τότε σκόπευε να τον γδάρει
and then he intended to skin him

Ο Πινόκιο καταπίνεται από το σκυλόψαρο
Pinocchio gets Swallowed by the Dog-Fish

Ο Πινόκιο ήταν πενήντα λεπτά κάτω από το νερό
Pinocchio had been fifty minutes under the water
Ο αγοραστής του είπε δυνατά στον εαυτό του:
his purchaser said aloud to himself:

"Το μικρό μου κουτσό γαϊδουράκι πρέπει να έχει πνιγεί αρκετά"
"My little lame donkey must by now be quite drowned"
«Θα τον βγάλω λοιπόν από το νερό»
"I will therefore pull him out of the water"
"και θα κάνω ένα λεπτό τύμπανο από το δέρμα του"
"and I will make a fine drum of his skin"
Και άρχισε να τραβάει το σχοινί
And he began to haul in the rope
το σχοινί που είχε δέσει στο πόδι του γαϊδάρου
the rope he had tied to the donkey's leg
Και έσυρε, και έσυρε, και έσυρε
and he hauled, and hauled, and hauled
Τράβηξε ώσπου επιτέλους...
he hauled until at last...
Τι νομίζετε ότι εμφανίστηκε πάνω από το νερό;
what do you think appeared above the water?
Δεν τράβηξε ένα νεκρό γαϊδούρι στη στεριά
he did not pull a dead donkey to land
Αντ' αυτού είδε μια ζωντανή μικρή μαριονέτα
instead he saw a living little puppet

Και αυτή η μικρή μαριονέτα στριφογύριζε σαν χέλι!
and this little puppet was wriggling like an eel!
Ο καημένος νόμιζε ότι ονειρευόταν
the poor man thought he was dreaming
Και έμεινε εμβρόντητος από έκπληξη
and he was struck dumb with astonishment
Τελικά συνήλθε από την κατάπληξή του
he eventually recovered from his stupefaction
Και ρώτησε την μαριονέτα με τρεμάμενη φωνή:
and he asked the puppet in a quavering voice:
«Πού είναι το γαϊδουράκι που έριξα στη θάλασσα;»
"where is the little donkey I threw into the sea?"
«Είμαι το μικρό γαϊδουράκι!» είπε ο Πινόκιο
"I am the little donkey!" said Pinocchio
και ο Πινόκιο γέλασε που ήταν μαριονέτα και πάλι
and Pinocchio laughed at being a puppet again

«Πώς μπορείς να είσαι το μικρό γαϊδουράκι;;»
"How can you be the little donkey??"
«Ήμουν το μικρό γαϊδουράκι», απάντησε ο Πινόκιο
"I was the little donkey," answered Pinocchio
«και τώρα είμαι πάλι μια μικρή μαριονέτα»
"and now I'm a little puppet again"
"Αχ, ένας νεαρός κατασκηνωτής είναι αυτό που είσαι!!"
"Ah, a young scamp is what you are!!"
«Τολμάς να με κοροϊδεύεις;»
"Do you dare to make fun of me?"
«Για να σε κοροϊδέψω;» ρώτησε ο Πινόκιο
"To make fun of you?" asked Pinocchio
«Το αντίθετο, αγαπητέ μου δάσκαλε;»
"Quite the contrary, my dear master?"
«Μιλάω σοβαρά μαζί σου»
"I am speaking seriously with you"
"Πριν από λίγο καιρό ήσουν ένα μικρό γαϊδουράκι"
"a short time ago you were a little donkey"
«Πώς μπορείς να γίνεις ξύλινη μαριονέτα;»
"how can you have become a wooden puppet?"
"Το να μένεις στο νερό δεν το κάνει αυτό σε ένα γαϊδούρι!"
"being left in the water does not do that to a donkey!"
«Πρέπει να ήταν η επίδραση του θαλασσινού νερού»
"It must have been the effect of sea water"
«Η θάλασσα προκαλεί ασυνήθιστες αλλαγές»
"The sea causes extraordinary changes"
«Πρόσεχε, μαριονέτα, δεν έχω διάθεση!»
"Beware, puppet, I am not in the mood!"
"Μην φανταστείτε ότι μπορείτε να διασκεδάσετε εις βάρος μου"
"Don't imagine that you can amuse yourself at my expense"
«Αλίμονο σε σένα αν χάσω την υπομονή μου!»
"Woe to you if I lose patience!"
«Λοιπόν, δάσκαλε, θέλεις να μάθεις την αληθινή ιστορία;»
"Well, master, do you wish to know the true story?"

«Αν ελευθερώσεις το πόδι μου, θα σου το πω»
"If you set my leg free I will tell it you"
Ο καλός άνθρωπος ήταν περίεργος να ακούσει την αληθινή ιστορία
The good man was curious to hear the true story
Και αμέσως έλυσε τον κόμπο
and he immediately untied the knot
Ο Πινόκιο ήταν και πάλι ελεύθερος σαν πουλί στον αέρα
Pinocchio was again as free as a bird in the air
Και άρχισε να λέει την ιστορία του
and he commenced to tell his story
«Πρέπει να ξέρεις ότι κάποτε ήμουν μαριονέτα»
"You must know that I was once a puppet"
«Δηλαδή, δεν ήμουν πάντα γάιδαρος»
"that is to say, I wasn't always a donkey"
«Ήμουν έτοιμος να γίνω αγόρι»
"I was on the point of becoming a boy"
«Θα ήμουν σαν τα άλλα αγόρια στον κόσμο»
"I would have been like the other boys in the world"
"αλλά όπως και άλλα αγόρια, δεν μου άρεσε η μελέτη"
"but like other boys, I wasn't fond of study"
"και ακολούθησα τη συμβουλή κακών συντρόφων"
"and I followed the advice of bad companions"
"και τελικά έφυγα από το σπίτι"
"and finally I ran away from home"
«Μια ωραία μέρα, όταν ξύπνησα, βρήκα τον εαυτό μου αλλαγμένο»
"One fine day when I awoke I found myself changed"
«Είχα γίνει γάιδαρος με μακριά αυτιά»
"I had become a donkey with long ears"
"και είχα μεγαλώσει και μια μακριά ουρά"
"and I had grown a long tail too"
«Τι ντροπή ήταν για μένα!»
"What a disgrace it was to me!"
«Ακόμα και ο χειρότερος εχθρός σου δεν θα σου το επέβαλλε!»

"even your worst enemy would not inflict it upon you!"
«Με πήγαν στην αγορά για να πουληθώ»
"I was taken to the market to be sold"
"και αγοράστηκα από μια ιππική εταιρεία"
"and I was bought by an equestrian company"
«Ήθελαν να με κάνουν διάσημο χορευτή»
"they wanted to make a famous dancer of me"
«Αλλά ένα βράδυ κατά τη διάρκεια μιας παράστασης είχα μια άσχημη πτώση»
"But one night during a performance I had a bad fall"
"και έμεινα με δύο κουτσό πόδια"
"and I was left with two lame legs"
«Δεν ήμουν πια χρήσιμος στο τσίρκο»
"I was of no use to the circus no more"
«Και πάλι με πήγαν στην αγορά
"and again I was taken to the market
«Και στην αγορά ήσουν ο αγοραστής μου!»
"and at the market you were my purchaser!"
«Πάρα πολύ αλήθεια», θυμήθηκε ο άντρας
"Only too true," remembered the man
«Και πλήρωσα δύο δολάρια για σένα»
"And I paid two dollars for you"
"Και τώρα, ποιος θα μου δώσει πίσω τα καλά μου χρήματα;"
"And now, who will give me back my good money?"
«Και γιατί με αγόρασες;»
"And why did you buy me?"
«Με αγόρασες για να φτιάξω ένα τύμπανο από το δέρμα μου!»
"You bought me to make a drum of my skin!"
«Πάρα πολύ αλήθεια!» είπε ο άντρας
"Only too true!" said the man
"Και τώρα, πού θα βρω άλλο δέρμα;"
"And now, where shall I find another skin?"
«Μην απελπίζεσαι, δάσκαλε»
"Don't despair, master"
«Υπάρχουν πολλά μικρά γαϊδουράκια στον κόσμο!»

"There are many little donkeys in the world!"
"Πες μου, εσύ θρασύς παλιάνθρωπος."
"Tell me, you impertinent rascal;"
«Η ιστορία σου τελειώνει εδώ;»
"does your story end here?"
«Όχι», απάντησε η μαριονέτα
"No," answered the puppet
«Έχω άλλες δύο λέξεις να πω»
"I have another two words to say"
«Και τότε η ιστορία μου θα έχει τελειώσει»
"and then my story shall have finished"
«Με έφερες σε αυτό το μέρος για να με σκοτώσεις»
"you brought me to this place to kill me"
«Αλλά τότε ενέδωσες σε ένα αίσθημα συμπόνιας»
"but then you yielded to a feeling of compassion"
«Και προτίμησες να μου δώσεις μια πέτρα γύρω από το λαιμό
"and you preferred to tie a stone round my neck
«Και με έριξες στη θάλασσα»
"and you threw me into the sea"
«Αυτό το ανθρώπινο συναίσθημα σας τιμά ιδιαίτερα»
"This humane feeling does you great honour"
«και θα σου είμαι πάντα ευγνώμων»
"and I shall always be grateful to you"
"Αλλά, παρ' όλα αυτά, αγαπητέ δάσκαλε, ξέχασες ένα πράγμα"
"But, nevertheless, dear master, you forgot one thing"
«Έκανες τους υπολογισμούς σου χωρίς να σκεφτείς τη Νεράιδα!»
"you made your calculations without considering the Fairy!"
«Και ποια είναι η Νεράιδα;»
"And who is the Fairy?"
«Είναι η μαμά μου», απάντησε ο Πινόκιο
"She is my mamma," replied Pinocchio
«Και μοιάζει με όλες τις άλλες καλές μαμάδες»
"and she resembles all other good mammas"
«Και όλες οι καλές μαμάδες φροντίζουν τα παιδιά τους»

"and all good mammas care for their children"
«Μαμάδες που δεν ξεχνούν ποτέ τα παιδιά τους»
"mammas who never lose sight of their children""
«Μαμάδες που βοηθούν τα παιδιά τους με αγάπη»
"mammas who help their children lovingly"
«Και τους αγαπούν ακόμα και όταν τους αξίζει να εγκαταλειφθούν»
"and they love them even when they deserve to be abandoned"
«Η καλή μου μαμά με κράτησε στο βλέμμα της»
"my good mamma kept me in her sight"
«και είδε ότι κινδύνευα να πνιγώ»
"and she saw that I was in danger of drowning"
"Έτσι έστειλε αμέσως ένα τεράστιο κοπάδι ψαριών"
"so she immediately sent an immense shoal of fish"
«Πρώτα νόμιζαν ότι ήμουν ένα μικρό νεκρό γαϊδούρι»
"first they really thought I was a little dead donkey"
«Και έτσι άρχισαν να με τρώνε σε μεγάλες μπουκιές»
"and so they began to eat me in big mouthfuls"
«Ποτέ δεν ήξερα ότι τα ψάρια ήταν πιο άπληστα από τα αγόρια!»
"I never knew fish were greedier than boys!"
«Κάποιοι έφαγαν τα αυτιά μου και τη μουσούδα μου»
"Some ate my ears and my muzzle"
"και άλλα ψάρια το λαιμό και τη χαίτη μου"
"and other fish my neck and mane"
«Μερικοί από αυτούς έφαγαν το δέρμα των ποδιών μου»
"some of them ate the skin of my legs"
«Και άλλοι άρχισαν να τρώνε τη γούνα μου»
"and others took to eating my fur"
«Ανάμεσά τους υπήρχε ένα ιδιαίτερα ευγενικό ψαράκι»
"Amongst them there was an especially polite little fish"
«Και καταδέχτηκε να φάει την ουρά μου»
"and he condescended to eat my tail"
Ο αγοραστής τρομοκρατήθηκε από αυτό που άκουσε
the purchaser was horrified by what he heard
«Ορκίζομαι ότι δεν θα αγγίξω ποτέ ξανά τα ψάρια!»

"I swear that I will never touch fish again!"
«Φανταστείτε να ανοίγετε ένα μπαρμπούνι και να βρίσκετε την ουρά ενός γαϊδάρου!»
"imagine opening a mullet and finding a donkey's tail!"
«Συμφωνώ μαζί σου», είπε η μαριονέτα γελώντας
"I agree with you," said the puppet, laughing
"Ωστόσο, πρέπει να σας πω τι συνέβη στη συνέχεια"
"However, I must tell you what happened next"
«Το ψάρι είχε τελειώσει να τρώει το δέρμα του γαϊδάρου»
"the fish had finished eating the donkey's hide"
«Το δέρμα του γαϊδάρου που με είχε σκεπάσει»
"the donkey's hide that had covered me"
«Τότε φυσικά έφτασαν στο κόκκαλο»
"then they naturally reached the bone"
"Αλλά δεν ήταν κόκαλο, αλλά μάλλον ξύλο"
"but it was not bone, but rather wood"
«Γιατί, όπως βλέπετε, είμαι φτιαγμένος από το σκληρότερο ξύλο»
"for, as you see, I am made of the hardest wood"
"Προσπάθησαν να πάρουν μερικές ακόμη μπουκιές"
"they tried to take a few more bites"
«Αλλά σύντομα ανακάλυψαν ότι δεν ήμουν για φαγητό»
"But they soon discovered I was not for eating"
"Αηδιασμένοι με τέτοια δύσπεπτα τρόφιμα, κολύμπησαν"
"disgusted with such indigestible food, they swam off"
«Και έφυγαν χωρίς καν να πουν ευχαριστώ»
"and they left without even saying thank you"
«Και τώρα, επιτέλους, ακούσατε την ιστορία μου»
"And now, at last, you have heard my story"
«Και γι' αυτό δεν βρήκες νεκρό γαϊδούρι»
"and that is why you didn't find a dead donkey"
«Και αντ' αυτού βρήκες μια ζωντανή μαριονέτα»
"and instead you found a living puppet"
«Γελάω με την ιστορία σου», φώναξε οργισμένος ο

άντρας
"I laugh at your story," cried the man in a rage
«Ξέρω μόνο ότι ξόδεψα δύο δολάρια για να σε αγοράσω»
"I only know that I spent two dollars to buy you"
"και θα έχω τα χρήματά μου πίσω"
"and I will have my money back"
«Να σου πω τι θα κάνω;»
"Shall I tell you what I will do?"
«Θα σε πάω πίσω στην αγορά»
"I will take you back to the market"
"και θα σε πουλήσω κατά βάρος ως καρυκευμένο ξύλο"
"and I will sell you by weight as seasoned wood"
και ο αγοραστής μπορεί να ανάψει φωτιές μαζί σας"
and the purchaser can light fires with you"
Ο Πινόκιο δεν ανησυχούσε πολύ γι' αυτό
Pinocchio was not too worried about this
"Πουλήστε με αν θέλετε. Είμαι ικανοποιημένος"
"Sell me if you like; I am content"
και βούτηξε πίσω στο νερό
and he plunged back into the water
Κολύμπησε χαρούμενα μακριά από την ακτή
he swam gaily away from the shore
Και φώναξε τον φτωχό ιδιοκτήτη του
and he called to his poor owner
«Αντίο, δάσκαλε, μη με ξεχνάς»
"Good-bye, master, don't forget me"
"Η ξύλινη μαριονέτα που ήθελες για το δέρμα της"
"the wooden puppet you wanted for its skin"
"και ελπίζω να πάρεις το τύμπανό σου μια μέρα"
"and I hope you get your drum one day"
Και γέλασε και συνέχισε να κολυμπάει.
And he laughed and went on swimming
Και μετά από λίγο γύρισε ξανά
and after a while he turned around again
«Αντίο, δάσκαλε», φώναξε πιο δυνατά
"Good-bye, master," he shouted louder

"Και να με θυμάσαι όταν χρειάζεσαι καλά καρυκευμένο ξύλο"
"and remember me when you need well seasoned wood"
«Και σκέψου με όταν ανάβεις φωτιά»
"and think of me when you're lighting a fire"
σύντομα ο Πινόκιο είχε κολυμπήσει προς τον ορίζοντα
soon Pinocchio had swam towards the horizon
Και τώρα ήταν μόλις ορατός από την ακτή
and now he was scarcely visible from the shore
Ήταν ένα μικρό μαύρο στίγμα στην επιφάνεια της θάλασσας
he was a little black speck on the surface of the sea
Από καιρό σε καιρό έβγαινε από το νερό
from time to time he lifted out of the water
Και πήδηξε και καπαρώθηκε σαν ευτυχισμένο δελφίνι
and he leaped and capered like a happy dolphin
Ο Πινόκιο κολυμπούσε και δεν ήξερε πού
Pinocchio was swimming and he knew not whither
Είδε στη μέση της θάλασσας ένα βράχο
he saw in the midst of the sea a rock
Ο βράχος φαινόταν να είναι φτιαγμένος από λευκό μάρμαρο
the rock seemed to be made of white marble
Και στην κορυφή υπήρχε μια όμορφη μικρή κατσίκα
and on the summit there stood a beautiful little goat
η κατσίκα μάτωσε με αγάπη στον Πινόκιο
the goat bleated lovingly to Pinocchio
Και η κατσίκα του έκανε νοήματα να πλησιάσει
and the goat made signs to him to approach
Αλλά το πιο μοναδικό πράγμα ήταν αυτό:
But the most singular thing was this:
Τα μαλλιά της μικρής κατσίκας δεν ήταν ούτε άσπρα ούτε μαύρα
The little goat's hair was not white nor black
Ούτε ήταν ένα μείγμα δύο χρωμάτων
nor was it a mixture of two colours
Αυτό είναι συνηθισμένο με άλλες κατσίκες

this is usual with other goats
Αλλά τα μαλλιά της κατσίκας ήταν ένα πολύ ζωντανό μπλε
but the goat's hair was a very vivid blue
ένα ζωηρό μπλε σαν τα μαλλιά του όμορφου παιδιού
a vivid blue like the hair of the beautiful Child
φανταστείτε πόσο γρήγορα άρχισε να χτυπά η καρδιά του Πινόκιο
imagine how rapidly Pinocchio's heart began to beat
Κολύμπησε με διπλάσια δύναμη και ενέργεια
He swam with redoubled strength and energy
Και σε ελάχιστο χρόνο ήταν στα μισά του δρόμου
and in no time at all he was halfway there
Αλλά τότε είδε κάτι να βγαίνει από το νερό
but then he saw something came out the water
Το φρικτό κεφάλι ενός θαλάσσιου τέρατος!
the horrible head of a sea-monster!
Το στόμα του ήταν ορθάνοιχτο και σπηλαιώδες
His mouth was wide open and cavernous
Υπήρχαν τρεις σειρές τεράστιων δοντιών
there were three rows of enormous teeth
Ακόμα και μια φωτογραφία του ΑΝ θα σας τρομοκρατούσε
even a picture of if would terrify you
Και ξέρετε τι ήταν αυτό το θαλάσσιο τέρας;
And do you know what this sea-monster was?
δεν ήταν άλλο από εκείνο το γιγαντιαίο σκυλόψαρο
it was none other than that gigantic Dog-Fish
ο σκύλος-ψάρι που αναφέρεται πολλές φορές σε αυτή την ιστορία
the Dog-Fish mentioned many times in this story
Πρέπει να σας πω το όνομα αυτού του τρομερού ψαριού
I should tell you the name of this terrible fish
Ο Αττίλας των ψαριών και των ψαράδων
Attila of Fish and Fishermen
λόγω της σφαγής του και της ακόρεστης αδηφαγίας του

on account of his slaughter and insatiable voracity
σκεφτείτε τον τρόμο του καημένου Πινόκιο στη θέα
think of poor Pinocchio's terror at the sight
Ένα αληθινό θαλάσσιο τέρας κολυμπούσε πάνω του
a true sea monster was swimming at him
Προσπάθησε να αποφύγει το σκυλόψαρο
He tried to avoid the Dog-Fish
Προσπάθησε να κολυμπήσει προς άλλες κατευθύνσεις
he tried to swim in other directions
Έκανε ό,τι μπορούσε για να δραπετεύσει
he did everything he could to escape
Αλλά αυτό το τεράστιο ορθάνοιχτο στόμα ήταν πολύ μεγάλο
but that immense wide-open mouth was too big
Και ερχόταν με την ταχύτητα ενός βέλους
and it was coming with the velocity of an arrow
Η όμορφη μικρή κατσίκα προσπάθησε να ξεφλουδίσει
the beautiful little goat tried to bleat
«Γρηγορήσου, Πινόκιο, για χάρη του οίκτου!»
"Be quick, Pinocchio, for pity's sake!"
Και ο Πινόκιο κολύμπησε απεγνωσμένα με ό,τι μπορούσε
And Pinocchio swam desperately with all he could
τα χέρια του, το στήθος του, τα πόδια του και τα πόδια του
his arms, his chest, his legs, and his feet
«Γρήγορα, Πινόκιο, το τέρας είναι κοντά σου!»
"Quick, Pinocchio, the monster is close upon you!"
Και ο Πινόκιο κολύμπησε πιο γρήγορα από ποτέ
And Pinocchio swam quicker than ever
Πέταξε με την ταχύτητα μιας μπάλας από ένα όπλο
he flew on with the rapidity of a ball from a gun
Είχε σχεδόν φτάσει στο βράχο
He had nearly reached the rock
Και είχε σχεδόν φτάσει στο κατσικάκι
and he had almost reached the little goat
Και το κατσικάκι έσκυψε προς τη θάλασσα

and the little goat leaned over towards the sea
Άπλωσε τα μπροστινά της πόδια για να τον βοηθήσει
she stretched out her fore-legs to help him
Ίσως θα μπορούσε να τον βγάλει από το νερό
perhaps she could get him out of the water
Αλλά όλες οι προσπάθειές τους ήταν πολύ αργά!
But all their efforts were too late!
Το τέρας είχε ξεπεράσει τον Πινόκιο
The monster had overtaken Pinocchio
Τράβηξε μια μεγάλη ανάσα αέρα και νερού
he drew in a big breath of air and water
Και ρούφηξε τη φτωχή μαριονέτα
and he sucked in the poor puppet
Σαν να ρούφηξε το αυγό μιας κότας
like he would have sucked a hen's egg
και ο Σκύλος-Ψάρι τον κατάπιε ολόκληρο
and the Dog-Fish swallowed him whole

Ο Πινόκιο έπεσε μέσα από τα δόντια του
Pinocchio tumbled through his teeth
και έπεσε στο λαιμό του σκύλου-ψαριού
and he tumbled down the Dog-Fish's throat
Και τελικά προσγειώθηκε βαριά στο στομάχι του
and finally he landed heavily in his stomach
Παρέμεινε αναίσθητος για ένα τέταρτο της ώρας
he remained unconscious for a quarter of an hour
Αλλά τελικά ήρθε ξανά στον εαυτό του
but eventually he came to himself again
Δεν μπορούσε ούτε στο ελάχιστο να φανταστεί σε τι κόσμο ήταν
he could not in the least imagine in what world he was
Παντού γύρω του δεν υπήρχε τίποτα άλλο παρά σκοτάδι
All around him there was nothing but darkness
Ήταν σαν να είχε πέσει σε ένα δοχείο με μελάνι
it was as if he had fallen into a pot of ink
Άκουγε, αλλά δεν άκουγε θόρυβο
He listened, but he could hear no noise
Περιστασιακά μεγάλες ριπές ανέμου φυσούσαν στο πρόσωπό του
occasionally great gusts of wind blew in his face
Πρώτα δεν μπορούσε να καταλάβει από πού προήλθε
first he could not understand from where it came from
Αλλά τελικά ανακάλυψε την πηγή
but at last he discovered the source
Βγήκε από τους πνεύμονες του τέρατος
it came out of the monster's lungs
υπάρχει ένα πράγμα που πρέπει να ξέρετε για το σκυλί-ψάρι
there is one thing you must know about the Dog-Fish
ο σκύλος-ψάρι υπέφερε πάρα πολύ από άσθμα
the Dog-Fish suffered very much from asthma
Όταν ανέπνεε ήταν ακριβώς όπως ο βόρειος άνεμος
when he breathed it was exactly like the north wind
Ο Πινόκιο στην αρχή προσπάθησε να διατηρήσει το

θάρρος του
Pinocchio at first tried to keep up his courage
Αλλά η πραγματικότητα της κατάστασης σιγά-σιγά του φάνηκε
but the reality of the situation slowly dawned on him
Ήταν πραγματικά κλεισμένος στο σώμα αυτού του θαλάσσιου τέρατος
he was really shut up in the body of this sea-monster
Και άρχισε να κλαίει και να ουρλιάζει και να κλαίει
and he began to cry and scream and sob
"Βοήθεια! Βοήθεια! Ω, πόσο άτυχος είμαι!»
"Help! help! Oh, how unfortunate I am!"
«Δεν θα έρθει κανείς να με σώσει;»
"Will nobody come to save me?"
Από το σκοτάδι βγήκε μια φωνή
from the dark there came a voice
Η φωνή ακουγόταν σαν κιθάρα εκτός συντονισμού
the voice sounded like a guitar out of tune
«Ποιος νομίζεις ότι θα μπορούσε να σε σώσει, δυστυχισμένη αθλιότητα;»
"Who do you think could save you, unhappy wretch?"
Ο Πινόκιο πάγωσε από τρόμο στη φωνή
Pinocchio froze with terror at the voice
«Ποιος μιλάει;» ρώτησε τελικά ο Πινόκιο
"Who is speaking?" asked Pinocchio, finally
«Εγώ είμαι! Είμαι ένα φτωχό ψάρι τόνου"
"It is I! I am a poor Tunny Fish"
«Με κατάπιε το σκυλόψαρο μαζί σου»
"I was swallowed by the Dog-Fish along with you"
"Και τι ψάρι είσαι;"
"And what fish are you?"
"Δεν έχω τίποτα κοινό με τα ψάρια"
"I have nothing in common with fish"
«Είμαι μαριονέτα», πρόσθεσε ο Πινόκιο
"I am a puppet," added Pinocchio
«Τότε γιατί άφησες τον εαυτό σου να σε καταπιεί;»
"Then why did you let yourself be swallowed?"

«Δεν άφησα τον εαυτό μου να με καταπιεί»
"I didn't let myself be swallowed"
«Ήταν το τέρας που με κατάπιε!»
"it was the monster that swallowed me!"
«Και τώρα, τι πρέπει να κάνουμε εδώ στο σκοτάδι;»
"And now, what are we to do here in the dark?"
«Δεν μπορούμε να κάνουμε πολλά από το να παραιτηθούμε»
"there's not much we can do but to resign ourselves"
"και τώρα περιμένουμε μέχρι να μας χωνέψει το σκυλόψαρο"
"and now we wait until the Dog-Fish has digested us"
«Μα δεν θέλω να με χωνέψουν!» ούρλιαξε ο Πινόκιο
"But I do not want to be digested!" howled Pinocchio
Και άρχισε να κλαίει ξανά
and he began to cry again
«Ούτε θέλω να χωνευτώ», πρόσθεσε το Τόνος Ψάρι
"Neither do I want to be digested," added the Tunny Fish
«αλλά είμαι αρκετά φιλόσοφος για να παρηγορήσω τον εαυτό μου»
"but I am enough of a philosopher to console myself"
"όταν κάποιος γεννιέται, η ζωή του τόνου μπορεί να γίνει κατανοητή"
"when one is born a Tunny Fish life can be made sense of"
«Είναι πιο αξιοπρεπές να πεθαίνεις στο νερό παρά στο πετρέλαιο»
"it is more dignified to die in the water than in oil"
«Όλα αυτά είναι ανοησίες!» φώναξε ο Πινόκιο
"That is all nonsense!" cried Pinocchio
«Είναι η γνώμη μου», απάντησε ο Τόνος
"It is my opinion," replied the Tunny Fish
"και οι απόψεις πρέπει να γίνονται σεβαστές"
"and opinions ought to be respected"
"αυτό λένε οι πολιτικοί Τόνος Ψάρι"
"that is what the political Tunny Fish say"
«Για να τα συνοψίσω όλα, θέλω να ξεφύγω από εδώ»
"To sum it all up, I want to get away from here"

«Θέλω να δραπετεύσω».
"I do want to escape."
"Αποδράστε, αν μπορείτε!"
"Escape, if you are able!"
"Είναι αυτό το σκυλόψαρο που μας έχει καταπιεί πολύ μεγάλο;"
"Is this Dog-Fish who has swallowed us very big?"
«Μεγάλο; Αγόρι μου, μπορείς μόνο να φανταστείς»
"Big? My boy, you can only imagine"
«Το σώμα του έχει μήκος δύο μίλια χωρίς να μετράει την ουρά του»
"his body is two miles long without counting his tail"
Κράτησαν αυτή τη συζήτηση στο σκοτάδι για κάποιο χρονικό διάστημα
they held this conversation in the dark for some time
Τελικά τα μάτια του Πινόκιο προσαρμόστηκαν στο σκοτάδι
eventually Pinocchio's eyes adjusted to the darkness
Ο Πινόκιο νόμιζε ότι έβλεπε ένα φως πολύ μακριά
Pinocchio thought that he saw a light a long way off
«Τι είναι αυτό το μικρό φως που βλέπω στο βάθος;»
"What is that little light I see in the distance?"
"Είναι πιθανότατα κάποιος σύντροφος στην ατυχία"
"It is most likely some companion in misfortune"
«Αυτός, όπως κι εμείς, περιμένει να χωνευτεί»
"he, like us, is waiting to be digested"
«Θα πάω να τον βρω»
"I will go and find him"
"Ίσως είναι ένα παλιό ψάρι που ξέρει το δρόμο του"
"perhaps it is an old fish that knows his way around"
«Ελπίζω να είναι έτσι, με όλη μου την καρδιά, αγαπητή μαριονέτα»
"I hope it may be so, with all my heart, dear puppet"
"Αντίο, Τόνος Ψάρι" - "Αντίο, μαριονέτα"
"Good-bye, Tunny Fish" - "Good-bye, puppet"
"και σας εύχομαι καλή τύχη"
"and I wish a good fortune to you"

«Πού θα συναντηθούμε ξανά;»
"Where shall we meet again?"
"Ποιος μπορεί να δει τέτοια πράγματα στο μέλλον;"
"Who can see such things in the future?"
"Είναι καλύτερα να μην το σκεφτόμαστε καν!"
"It is better not even to think of it!"

Μια ευχάριστη έκπληξη για τον Πινόκιο
A Happy Surprise for Pinocchio

Ο Πινόκιο αποχαιρέτησε τον φίλο του το Τόνος Ψάρι
Pinocchio said farewell to his friend the Tunny Fish
και άρχισε να ψηλαφίζει το δρόμο του μέσα από το σκυλόψαρο
and he began to grope his way through the Dog-Fish
Έκανε μικρά βήματα προς την κατεύθυνση του φωτός
he took small steps in the direction of the light
Το μικρό φως λάμπει αμυδρά σε μεγάλη απόσταση
the small light shining dimly at a great distance
Όσο πιο μακριά προχωρούσε, τόσο πιο λαμπρό γινόταν το φως
the farther he advanced the brighter became the light
Και περπάτησε και περπάτησε μέχρι που τελικά έφτασε
and he walked and walked until at last he reached it
Και όταν έφτασε στο φως, τι βρήκε;
and when he reached the light, what did he find?
Θα σας αφήσω να κάνετε χίλιες και μία εικασίες
I will let you have a thousand and one guesses
Αυτό που βρήκε ήταν ένα μικρό τραπέζι έτοιμο
what he found was a little table all prepared
Στο τραπέζι υπήρχε ένα αναμμένο κερί σε ένα πράσινο μπουκάλι
on the table was a lighted candle in a green bottle
Και καθισμένος στο τραπέζι ήταν ένας μικρός γέρος
and seated at the table was a little old man
Ο μικρός γέρος έτρωγε μερικά ζωντανά ψάρια

the little old man was eating some live fish
Και τα μικρά ζωντανά ψάρια ήταν πολύ ζωντανά
and the little live fish were very much alive
Μερικά από τα μικρά ψάρια πήδηξαν ακόμη και από το στόμα του
some of the little fish even jumped out of his mouth
Σε αυτό το θέαμα ο Πινόκιο γέμισε ευτυχία
at this sight Pinocchio was filled with happiness
Έγινε σχεδόν παραληρηματικός από απροσδόκητη χαρά
he became almost delirious with unexpected joy
Ήθελε να γελάσει και να κλάψει ταυτόχρονα
He wanted to laugh and cry at the same time
Ήθελε να πει χίλια πράγματα ταυτόχρονα
he wanted to say a thousand things at once
Αλλά το μόνο που κατάφερε ήταν μερικές συγκεχυμένες λέξεις
but all he managed were a few confused words
Επιτέλους κατάφερε να βγάλει μια κραυγή χαράς
At last he succeeded in uttering a cry of joy
Και έριξε το χέρι του γύρω από τον μικρό γέρο
and he threw his arm around the little old man
«Ω, αγαπητέ μου μπαμπά!» φώναξε με χαρά
"Oh, my dear papa!" he shouted with joy
«Επιτέλους σε βρήκα!» φώναξε ο Πινόκιο
"I have found you at last!" cried Pinocchio
«Ποτέ δεν θα σε αφήσω ποτέ ξανά»
"I will never never never never leave you again"
Ούτε ο μικρός γέρος μπορούσε να το πιστέψει
the little old man couldn't believe it either
«Τα μάτια μου λένε την αλήθεια;» είπε
"are my eyes telling the truth?" he said
και έτριψε τα μάτια του για να βεβαιωθεί
and he rubbed his eyes to make sure
«τότε είσαι πραγματικά ο αγαπητός μου Πινόκιο;»
"then you are really my dear Pinocchio?"
«Ναι, ναι, είμαι ο Πινόκιο, πραγματικά είμαι!»

"Yes, yes, I am Pinocchio, I really am!"
«Και με συγχώρεσες, έτσι δεν είναι;»
"And you have forgiven me, have you not?"
«Ω, αγαπητέ μου μπαμπά, πόσο καλός είσαι!»
"Oh, my dear papa, how good you are!"
«Και να σκέφτομαι πόσο κακός έχω πάει σε σένα»
"And to think how bad I've been to you"
"αλλά αν ήξερες μόνο τι έχω περάσει"
"but if you only knew what I've gone through"
«όλες οι δυστυχίες που είχα χύσει πάνω μου»
"all the misfortunes I've had poured on me"
«Και όλα τα άλλα πράγματα που μου έχουν συμβεί!»
"and all the other things that have befallen me!"
«Ω, σκέψου την ημέρα που πούλησες το σακάκι σου»
"oh think back to the day you sold your jacket"
«Ω, πρέπει να κρυώνεις τρομερά»
"oh you must have been terribly cold"
"Αλλά το έκανες για να μου αγοράσεις ένα βιβλίο ορθογραφίας"
"but you did it to buy me a spelling book"
«για να μπορέσω να σπουδάσω όπως τα άλλα αγόρια»
"so that I could study like the other boys"
"αλλά αντ' αυτού δραπέτευσα για να δω το κουκλοθέατρο"
"but instead I escaped to see the puppet show"
«Και ο σόουμαν ήθελε να με βάλει στη φωτιά»
"and the showman wanted to put me on the fire"
"για να μπορέσω να ψήσω το πρόβειο κρέας του γι 'αυτόν"
"so that I could roast his mutton for him"
«Αλλά τότε ο ίδιος σόουμαν μου έδωσε πέντε χρυσά κομμάτια»
"but then the same showman gave me five gold pieces"
«Ήθελε να σου δώσω το χρυσάφι»
"he wanted me to give you the gold"
"αλλά τότε γνώρισα την αλεπού και τη γάτα"
"but then I met the Fox and the Cat"

«και με πήγαν στο πανδοχείο της Κόκκινης Καραβίδας»
"and they took me to the inn of The Red Craw-Fish"
«Και στο πανδοχείο έτρωγαν σαν πεινασμένοι λύκοι»
"and at the inn they ate like hungry wolves"
«και έφυγα μόνος μου στη μέση της νύχτας»
"and I left by myself in the middle of the night"
«και συνάντησα δολοφόνους που έτρεξαν πίσω μου»
"and I encountered assassins who ran after me"
«και έτρεξα μακριά από τους δολοφόνους»
"and I ran away from the assassins"
«Αλλά οι δολοφόνοι με ακολούθησαν εξίσου γρήγορα»
"but the assassins followed me just as fast"
«και έτρεξα μακριά τους όσο πιο γρήγορα μπορούσα»
"and I ran away from them as fast as I could"
«αλλά πάντα με ακολουθούσαν όσο γρήγορα έτρεχα»
"but they always followed me however fast I ran"
«και συνέχισα να τρέχω για να ξεφύγω από αυτούς»
"and I kept running to get away from them"
«Αλλά τελικά με έπιασαν τελικά»
"but eventually they caught me after all"
"και με κρέμασαν σε ένα κλαδί μιας μεγάλης βελανιδιάς"
"and they hung me to a branch of a Big Oak"
"αλλά τότε ήταν το όμορφο παιδί με τα μπλε μαλλιά"
"but then there was the beautiful Child with blue hair"
«Έστειλε μια μικρή άμαξα να με πάρει»
"she sent a little carriage to fetch me"
«Και όλοι οι γιατροί με κοίταξαν καλά»
"and the doctors all had a good look at me"
«Και έκαναν αμέσως την ίδια διάγνωση»
"and they immediately made the same diagnosis"
«Αν δεν είναι νεκρός, είναι απόδειξη ότι είναι ακόμα ζωντανός»
"If he is not dead, it is a proof that he is still alive"
«και τότε κατά τύχη είπα ένα ψέμα»
"and then by chance I told a lie"
"Και η μύτη μου άρχισε να μεγαλώνει και να μεγαλώνει

"και να μεγαλώνει"
"and my nose began to grow and grow and grow"
"και σύντομα δεν μπορούσα πλέον να περάσω από την πόρτα"
"and soon I could no longer get through the door"
"έτσι πήγα ξανά με την αλεπού και τη γάτα"
"so I went again with the Fox and the Cat"
«Και μαζί θάψαμε τα τέσσερα χρυσά κομμάτια»
"and together we buried the four gold pieces"
«γιατί ένα κομμάτι χρυσάφι είχα ξοδέψει στο πανδοχείο»
"because one piece of gold I had spent at the inn"
"και ο παπαγάλος άρχισε να γελάει μαζί μου"
"and the Parrot began to laugh at me"
«Και δεν υπήρχαν δύο χιλιάδες κομμάτια χρυσού»
"and there were not two thousand pieces of gold"
«Δεν υπήρχαν πια καθόλου κομμάτια χρυσού»
"there were no pieces of gold at all anymore"
«έτσι πήγα στον δικαστή της πόλης να του πω»
"so I went to the judge of the town to tell him"
«Είπε ότι με λήστεψαν και με έβαλε στη φυλακή»
"he said I had been robbed, and put me in prison"
"Δραπετεύοντας είδα ένα όμορφο τσαμπί σταφύλια"
"while escaping I saw a beautiful bunch of grapes"
"αλλά στο χωράφι πιάστηκα σε μια παγίδα"
"but in the field I was caught in a trap"
«Και ο χωρικός είχε κάθε δικαίωμα να με πιάσει»
"and the peasant had every right to catch me"
«Έβαλε ένα κολάρο σκύλου γύρω από το λαιμό μου»
"he put a dog-collar round my neck"
«Και με έκανε φύλακα της αυλής των πουλερικών»
"and he made me the guard dog of the poultry-yard"
«Αλλά αναγνώρισε την αθωότητά μου και με άφησε να φύγω»
"but he acknowledged my innocence and let me go"
"και το φίδι με την ουρά που κάπνιζε άρχισε να γελάει"
"and the Serpent with the smoking tail began to laugh"

«Αλλά το φίδι γέλασε μέχρι που έσπασε ένα αιμοφόρο αγγείο»
"but the Serpent laughed until he broke a blood-vessel"
«και έτσι επέστρεψα στο σπίτι του ωραίου Παιδιού»
"and so I returned to the house of the beautiful Child"
«Αλλά τότε το όμορφο Παιδί ήταν νεκρό»
"but then the beautiful Child was dead"
"και το περιστέρι μπορούσε να δει ότι έκλαιγα"
"and the Pigeon could see that I was crying"
«Και το περιστέρι είπε: "Έχω δει τον πατέρα σου"»
"and the Pigeon said, 'I have seen your father'"
«Έφτιαχνε μια μικρή βάρκα για να σε ψάξει»
'he was building a little boat to search of you'
«Και του είπα: "Ω! αν είχα κι εγώ φτερά"».
"and I said to him, 'Oh! if I also had wings,'"
«Και μου είπε: "Θέλεις να δεις τον πατέρα σου;"».
"and he said to me, 'Do you want to see your father?'"
«Και είπα: "Χωρίς αμφιβολία θα ήθελα να τον δω!"
"and I said, 'Without doubt I would like to see him!'"
"Αλλά ποιος θα με πάει σε αυτόν;" ρώτησα"
"'but who will take me to him?' I asked"
»Και μου είπε: "Θα σε πάρω"».
"and he said to me, 'I will take you,'"
«Και του είπα: "Πώς θα με πάρεις;"».
"and I said to him, 'How will you take me?'"
«Και μου είπε: "Σήκω στην πλάτη μου"».
"and he said to me, 'Get on my back,'"
«Και έτσι πετάξαμε όλη εκείνη τη νύχτα»
"and so we flew through all that night"
"Και τότε το πρωί ήταν όλοι οι ψαράδες"
"and then in the morning there were all the fishermen"
«Και οι ψαράδες κοιτούσαν προς τη θάλασσα»
"and the fishermen were looking out to sea"
«Και ένας μου είπε: "Υπάρχει ένας φτωχός άνθρωπος σε μια βάρκα"»
"and one said to me, 'There is a poor man in a boat'"
«Είναι στα πρόθυρα να πνιγεί»

"he is on the point of being drowned"
«Και σε αναγνώρισα αμέσως, ακόμα και σε αυτή την απόσταση
"and I recognized you at once, even at that distance
«Γιατί η καρδιά μου μου είπε ότι ήσουν εσύ»
"because my heart told me that it was you"
«και έκανα νοήματα για να επιστρέψεις στη στεριά»
"and I made signs so that you would return to land"
«Σε αναγνώρισα κι εγώ», είπε ο Τζεπέτο
"I also recognized you," said Geppetto
«και θα επέστρεφα πρόθυμα στην ακτή»
"and I would willingly have returned to the shore"
"Αλλά τι έπρεπε να κάνω τόσο μακριά στη θάλασσα;"
"but what was I to do so far out at sea?"
«Η θάλασσα ήταν τρομερά θυμωμένη εκείνη την ημέρα»
"The sea was tremendously angry that day"
«Και ένα μεγάλο κύμα ήρθε και αναστάτωσε τη βάρκα μου»
"and a great wave came over and upset my boat"
«Τότε είδα το φρικτό σκυλόψαρο»
"Then I saw the horrible Dog-Fish"
"και το φρικτό σκυλόψαρο με είδε επίσης"
"and the horrible Dog-Fish saw me too"
"και έτσι το φρικτό σκυλόψαρο ήρθε σε μένα"
"and so the horrible Dog-Fish came to me"
«Και έβγαλε τη γλώσσα του και με κατάπιε»
"and he put out his tongue and swallowed me"
«σαν να ήμουν μια μικρή τάρτα μήλου»
"as if I had been a little apple tart"
«Και πόσο καιρό είσαι κλεισμένος εδώ;»
"And how long have you been shut up here?"
«Αυτή η μέρα πρέπει να ήταν σχεδόν πριν από δύο χρόνια»
"that day must have been nearly two years ago"
«δύο χρόνια, αγαπητέ μου Πινόκιο», είπε
"two years, my dear Pinocchio," he said

«Αυτά τα δύο χρόνια έμοιαζαν με δύο αιώνες!»
"those two years seemed like two centuries!"
«Και πώς κατάφερες να ζήσεις;»
"And how have you managed to live?"
«Και πού πήρες το κερί;»
"And where did you get the candle?"
«Και από πού είναι τα σπίρτα για το κερί;
"And from where are the matches for the candle?
«Σταμάτα και θα σου πω τα πάντα»
"Stop, and I will tell you everything"
«Δεν ήμουν ο μόνος στη θάλασσα εκείνη την ημέρα»
"I was not the only one at sea that day"
«Η καταιγίδα είχε αναστατώσει και ένα εμπορικό πλοίο»
"the storm had also upset a merchant vessel"
«Οι ναύτες του πλοίου σώθηκαν όλοι»
"the sailors of the vessel were all saved"
"αλλά το φορτίο του πλοίου βυθίστηκε στο βυθό"
"but the cargo of the vessel sunk to the bottom"
"ο σκύλος-ψάρι είχε εξαιρετική όρεξη εκείνη την ημέρα"
"the Dog-Fish had an excellent appetite that day"
«Αφού με κατάπιε, κατάπιε το δοχείο»
"after swallowing me he swallowed the vessel"
«Πώς κατάπιε ολόκληρο το σκάφος;»
"How did he swallow the entire vessel?"
«Κατάπιε όλη τη βάρκα με μια μπουκιά»
"He swallowed the whole boat in one mouthful"
«Το μόνο πράγμα που έφτυσε ήταν το κατάρτι»
"the only thing that he spat out was the mast"
«Είχε κολλήσει ανάμεσα στα δόντια του σαν κόκκαλο ψαριού»
"it had stuck between his teeth like a fish-bone"
«Ευτυχώς για μένα, το σκάφος ήταν πλήρως φορτωμένο»
"Fortunately for me, the vessel was fully laden"
«Υπήρχαν κονσέρβες σε κονσέρβες, μπισκότα»
"there were preserved meats in tins, biscuit"

«Και υπήρχαν μπουκάλια κρασί και αποξηραμένες σταφίδες»
"and there were bottles of wine and dried raisins"
"και είχα τυρί και καφέ και ζάχαρη"
"and I had cheese and coffee and sugar"
"και με τα κεριά ήταν κουτιά με σπίρτα"
"and with the candles were boxes of matches"
"Με αυτό μπόρεσα να ζήσω για δύο χρόνια"
"With this I have been able to live for two years"
"Αλλά έχω φτάσει στο τέλος των πόρων μου"
"But I have arrived at the end of my resources"
"Δεν έχει μείνει τίποτα στο ντουλάπι"
"there is nothing left in the larder"
«Και αυτό το κερί είναι το τελευταίο που απομένει»
"and this candle is the last that remains"
«Και μετά από αυτό τι θα κάνουμε;»
"And after that what will we do?"
«Ω αγαπητό μου αγόρι, Πινόκιο», φώναξε
"oh my dear boy, Pinocchio," he cried
«Μετά από αυτό θα παραμείνουμε και οι δύο στο σκοτάδι»
"After that we shall both remain in the dark"
«Τότε, αγαπητέ μπαμπά, δεν υπάρχει χρόνος για χάσιμο»
"Then, dear little papa there is no time to lose"
«Πρέπει να σκεφτούμε έναν τρόπο διαφυγής»
"We must think of a way of escaping"
«Ποιον τρόπο διαφυγής μπορούμε να σκεφτούμε;»
"what way of escaping can we think of?"
"Πρέπει να δραπετεύσουμε από το στόμα του σκύλου-ψαριού"
"We must escape through the mouth of the Dog-Fish"
«Πρέπει να ριχτούμε στη θάλασσα και να κολυμπήσουμε»
"we must throw ourselves into the sea and swim away"
«Μιλάς καλά, αγαπητέ μου Πινόκιο»
"You talk well, my dear Pinocchio"

"αλλά δεν ξέρω κολύμπι"
"but I don't know how to swim"
«Τι σημασία έχει αυτό;» απάντησε ο Πινόκιο
"What does that matter?" replied Pinocchio
«Είμαι καλός κολυμβητής», πρότεινε
"I am a good swimmer," he suggested
«Μπορείς να ανέβεις στους ώμους μου»
"you can get on my shoulders"
«και θα σε μεταφέρω με ασφάλεια στην ακτή»
"and I will carry you safely to shore"
«Όλες οι ψευδαισθήσεις, αγόρι μου!» απάντησε ο Τζεπέτο
"All illusions, my boy!" replied Geppetto
Και κούνησε το κεφάλι του με ένα μελαγχολικό χαμόγελο
and he shook his head with a melancholy smile
«Αγαπητέ μου Πινόκιο, είσαι μόλις μια αυλή ψηλά»
"my dear Pinocchio, you are scarcely a yard high"
«Πώς μπόρεσες να κολυμπήσεις μαζί μου στους ώμους σου;»
"how could you swim with me on your shoulders?"
«Δοκίμασέ το και θα δεις!» απάντησε ο Πινόκιο
"Try it and you will see!" replied Pinocchio
Χωρίς άλλη λέξη ο Πινόκιο πήρε το κερί
Without another word Pinocchio took the candle
«Ακολούθησέ με και μη φοβάσαι»
"Follow me, and don't be afraid"
και περπάτησαν για αρκετή ώρα μέσα από το σκυλόψαρο
and they walked for some time through the Dog-Fish
Περπάτησαν σε όλη τη διαδρομή μέσα από το στομάχι
they walked all the way through the stomach
και ήταν εκεί που άρχισε ο λαιμός του σκύλου-ψαριού
and they were where the Dog-Fish's throat began
Και εδώ σκέφτηκαν ότι καλύτερα να σταματήσουν
and here they thought they should better stop
Και σκέφτηκαν την καλύτερη στιγμή για να

δραπετεύσουν
and they thought about the best moment for escaping
Τώρα, πρέπει να σας πω ότι το σκυλόψαρο ήταν πολύ παλιό
Now, I must tell you that the Dog-Fish was very old
και υπέφερε από άσθμα και αίσθημα παλμών της καρδιάς
and he suffered from asthma and heart palpitations
Έτσι αναγκάστηκε να κοιμηθεί με το στόμα ανοιχτό
so he was obliged to sleep with his mouth open
Και μέσα από το στόμα του μπορούσαν να δουν τον έναστρο ουρανό
and through his mouth they could see the starry sky
και η θάλασσα φωτίστηκε από το όμορφο φως του φεγγαριού
and the sea was lit up by beautiful moonlight
Ο Πινόκιο στράφηκε προσεκτικά και ήσυχα στον πατέρα του
Pinocchio carefully and quietly turned to his father
«Αυτή είναι η στιγμή να δραπετεύσεις», του ψιθύρισε
"This is the moment to escape," he whispered to him
"ο σκύλος-ψάρι κοιμάται σαν τυφλοπόντικας"
"the Dog-Fish is sleeping like a dormouse"
"Η θάλασσα είναι ήρεμη και είναι τόσο ελαφριά όσο η μέρα"
"the sea is calm, and it is as light as day"
«Ακολούθησέ με, αγαπητέ μπαμπά», του είπε
"follow me, dear papa," he told him
«Και σε σύντομο χρονικό διάστημα θα είμαστε ασφαλείς»
"and in a short time we shall be in safety"
Σκαρφάλωσαν στο λαιμό του θαλάσσιου τέρατος
they climbed up the throat of the sea-monster
Και σύντομα έφτασαν στο τεράστιο στόμα του
and soon they reached his immense mouth
Έτσι άρχισαν να περπατούν στις μύτες των ποδιών κάτω από τη γλώσσα του

so they began to walk on tiptoe down his tongue
Ήταν έτοιμοι να κάνουν το τελικό άλμα
they were about to make the final leap
Η μαριονέτα γύρισε στον πατέρα του
the puppet turned around to his father
«Σήκω στους ώμους μου, αγαπητέ μπαμπά», ψιθύρισε
"Get on my shoulders, dear Papa," he whispered
«Και βάλε τα χέρια σου σφιχτά γύρω από το λαιμό μου»
"and put your arms tightly around my neck"
«Θα φροντίσω τα υπόλοιπα», υποσχέθηκε
"I will take care of the rest," he promised
σύντομα ο Τζεπέτο εγκαταστάθηκε σταθερά στους ώμους του γιου του
soon Geppetto was firmly settled on his son's shoulders
Ο Πινόκιο αφιέρωσε λίγο χρόνο για να αποκτήσει θάρρος
Pinocchio took a moment to build up courage
Και τότε ρίχτηκε στο νερό
and then he threw himself into the water
και άρχισε να κολυμπά μακριά από το σκυλί-ψάρι
and began to swim away from the Dog-Fish
Η θάλασσα ήταν λεία σαν το πετρέλαιο
The sea was as smooth as oil
Το φεγγάρι έλαμπε λαμπρά στον ουρανό
the moon shone brilliantly in the sky
και ο σκύλος-ψάρι ήταν σε βαθύ ύπνο
and the Dog-Fish was in deep sleep
Ακόμα και τα κανόνια δεν θα τον είχαν ξυπνήσει
even cannons wouldn't have awoken him

Ο Πινόκιο επιτέλους παύει να είναι μαριονέτα και γίνεται αγόρι
Pinocchio at last Ceases to be a Puppet and Becomes a Boy

Ο Πινόκιο κολυμπούσε γρήγορα προς την ακτή
Pinocchio was swimming quickly towards the shore

Ο Τζεπέτο είχε τα πόδια του στους ώμους του γιου του
Geppetto had his legs on his son's shoulders
αλλά ο Πινόκιο ανακάλυψε ότι ο πατέρας του έτρεμε
but Pinocchio discovered his father was trembling
Έτρεμε από το κρύο σαν να είχε πυρετό
he was shivering from cold as if in a fever
Αλλά το κρύο δεν ήταν η μόνη αιτία του τρέμουλου του
but cold was not the only cause of his trembling
Ο Πινόκιο σκέφτηκε ότι η αιτία του τρόμου ήταν ο φόβος
Pinocchio thought the cause of the trembling was fear
και η μαριονέτα προσπάθησε να παρηγορήσει τον πατέρα του
and the Puppet tried to comfort his father
«Κουράγιο, μπαμπά! Βλέπεις πόσο καλά μπορώ να κολυμπήσω;»
"Courage, papa! See how well I can swim?"
«Σε λίγα λεπτά θα είμαστε ασφαλείς στην ακτή»
"In a few minutes we shall be safely on shore"
Αλλά ο πατέρας του είχε ένα υψηλότερο πλεονεκτικό σημείο
but his father had a higher vantage point
"Αλλά πού είναι αυτή η ευλογημένη ακτή;"
"But where is this blessed shore?"
Και φοβήθηκε ακόμα περισσότερο
and he became even more frightened
Και έσφιξε τα μάτια του σαν ράφτης
and he screwed up his eyes like a tailor
όταν περνούν σπάγκο μέσα από μια βελόνα
when they thread string through a needle
«Έψαχνα προς κάθε κατεύθυνση»
"I have been looking in every direction"
"και δεν βλέπω τίποτα άλλο παρά τον ουρανό και τη θάλασσα"
"and I see nothing but the sky and the sea"
«Αλλά βλέπω και την ακτή», είπε η μαριονέτα
"But I see the shore as well," said the puppet

«Πρέπει να ξέρεις ότι είμαι σαν γάτα»
"You must know that I am like a cat"
«Βλέπω καλύτερα τη νύχτα παρά την ημέρα»
"I see better by night than by day"
Ο καημένος ο Πινόκιο προσποιούνταν
Poor Pinocchio was making a pretence
Προσπαθούσε να δείξει αισιοδοξία
he was trying to show optimism
Αλλά στην πραγματικότητα είχε αρχίσει να αισθάνεται αποθαρρυμένος
but in reality he was beginning to feel discouraged
Η δύναμή του τον εγκατέλειπε γρήγορα
his strength was failing him rapidly
Και λαχάνιαζε και λαχάνιαζε για αναπνοή
and he was gasping and panting for breath
Δεν μπορούσε πια να κολυμπήσει πολύ περισσότερο
He could not swim much further anymore
Και η ακτή ήταν ακόμα μακριά
and the shore was still far off
Κολύμπησε μέχρι που δεν του έμεινε ανάσα
He swam until he had no breath left
και μετά γύρισε το κεφάλι του στον Τζεπέτο
and then he turned his head to Geppetto
«Μπαμπά, βοήθησέ με, πεθαίνω!» είπε
"Papa, help me, I am dying!" he said
Πατέρας και γιος ήταν στα πρόθυρα του πνιγμού
The father and son were on the point of drowning
Αλλά άκουσαν μια φωνή σαν μια κιθάρα εκτός ρυθμού
but they heard a voice like an out of tune guitar
«Ποιος είναι αυτός που πεθαίνει;» είπε η φωνή
"Who is it that is dying?" said the voice
«Είμαι εγώ και ο καημένος ο πατέρας μου!»
"It is I, and my poor father!"
«Ξέρω αυτή τη φωνή! Είσαι ο Πινόκιο!»
"I know that voice! You are Pinocchio!"
"Ακριβώς; και εσύ;» ρώτησε ο Πινόκιο
"Precisely; and you?" asked Pinocchio

«Είμαι ο τόνος», είπε ο σύντροφός του στη φυλακή
"I am the Tunny Fish," said his prison companion
"συναντηθήκαμε στο σώμα του σκύλου-ψαριού"
"we met in the body of the Dog-Fish"
«Και πώς κατάφερες να δραπετεύσεις;»
"And how did you manage to escape?"
«Ακολούθησα το παράδειγμά σου»
"I followed your example"
«Μου έδειξες το δρόμο»
"You showed me the road"
"και δραπέτευσα μετά από σένα"
"and I escaped after you"
"Τόνος Ψάρι, έφτασες την κατάλληλη στιγμή!"
"Tunny Fish, you have arrived at the right moment!"
«Σας ικετεύω να μας βοηθήσετε αλλιώς θα πεθάνουμε»
"I implore you to help us or we are dead"
«Θα σε βοηθήσω πρόθυμα με όλη μου την καρδιά»
"I will help you willingly with all my heart"
«Πρέπει, και οι δυο σας, να πιάσετε την ουρά μου»
"You must, both of you, take hold of my tail"
"Αφήστε το σε μένα να σας καθοδηγήσω
"leave it to me to guide you
«Θα σας βγάλω και τους δύο στην ακτή σε τέσσερα λεπτά»
"I will take you both on shore in four minutes"
Δεν χρειάζεται να σας πω πόσο χαρούμενοι ήταν
I don't need to tell you how happy they were
Ο Τζεπέτο και ο Πινόκιο δέχτηκαν αμέσως την προσφορά
Geppetto and Pinocchio accepted the offer at once
Αλλά η αρπαγή της ουράς δεν ήταν η πιο άνετη
but grabbing the tail was not the most comfortable
έτσι πήραν στην πλάτη του Τόνος Ψάρι
so they got on the Tunny Fish's back

Το Τόνος Ψάρι πήρε πράγματι μόνο τέσσερα λεπτά
The Tunny Fish did indeed take only four minutes
Ο Πινόκιο ήταν ο πρώτος που πήδηξε στη γη
Pinocchio was the first to jump onto the land
Με αυτόν τον τρόπο θα μπορούσε να βοηθήσει τον πατέρα του από τα ψάρια
that way he could help his father off the fish
Στη συνέχεια στράφηκε στον φίλο του το Τόνος Ψάρι
He then turned to his friend the Tunny Fish
«Φίλε μου, έσωσες τη ζωή του μπαμπά μου»
"My friend, you have saved my papa's life"
Η φωνή του Πινόκιο ήταν γεμάτη βαθιά συναισθήματα
Pinocchio's voice was full of deep emotions
"Δεν μπορώ να βρω λόγια με τα οποία να σας ευχαριστήσω σωστά"
"I can find no words with which to thank you properly"
«Επίτρεψέ μου τουλάχιστον να σου δώσω ένα φιλί»

"Permit me at least to give you a kiss"
«Είναι ένα σημάδι της αιώνιας ευγνωμοσύνης μου!»
"it is a sign of my eternal gratitude!"
Ο τόνος έβαλε το κεφάλι του έξω από το νερό
The Tunny put his head out of the water
και ο Πινόκιο γονάτισε στην άκρη της ακτής
and Pinocchio knelt on the edge of the shore
και τον φίλησε τρυφερά στο στόμα
and he kissed him tenderly on the mouth
Το Τόνος Ψάρι δεν ήταν συνηθισμένο σε τόσο ζεστή αγάπη
The Tunny Fish was not used to such warm affection
Ένιωθε τόσο πολύ συγκινημένος, αλλά και ντροπιασμένος
he felt both very touched, but also ashamed
γιατί είχε αρχίσει να κλαίει σαν μικρό παιδί
because he had started crying like a small child
Και βούτηξε πίσω στο νερό και εξαφανίστηκε
and he plunged back into the water and disappeared
Μέχρι εκείνη τη στιγμή η μέρα είχε ξημερώσει
By this time the day had dawned
Ο Τζεπέτο μόλις που είχε ανάσα για να σταθεί όρθιος
Geppetto had scarcely breath to stand
«Ακούμπησε στο μπράτσο μου, αγαπητέ μπαμπά, και άσε μας να φύγουμε»
"Lean on my arm, dear papa, and let us go"
"Θα περπατήσουμε πολύ αργά, όπως τα μυρμήγκια"
"We will walk very slowly, like the ants"
"Και όταν είμαστε κουρασμένοι μπορούμε να ξεκουραστούμε στην άκρη του δρόμου"
"and when we are tired we can rest by the wayside"
«Και πού θα πάμε;» ρώτησε ο Τζεπέτο
"And where shall we go?" asked Geppetto
"Ας ψάξουμε για κάποιο σπίτι ή εξοχικό σπίτι"
"let us search for some house or cottage"
«Εκεί θα μας δώσουν κάποια φιλανθρωπία»
"there they will give us some charity"

«Ίσως να λάβουμε μια μπουκιά ψωμί»
"perhaps we will receive a mouthful of bread"
"και λίγο άχυρο για να χρησιμεύσει ως κρεβάτι"
"and a little straw to serve as a bed"
Ο Πινόκιο και ο πατέρας του δεν είχαν περπατήσει πολύ μακριά
Pinocchio and his father hadn't walked very far
Είχαν δει δύο μοχθηρά άτομα
they had seen two villainous-looking individuals
η γάτα και η αλεπού ήταν στο δρόμο ζητιανεύοντας
the Cat and the Fox were at the road begging

Αλλά ήταν ελάχιστα αναγνωρίσιμοι
but they were scarcely recognizable
Η γάτα είχε προσποιηθεί τύφλωση όλη της τη ζωή
the Cat had feigned blindness all her life
Και τώρα έγινε τυφλή στην πραγματικότητα
and now she became blind in reality
και μια παρόμοια μοίρα πρέπει να είχε συναντήσει η αλεπού
and a similar fate must have met the Fox
Η γούνα του είχε γεράσει και μαγκιά
his fur had gotten old and mangy

Μία από τις πλευρές του είχε παραλύσει
one of his sides was paralyzed
Και δεν του είχε μείνει ούτε η ουρά του
and he had not even his tail left
Είχε πέσει στην πιο άθλια δυστυχία
he had fallen in the most squalid of misery
Και μια ωραία μέρα αναγκάστηκε να πουλήσει την ουρά του
and one fine day he was obliged to sell his tail
Ένας πλανόδιος γυρολόγος αγόρασε την όμορφη ουρά του
a travelling peddler bought his beautiful tail
Και τώρα η ουρά του χρησιμοποιήθηκε για να κυνηγήσει τις μύγες
and now his tail was used for chasing away flies
«Ω, Πινόκιο!» φώναξε η αλεπού
"Oh, Pinocchio!" cried the Fox
«Δώσε λίγη ελεημοσύνη σε δύο φτωχούς, ανάπηρους ανθρώπους»
"give a little in charity to two poor, infirm people"
«Αδύναμοι άνθρωποι», επανέλαβε η γάτα
"Infirm people," repeated the Cat
«Φύγε, απατεώνες!» απάντησε η μαριονέτα
"Be gone, impostors!" answered the puppet
«Με ξεγέλασες μια φορά με τα κόλπα σου»
"You fooled me once with your tricks"
«Μα δεν θα με πιάσεις ποτέ ξανά»
"but you will never catch me again"
«αυτή τη φορά πρέπει να μας πιστέψεις, Πινόκιο»
"this time you must believe us, Pinocchio"
«Τώρα είμαστε φτωχοί και άτυχοι!»
"we are now poor and unfortunate indeed!"
«Αν είσαι φτωχός, το αξίζεις»
"If you are poor, you deserve it"
και ο Πινόκιο τους ζήτησε να θυμηθούν μια παροιμία
and Pinocchio asked them to recollect a proverb
«Τα κλεμμένα χρήματα δεν καρποφορούν ποτέ»

"Stolen money never fructifies"
«Φύγετε, απατεώνες!» τους είπε
"Be gone, impostors!" he told them
Και ο Πινόκιο και ο Τζεπέτο πήραν το δρόμο τους ειρηνικά
And Pinocchio and Geppetto went their way in peace
Σύντομα είχαν πάει άλλα εκατό μέτρα
soon they had gone another hundred yards
Είδαν ένα μονοπάτι να μπαίνει σε ένα χωράφι
they saw a path going into a field
Και στο χωράφι είδαν μια ωραία μικρή καλύβα
and in the field they saw a nice little hut
Η καλύβα ήταν φτιαγμένη από κεραμίδια και άχυρα και τούβλα
the hut was made from tiles and straw and bricks
«Αυτή η καλύβα πρέπει να κατοικείται από κάποιον»
"That hut must be inhabited by someone"
«Ας πάμε να χτυπήσουμε την πόρτα»
"Let us go and knock at the door"
Έτσι πήγαν και χτύπησαν την πόρτα
so they went and knocked at the door
Από την καλύβα βγήκε μια μικρή φωνή
from in the hut came a little voice
«Ποιος είναι εκεί;» ρώτησε η μικρή φωνή
"who is there?" asked the little voice
Ο Πινόκιο απάντησε στη μικρή φωνή
Pinocchio answered to the little voice
«Είμαστε ένας φτωχός πατέρας και γιος»
"We are a poor father and son"
«Είμαστε χωρίς ψωμί και χωρίς στέγη»
"we are without bread and without a roof"
Η ίδια μικρή φωνή μίλησε ξανά:
the same little voice spoke again:
"Γυρίστε το κλειδί και η πόρτα θα ανοίξει"
"Turn the key and the door will open"
Ο Πινόκιο γύρισε το κλειδί και άνοιξε η πόρτα
Pinocchio turned the key and the door opened

Μπήκαν μέσα και κοίταξαν γύρω τους
They went in and looked around
Κοίταξαν εδώ, εκεί και παντού
they looked here, there, and everywhere
Αλλά δεν μπορούσαν να δουν κανέναν στην καλύβα
but they could see no one in the hut
Ο Πινόκιο ήταν πολύ έκπληκτος που η καλύβα ήταν άδεια
Pinocchio was much surprised the hut was empty
«Ω! Πού είναι ο κύριος του σπιτιού;»
"Oh! where is the master of the house?"
«Εδώ είμαι, εδώ πάνω!» είπε η μικρή φωνή
"Here I am, up here!" said the little voice
Πατέρας και γιος κοίταξαν μέχρι το ταβάνι
The father and son looked up to the ceiling
και σε ένα δοκάρι είδαν το μικρό κρίκετ που μιλούσε
and on a beam they saw the talking little Cricket
«Ω, αγαπητέ μου μικρό γρύλο!» είπε ο Πινόκιο
"Oh, my dear little Cricket!" said Pinocchio
και ο Πινόκιο υποκλίθηκε ευγενικά στο μικρό κρίκετ
and Pinocchio bowed politely to the little Cricket
«Αχ! τώρα με αποκαλείς το αγαπημένο σου μικρό κρίκετ»
"Ah! now you call me your dear little Cricket"
«Μα θυμάσαι πότε πρωτοσυναντηθήκαμε;»
"But do you remember when we first met?"
«Ήθελες να φύγω από το σπίτι σου»
"you wanted me gone from your house"
«Και μου έριξες τη λαβή ενός σφυριού»
"and you threw the handle of a hammer at me"
«Έχεις δίκιο, μικρό Κρίκετ! Διώξτε με κι εμένα!»
"You are right, little Cricket! Chase me away also!"
"Ρίξε τη λαβή ενός σφυριού σε μένα"
"Throw the handle of a hammer at me"
«Αλλά σε παρακαλώ, λυπήσου τον καημένο τον μπαμπά μου»
"but please, have pity on my poor papa"

«Θα λυπηθώ και τον πατέρα και τον γιο»
"I will have pity on both father and son"
«αλλά θέλω να σας υπενθυμίσω την κακομεταχείρισή μου»
"but I wish to remind you of my ill treatment"
«την κακομεταχείριση που δέχτηκα από σένα»
"the ill treatment I received from you"
«Αλλά υπάρχει ένα μάθημα που θέλω να μάθεις»
"but there's a lesson I want you to learn"
"Η ζωή σε αυτόν τον κόσμο δεν είναι πάντα εύκολη"
"life in this world is not always easy"
«Όταν είναι δυνατόν, πρέπει να είμαστε ευγενικοί με όλους»
"when possible, we must be courteous to everyone"
"Μόνο έτσι μπορούμε να περιμένουμε να λάβουμε ευγένεια"
"only so can we expect to receive courtesy"
«Γιατί ποτέ δεν ξέρουμε πότε μπορεί να έχουμε ανάγκη»
"because we never know when we might be in need"
«Έχεις δίκιο, μικρό Κρίκετ, έχεις δίκιο»
"You are right, little Cricket, you are right"
«και θα έχω κατά νου το μάθημα που μου δίδαξες»
"and I will bear in mind the lesson you have taught me"
"Αλλά πες μου πώς κατάφερες να αγοράσεις αυτή την όμορφη καλύβα"
"But tell me how you managed to buy this beautiful hut"
«Αυτή η καλύβα μου δόθηκε χθες»
"This hut was given to me yesterday"
«Ο ιδιοκτήτης της καλύβας ήταν μια κατσίκα»
"the owner of the hut was a goat"
"Και είχε μαλλί όμορφου μπλε χρώματος"
"and she had wool of a beautiful blue colour"
Ο Πινόκιο έγινε ζωηρός και περίεργος με αυτά τα νέα
Pinocchio grew lively and curious at this news
«Και πού πήγε η κατσίκα;» ρώτησε ο Πινόκιο
"And where has the goat gone?" asked Pinocchio
«Δεν ξέρω πού έχει πάει»

"I do not know where she has gone"
«Και πότε θα επιστρέψει η κατσίκα;» ρώτησε ο Πινόκιο
"And when will the goat come back?" asked Pinocchio
«Ω, δεν θα επιστρέψει ποτέ, φοβάμαι»
"oh she will never come back, I'm afraid"
«Έφυγε χθες μέσα σε μεγάλη θλίψη»
"she went away yesterday in great grief"
«Το βέλασμά της φαινόταν να θέλει να πει κάτι»
"her bleating seemed to want to say something"
«Καημένε Πινόκιο! Δεν θα τον ξαναδώ ποτέ»
"Poor Pinocchio! I shall never see him again"
«Μέχρι τώρα το σκυλόψαρο πρέπει να τον είχε καταβροχθίσει!»
"by now the Dog-Fish must have devoured him!"
«Το είπε πραγματικά αυτό η κατσίκα;»
"Did the goat really say that?"
«Τότε ήταν αυτή, η μπλε κατσίκα»
"Then it was she, the blue goat"
«Ήταν η αγαπημένη μου μικρή νεράιδα», αναφώνησε ο Πινόκιο
"It was my dear little Fairy," exclaimed Pinocchio
Και έκλαψε και έκλαιγε με λυγμούς πικρά δάκρυα
and he cried and sobbed bitter tears
Όταν έκλαψε για αρκετή ώρα, στέγνωσε τα μάτια του
When he had cried for some time he dried his eyes
και ετοίμασε ένα άνετο κρεβάτι από άχυρο για τον Τζεπέτο
and he prepared a comfortable bed of straw for Geppetto
Στη συνέχεια, ζήτησε από το κρίκετ περισσότερη βοήθεια
Then he asked the Cricket for more help
"Πες μου, μικρό κρίκετ, παρακαλώ"
"Tell me, little Cricket, please"
"πού μπορώ να βρω ένα ποτήρι γάλα"
"where can I find a tumbler of milk"
«Ο καημένος ο μπαμπάς μου δεν έχει φάει όλη μέρα»
"my poor papa has not eaten all day"

"Τρία χωράφια από εδώ ζει ένας κηπουρός"
"Three fields from here there lives a gardener"
"ο κηπουρός ονομάζεται Giangio"
"the gardener is called Giangio"
"Και στον κήπο του έχει επίσης αγελάδες"
"and in his garden he also has cows"
«Θα σε αφήσει να έχεις το γάλα που θέλεις»
"he will let you have the milk you want"
Ο Πινόκιο έτρεξε μέχρι το σπίτι του Τζιάντζιο
Pinocchio ran all the way to Giangio's house
Και ο κηπουρός τον ρώτησε:
and the gardener asked him:
«Πόσο γάλα θέλεις;»
"How much milk do you want?"
«Θέλω ένα ταραχώδης», απάντησε ο Πινόκιο
"I want a tumblerful," answered Pinocchio
"Ένα ποτήρι γάλα κοστίζει πέντε σεντς"
"A tumbler of milk costs five cents"
«Ξεκίνα δίνοντάς μου τα πέντε σεντς»
"Begin by giving me the five cents"
«Δεν έχω ούτε ένα σεντ», απάντησε ο Πινόκιο
"I have not even one cent," replied Pinocchio
Και λυπήθηκε που ήταν τόσο απένταρος
and he was grieved from being so penniless
«Αυτό είναι κακό, μαριονέτα», απάντησε ο κηπουρός
"That is bad, puppet," answered the gardener
«Αν δεν έχεις ούτε ένα σεντ, δεν έχω ούτε μια σταγόνα γάλα»
"If you have not one cent, I have not a drop of milk"
«Πρέπει να έχω υπομονή!» είπε ο Πινόκιο
"I must have patience!" said Pinocchio
Και γύρισε να πάει ξανά
and he turned to go again
«Περίμενε λίγο», είπε ο Τζιάντζιο
"Wait a little," said Giangio
«Μπορούμε να καταλήξουμε σε μια συμφωνία μαζί»
"We can come to an arrangement together"

"Θα αναλάβετε να γυρίσετε το αντλιοστάσιο;"
"Will you undertake to turn the pumping machine?"
"Τι είναι η μηχανή άντλησης;"
"What is the pumping machine?"
"Είναι ένα είδος ξύλινης βίδας"
"It is a kind of wooden screw"
"χρησιμεύει για την άντληση του νερού από τη δεξαμενή"
"it serves to draw up the water from the cistern"
"και μετά ποτίζει τα λαχανικά"
"and then it waters the vegetables"
"Μπορώ να προσπαθήσω να γυρίσω τη μηχανή άντλησης"
"I can try to turn the pumping machine"
"μεγάλη, χρειάζομαι εκατό κουβάδες νερό"
"great, I need a hundred buckets of water"
"Και για τη δουλειά θα πάρετε ένα ποτήρι γάλα"
"and for the work you'll get a tumbler of milk"
«Έχουμε μια συμφωνία», επιβεβαίωσε ο Πινόκιο
"we have an agreement," confirmed Pinocchio
Στη συνέχεια, ο Τζιάντζιο οδήγησε τον Πινόκιο στον κήπο της κουζίνας
Giangio then led Pinocchio to the kitchen garden
Και τον δίδαξε πώς να γυρίζει τη μηχανή άντλησης
and he taught him how to turn the pumping machine
Ο Πινόκιο άρχισε αμέσως να εργάζεται
Pinocchio immediately began to work
Αλλά εκατό κουβάδες νερό ήταν πολλή δουλειά
but a hundred buckets of water was a lot of work
Ο ιδρώτας έβγαινε από το κεφάλι του
the perspiration was pouring from his head
Ποτέ πριν δεν είχε υποστεί τέτοια κόπωση
Never before had he undergone such fatigue
ο κηπουρός ήρθε να δει την πρόοδο του Πινόκιο
the gardener came to see Pinocchio's progress
"Το μικρό μου γαϊδουράκι έκανε αυτή τη δουλειά"
"my little donkey used to do this work"

«Μα το καημένο το ζώο πεθαίνει»
"but the poor animal is dying"
«Θα με πας να τον δω;» είπε ο Πινόκιο
"Will you take me to see him?" said Pinocchio
"Σίγουρα, σε παρακαλώ έλα να δεις το γαϊδουράκι μου"
"sure, please come to see my little donkey"
Ο Πινόκιο μπήκε στο στάβλο
Pinocchio went into the stable
και είδε ένα όμορφο γαϊδουράκι
and he saw a beautiful little donkey
Αλλά ο γάιδαρος ήταν απλωμένος πάνω στο άχυρο
but the donkey was stretched out on the straw
Ήταν εξαντλημένος από την πείνα και την υπερβολική εργασία
he was worn out from hunger and overwork
Ο Πινόκιο προβληματίστηκε πολύ από αυτό που είδε
Pinocchio was much troubled by what he saw
«Είμαι σίγουρος ότι γνωρίζω αυτό το μικρό γαϊδουράκι!»
"I am sure I know this little donkey!"
«Το πρόσωπό του δεν είναι καινούργιο για μένα»
"His face is not new to me"
και ο Πινόκιο ήρθε πιο κοντά στο μικρό γαϊδουράκι
and Pinocchio came closer to the little Donkey
Και του μίλησε στην ασιατική γλώσσα:
and he spoke to him in asinine language:
«Ποιος είσαι;» ρώτησε ο Πινόκιο
"Who are you?" asked Pinocchio
Ο μικρός γάιδαρος άνοιξε τα ετοιμοθάνατα μάτια του
the little donkey opened his dying eyes
Και απάντησε με σπασμένα λόγια στην ίδια γλώσσα:
and he answered in broken words in the same language:
«Είμαι... Κερί-φυτίλι"
"I... am... Candle-wick"
Και, αφού έκλεισε και πάλι τα μάτια του, πέθανε
And, having again closed his eyes, he died
«Ω, καημένε Φιτίλι κεριού!» είπε ο Πινόκιο

"Oh, poor Candle-wick!" said Pinocchio
Και πήρε μια χούφτα άχυρο
and he took a handful of straw
Και στέγνωσε ένα δάκρυ που κυλούσε στο πρόσωπό του
and he dried a tear rolling down his face
ο κηπουρός είχε δει τον Πινόκιο να κλαίει
the gardener had seen Pinocchio cry
«Θρηνείς για ένα νεκρό γαϊδούρι;»
"Do you grieve for a dead donkey?"
«Δεν ήταν καν ο γάιδαρός σου»
"it was not even your donkey"
«Φαντάσου πώς πρέπει να νιώθω»
"imagine how I must feel"
Ο Πινόκιο προσπάθησε να εξηγήσει τη θλίψη του
Pinocchio tried to explain his grief
«Πρέπει να σου πω, ήταν φίλος μου!»
"I must tell you, he was my friend!"
«Ο φίλος σου;» αναρωτήθηκε ο κηπουρός
"Your friend?" wondered the gardener
«Ναι, ένας από τους συμμαθητές μου!»
"yes, one of my school-fellows!"
«Πώς;» φώναξε ο Τζιάντζιο, γελώντας δυνατά
"How?" shouted Giangio, laughing loudly
«Είχες γαϊδούρια για συμμαθητές;»
"Did you have donkeys for school-fellows?"
«Μπορώ να φανταστώ το υπέροχο σχολείο στο οποίο πήγατε!»
"I can imagine the wonderful school you went to!"
Η μαριονέτα ένιωσε ντροπιασμένη με αυτά τα λόγια
The puppet felt mortified at these words
αλλά ο Πινόκιο δεν απάντησε στον κηπουρό
but Pinocchio did not answer the gardener
Πήρε το ζεστό ποτήρι με το γάλα του
he took his warm tumbler of milk
Και επέστρεψε πίσω στην καλύβα
and he returned back to the hut
Για περισσότερο από πέντε μήνες σηκωνόταν το

ξημέρωμα
for more than five months he got up at daybreak
Κάθε πρωί γύριζε τη μηχανή άντλησης
every morning he turned the pumping machine
Και κάθε μέρα κέρδιζε ένα ποτήρι γάλα
and each day he earned a tumbler of milk
Το γάλα ωφέλησε πολύ τον πατέρα του
the milk was of great benefit to his father
επειδή ο πατέρας του ήταν σε κακή κατάσταση υγείας
because his father was in a bad state of health
αλλά ο Πινόκιο ήταν τώρα ικανοποιημένος με τη δουλειά
but Pinocchio was now satisfied with working
Κατά τη διάρκεια της ημέρας είχε ακόμα χρόνο
during the daytime he still had time
Έτσι έμαθε να φτιάχνει καλάθια με βούρλα
so he learned to make baskets of rushes
και πούλησε τα καλάθια στην αγορά
and he sold the baskets in the market
και τα χρήματα κάλυπταν όλα τα έξοδά τους
and the money covered all their expenses
Κατασκεύασε επίσης ένα κομψό μικρό αναπηρικό καροτσάκι
he also constructed an elegant little wheel-chair
Και έβγαλε τον πατέρα του στο αναπηρικό καροτσάκι
and he took his father out in the wheel-chair
και ο πατέρας του πήρε να αναπνεύσει καθαρό αέρα
and his father got to breathe fresh air
Ο Πινόκιο ήταν ένα σκληρά εργαζόμενο αγόρι
Pinocchio was a hard working boy
Και ήταν έξυπνος στο να βρει δουλειά
and he was ingenious at finding work
Όχι μόνο κατάφερε να βοηθήσει τον πατέρα του
he not only succeeded in helping his father
Αλλά κατάφερε επίσης να εξοικονομήσει πέντε δολάρια
but he also managed to save five dollars
Ένα πρωί είπε στον πατέρα του:

One morning he said to his father:
«Πάω στη γειτονική αγορά»
"I am going to the neighbouring market"
"Θα αγοράσω στον εαυτό μου ένα νέο σακάκι"
"I will buy myself a new jacket"
"και θα αγοράσω ένα καπέλο και ένα ζευγάρι παπούτσια"
"and I will buy a cap and pair of shoes"
και ο Πινόκιο ήταν σε χαρούμενα πνεύματα
and Pinocchio was in jolly spirits
«Όταν επιστρέψω θα νομίζεις ότι είμαι τζέντλεμαν»
"when I return you'll think I'm a gentleman"
Και άρχισε να τρέχει χαρούμενα και ευτυχισμένα
And he began to run merrily and happily along
Αμέσως άκουσε τον εαυτό του να τον αποκαλούν με το όνομά του
All at once he heard himself called by name
Γύρισε και τι είδε;
he turned around and what did he see?
είδε ένα σαλιγκάρι να σέρνεται έξω από το φράχτη
he saw a Snail crawling out from the hedge
«Δεν με ξέρεις;» ρώτησε το σαλιγκάρι
"Do you not know me?" asked the Snail
«Είμαι σίγουρος ότι σε ξέρω», σκέφτηκε ο Πινόκιο
"I'm sure I know you," thought Pinocchio
«κι όμως δεν ξέρω από πού σε ξέρω»
"and yet I don't know from where I know you"
«Δεν θυμάσαι το σαλιγκάρι;»
"Do you not remember the Snail?"
«το σαλιγκάρι που ήταν υπηρέτρια μιας κυρίας»
"the Snail who was a lady's-maid"
"μια υπηρέτρια στη νεράιδα με μπλε μαλλιά"
"a maid to the Fairy with blue hair"
«Δεν θυμάσαι πότε χτύπησες την πόρτα;»
"Do you not remember when you knocked on the door?"
«και κατέβηκα κάτω για να σε αφήσω να μπεις»
"and I came downstairs to let you in"

«Και είχες πιάσει το πόδι σου στην πόρτα»
"and you had your foot caught in the door"
«Τα θυμάμαι όλα», φώναξε ο Πινόκιο
"I remember it all," shouted Pinocchio
«Πες μου γρήγορα, όμορφο σαλιγκάρι μου»
"Tell me quickly, my beautiful little Snail"
«Πού άφησες την καλή μου νεράιδα;»
"where have you left my good Fairy?"
«Τι κάνει;»
"What is she doing?"
«Με έχει συγχωρήσει;»
"Has she forgiven me?"
«Με θυμάται ακόμα;»
"Does she still remember me?"
«Μου εύχεται ακόμα τα καλύτερα;»
"Does she still wish me well?"
«Είναι μακριά από εδώ;»
"Is she far from here?"
«Μπορώ να πάω να τη δω;»
"Can I go and see her?"
Αυτές ήταν πολλές ερωτήσεις για ένα σαλιγκάρι
these were a lot of questions for a snail
Αλλά απάντησε με τον συνηθισμένο φλεγματικό τρόπο της
but she replied in her usual phlegmatic manner
«Αγαπητέ μου Πινόκιο», είπε το σαλιγκάρι
"My dear Pinocchio," said the snail
«Η καημένη η νεράιδα είναι ξαπλωμένη στο κρεβάτι στο νοσοκομείο!»
"the poor Fairy is lying in bed at the hospital!"
«Στο νοσοκομείο;» φώναξε ο Πινόκιο
"At the hospital?" cried Pinocchio
«Είναι πάρα πολύ αλήθεια», επιβεβαίωσε το σαλιγκάρι
"It is only too true," confirmed the snail
«Την έχουν ξεπεράσει χίλιες ατυχίες»
"she has been overtaken by a thousand misfortunes"
«Αρρώστησε βαριά»

"she has fallen seriously ill"
«Δεν έχει καν αρκετά για να αγοράσει στον εαυτό της μια μπουκιά ψωμί»
"she has not even enough to buy herself a mouthful of bread"
«Είναι πραγματικά έτσι;» ανησύχησε ο Πινόκιο
"Is it really so?" worried Pinocchio
«Ω, τι θλίψη μου έδωσες!»
"Oh, what sorrow you have given me!"
«Ω, καημένη νεράιδα! Καημένη νεράιδα! Καημένη νεράιδα!»
"Oh, poor Fairy! Poor Fairy! Poor Fairy!"
«Αν είχα ένα εκατομμύριο, θα έτρεχα και θα της το κουβαλούσα»
"If I had a million I would run and carry it to her"
"αλλά έχω μόνο πέντε δολάρια"
"but I have only five dollars"
"Επρόκειτο να αγοράσω ένα νέο σακάκι"
"I was going to buy a new jacket"
"Πάρε τα νομίσματά μου, όμορφο σαλιγκάρι"
"Take my coins, beautiful Snail"
"και φέρτε τα νομίσματα αμέσως στην καλή μου νεράιδα"
"and carry the coins at once to my good Fairy"
«Και το καινούργιο σου σακάκι;» ρώτησε το σαλιγκάρι
"And your new jacket?" asked the snail
"Τι σημασία έχει το νέο μου σακάκι;"
"What matters my new jacket?"
«Θα πουλούσα ακόμα και αυτά τα κουρέλια για να τη βοηθήσω»
"I would sell even these rags to help her"
"Πήγαινε, σαλιγκάρι, και να είσαι γρήγορος"
"Go, Snail, and be quick"
"Επιστροφή σε αυτό το μέρος, σε δύο ημέρες"
"return to this place, in two days"
«Ελπίζω να μπορέσω να σου δώσω κι άλλα χρήματα»
"I hope I can then give you some more money"
«Μέχρι τώρα δούλευα για να βοηθήσω τον μπαμπά

μου»
"Up to now I worked to help my papa"
«Από σήμερα θα δουλεύω άλλες πέντε ώρες»
"from today I will work five hours more"
«για να βοηθήσω κι εγώ την καλή μου μαμά»
"so that I can also help my good mamma"
«Αντίο, σαλιγκάρι», είπε
"Good-bye, Snail," he said
«Θα σε περιμένω σε δύο μέρες»
"I shall expect you in two days"
Σε αυτό το σημείο το σαλιγκάρι έκανε κάτι ασυνήθιστο
at this point the snail did something unusual
Δεν κινήθηκε με το συνηθισμένο ρυθμό της
she didn't move at her usual pace
Έτρεξε σαν σαύρα πάνω σε καυτές πέτρες
she ran like a lizard across hot stones
Εκείνο το βράδυ ο Πινόκιο κάθισε μέχρι τα μεσάνυχτα
That evening Pinocchio sat up till midnight
Και δεν έφτιαξε οκτώ καλάθια βούρλα
and he made not eight baskets of rushes
αλλά να γίνουν δεκαέξι καλάθια βούρλα εκείνη τη νύχτα
but be made sixteen baskets of rushes that night
Μετά πήγε για ύπνο και αποκοιμήθηκε
Then he went to bed and fell asleep
Και ενώ κοιμόταν, σκέφτηκε τη Νεράιδα
And whilst he slept he thought of the Fairy
είδε τη Νεράιδα, χαμογελαστή και όμορφη
he saw the Fairy, smiling and beautiful
Και ονειρεύτηκε ότι του έδωσε ένα φιλί
and he dreamt she gave him a kiss
«Μπράβο, Πινόκιο!» είπε η νεράιδα
"Well done, Pinocchio!" said the fairy
«Θα σε συγχωρήσω για όλα όσα πέρασαν»
"I will forgive you for all that is past"
«Για να σε ανταμείψω για την καλή σου καρδιά»
"To reward you for your good heart"

«Υπάρχουν αγόρια που διακονούν τρυφερά τους γονείς τους»
"there are boys who minister tenderly to their parents"
«Τους βοηθούν στη δυστυχία και τις αδυναμίες τους»
"they assist them in their misery and infirmities"
"Τέτοια αγόρια αξίζουν μεγάλο έπαινο και αγάπη"
"such boys are deserving of great praise and affection"
«ακόμη και αν δεν μπορούν να αναφερθούν ως παραδείγματα υπακοής»
"even if they cannot be cited as examples of obedience"
«ακόμη και αν η καλή συμπεριφορά τους δεν είναι πάντα προφανής»
"even if their good behaviour is not always obvious"
"Προσπαθήστε να κάνετε καλύτερα στο μέλλον και θα είστε ευτυχισμένοι"
"Try and do better in the future and you will be happy"
Εκείνη τη στιγμή το όνειρό του τελείωσε
At this moment his dream ended
και ο Πινόκιο άνοιξε τα μάτια του και ξύπνησε
and Pinocchio opened his eyes and awoke
Θα έπρεπε να ήσασταν εκεί για αυτό που συνέβη στη συνέχεια
you should have been there for what happened next
Ο Πινόκιο ανακάλυψε ότι δεν ήταν πλέον ξύλινη μαριονέτα
Pinocchio discovered that he was no longer a wooden puppet
Αλλά είχε γίνει πραγματικό αγόρι
but he had become a real boy instead
Ένα πραγματικό αγόρι όπως όλα τα άλλα αγόρια
a real boy just like all other boys
Ο Πινόκιο έριξε μια ματιά στο δωμάτιο
Pinocchio glanced around the room
Αλλά οι αχυρένιοι τοίχοι της καλύβας είχαν εξαφανιστεί
but the straw walls of the hut had disappeared
Τώρα ήταν σε ένα όμορφο μικρό δωμάτιο
now he was in a pretty little room
Ο Πινόκιο πήδηξε από το κρεβάτι

Pinocchio jumped out of bed
Στην ντουλάπα βρήκε ένα νέο κοστούμι ρούχων
in the wardrobe he found a new suit of clothes
και υπήρχε ένα νέο καπέλο και ένα ζευγάρι μπότες
and there was a new cap and pair of boots
και τα καινούργια του ρούχα του ταίριαζαν υπέροχα
and his new clothes fitted him beautifully
Φυσικά έβαλε τα χέρια του στην τσέπη του
he naturally put his hands in his pocket
και έβγαλε ένα μικρό πορτοφόλι από ελεφαντόδοντο
and he pulled out a little ivory purse
Στο πορτοφόλι ήταν γραμμένα αυτά τα λόγια:
on on the purse were written these words:
"Από τη νεράιδα με τα μπλε μαλλιά"
"From the Fairy with blue hair"
«Επιστρέφω τα πέντε δολάρια στον αγαπητό μου Πινόκιο»
"I return the five dollars to my dear Pinocchio"
«και τον ευχαριστώ για την καλή του καρδιά»
"and I thank him for his good heart"
Άνοιξε την τσάντα για να κοιτάξει μέσα
He opened the purse to look inside
Αλλά δεν υπήρχαν πέντε δολάρια στο πορτοφόλι
but there were not five dollars in the purse
Αντ 'αυτού υπήρχαν πενήντα λαμπερά κομμάτια χρυσού
instead there were fifty shining pieces of gold
Τα νομίσματα είχαν βγει φρέσκα από το πιεστήριο κοπής
the coins had come fresh from the minting press
Στη συνέχεια πήγε και κοίταξε τον εαυτό του στον καθρέφτη
he then went and looked at himself in the mirror
Και νόμιζε ότι ήταν κάποιος άλλος
and he thought he was someone else
επειδή δεν έβλεπε πλέον τη συνηθισμένη αντανάκλαση του

because he no longer saw his usual reflection
Δεν έβλεπε πια μια ξύλινη μαριονέτα στον καθρέφτη
he no longer saw a wooden puppet in the mirror
Αντ' αυτού, τον υποδέχτηκε μια διαφορετική εικόνα
he was greeted instead by a different image
Η εικόνα ενός έξυπνου, έξυπνου αγοριού
the image of a bright, intelligent boy
Είχε καστανιά μαλλιά και μπλε μάτια
he had chestnut hair and blue eyes
Και φαινόταν όσο πιο ευτυχισμένος μπορούσε να είναι
and he looked as happy as can be
σαν να ήταν οι διακοπές του Πάσχα
as if it were the Easter holidays
Ο Πινόκιο ένιωθε αρκετά μπερδεμένος από όλα αυτά
Pinocchio felt quite bewildered by it all
Δεν μπορούσε να πει αν ήταν πραγματικά ξύπνιος
he could not tell if he was really awake
Ίσως ονειρευόταν με τα μάτια ανοιχτά
maybe he was dreaming with his eyes open
«Πού μπορεί να είναι ο μπαμπάς μου;» αναφώνησε ξαφνικά
"Where can my papa be?" he exclaimed suddenly
Και πήγε στο διπλανό δωμάτιο
and he went into the next room
εκεί βρήκε αρκετά καλά τον παλιό Τζεπέτο
there he found old Geppetto quite well
Ήταν ζωηρός και με καλό χιούμορ
he was lively, and in good humour
Ακριβώς όπως ήταν προηγουμένως
just as he had been formerly
Είχε ήδη ξαναρχίσει το επάγγελμα της ξυλογλυπτικής
He had already resumed his trade of wood-carving
και σχεδίαζε μια όμορφη κορνίζα
and he was designing a beautiful picture frame
Υπήρχαν φύλλα, λουλούδια και κεφάλια ζώων
there were leaves flowers and the heads of animals
«Ικανοποίησε την περιέργειά μου, αγαπητέ μπαμπά»,

είπε ο Πινόκιο
"Satisfy my curiosity, dear papa," said Pinocchio
Και έριξε τα χέρια του γύρω από το λαιμό του
and he threw his arms around his neck
και τον σκέπασε με φιλιά
and he covered him with kisses
«Πώς μπορεί να εξηγηθεί αυτή η ξαφνική αλλαγή;»
"how can this sudden change be accounted for?"
«Προέρχεται από όλες τις καλές σου πράξεις», απάντησε ο Τζεπέτο
"it comes from all your good doing," answered Geppetto
"Πώς θα μπορούσε να προέλθει από την καλή μου πράξη;"
"how could it come from my good doing?"
"Κάτι συμβαίνει όταν τα άτακτα αγόρια γυρίζουν σελίδα"
"something happens when naughty boys turn over a new leaf"
«Φέρνουν ικανοποίηση και ευτυχία στις οικογένειές τους»
"they bring contentment and happiness to their families"
«Και πού κρύφτηκε ο παλιός ξύλινος Πινόκιο;»
"And where has the old wooden Pinocchio hidden himself?"
«Ορίστε», απάντησε ο Τζεπέτο
"There he is," answered Geppetto
Και έδειξε μια μεγάλη μαριονέτα που ακουμπούσε σε μια καρέκλα
and he pointed to a big puppet leaning against a chair
η μαριονέτα είχε το κεφάλι της στη μία πλευρά
the Puppet had its head on one side
Τα χέρια του κρέμονταν στα πλευρά του
its arms were dangling at its sides
και τα πόδια του ήταν σταυρωμένα και λυγισμένα
and its legs were crossed and bent
Ήταν πραγματικά ένα θαύμα που παρέμεινε όρθιο
it was really a miracle that it remained standing
Ο Πινόκιο γύρισε και το κοίταξε
Pinocchio turned and looked at it

Και διακήρυξε με μεγάλη αυταρέσκεια:
and he proclaimed with great complacency:
«**Πόσο γελοίος ήμουν όταν ήμουν μαριονέτα!**»
"How ridiculous I was when I was a puppet!"
«**Και πόσο χαρούμενος είμαι που έχω γίνει ένα μικρό αγόρι με καλή συμπεριφορά!**»
"And how glad I am that I have become a well-behaved little boy!"